创业与
可持续发展中的
大数据

[法] 穆罕默德·艾尔·阿明·阿卜杜利
Mohammed El Amine Abdelli

[美] 乌戈尔·奥兹科尔
Uğur Özgöker

[法] 维塞姆·阿吉利-本·尤瑟夫
Wissem Ajili-Ben Youssef

[法] 伊曼·本·斯莱曼尼
Imen Ben Slimene

邰牧寒 译

Big Data
for Entrepreneurship and Sustainable Development

中国科学技术出版社
·北 京·

Big Data for Entrepreneurship and Sustainable Development 1st Edition by Mohammed El Amine Abdelli; Youssef, Wissem Ajili-Ben; Özgöker, Uğur; Slimene, Imen Ben, ISBN:9780367546649
Copyright © 2022 selection and editorial matter:Mohammed El Amine Abdelli; Youssef, Wissem Ajili-Ben; Özgöker, Uğur; Slimene, Imen Ben
Authorized translation from the English language edition published by CRC Press, a member of the Taylor & Francis Group,LLC
Simplified Chinese translation copyright © 2024 by China Science and Technology Press Co., Ltd. All Rights Reserved.
本书封面贴有 Taylor & Francis 公司防伪标签，无标签者不得销售。
北京市版权局著作权合同登记　图字：01-2023-4057。

图书在版编目（CIP）数据

创业与可持续发展中的大数据 /（法）穆罕默德・艾尔・阿明・阿卜杜利等著；邰牧寒译. —北京：中国科学技术出版社，2024.6

书名原文：Big Data for Entrepreneurship and Sustainable Development

ISBN 978-7-5236-0575-2

Ⅰ.①创… Ⅱ.①穆… ②邰… Ⅲ.①数据处理—应用—创业—研究 Ⅳ.① F241.4-39

中国国家版本馆 CIP 数据核字（2024）第 072180 号

策划编辑	杜凡如　王秀艳	责任编辑	童媛媛
封面设计	北京潜龙	版式设计	蚂蚁设计
责任校对	焦　宁	责任印制	李晓霖

出　　版	中国科学技术出版社
发　　行	中国科学技术出版社有限公司
地　　址	北京市海淀区中关村南大街 16 号
邮　　编	100081
发行电话	010-62173865
传　　真	010-62173081
网　　址	http://www.cspbooks.com.cn
开　　本	710mm×1000mm　1/16
字　　数	238 千字
印　　张	18
版　　次	2024 年 6 月第 1 版
印　　次	2024 年 6 月第 1 次印刷
印　　刷	大厂回族自治县彩虹印刷有限公司
书　　号	ISBN 978-7-5236-0575-2 / F・1236
定　　价	69.00 元

（凡购买本社图书，如有缺页、倒页、脱页者，本社销售中心负责调换）

谨以此书向我的父母、姐妹、兄弟、奶奶和外婆以及所有家人们、朋友们和同事们致以诚挚的感谢。

穆罕默德·艾尔·阿明·阿卜杜利

十分荣幸能为这本由欧洲各地的优秀专家们编写的《创业与可持续发展中的大数据》作序。作为一名从业近40年的创业学教授，我很高兴看到人们能够关注到大数据对世界经济体实现可持续发展的促进作用，从而意识到创业是推动各国经济增长的关键因素。

作者们大量研究大数据在新兴的创业和可持续发展领域起到的作用，从而提出了一些观点、思考和结论。

本书提出的观点和经验能够帮助专家、研究人员以及创业者拨云见日，走出迷惑。

我强烈建议读者将本书加入创业与可持续发展领域的参考著作中。

谨上。

蒂莫西·S.梅斯康（Timothy S. Mescon）

国际商学院协会（AACSB）
欧洲、中东和非洲部
执行副总裁兼首席执行官

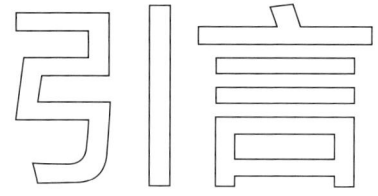

大数据在世界经济的可持续发展中发挥着重要作用,而创业者是推动世界各国经济增长的重要因素。过去十年来,大数据在创业与可持续发展的各种研究和应用中受到了极大的关注。许多国家的创业者们获得了大量贷款,为创造财富和发展国家的工业和经济做出了贡献。不过,他们在发展之路上遇到了一些障碍,可能来自法律法规、金融和经济政策,也可能来自个体特质。本书中,我们对这些障碍进行了思考,并研究了大数据在创业与可持续发展等新兴领域起到的作用。

目录

01 第一章
大数据时代的创业和社会创新——物联网方向

1.1 简介　003

1.2 大数据　004

1.3 大数据、企业家和创新　012

1.4 物联网　019

1.5 总结　023

注释　023

参考文献　024

02 第二章
面向可持续发展和企业社会责任战略的创业大数据

2.1 简介　031

2.2 相关概念综述　032

2.3 方法论　046

2.4 讨论　048

2.5 总结与展望 059

参考文献 061

03 | 第三章
金融、数字化突破以及可持续发展——问题、挑战和发展方向

3.1 简介 069

3.2 金融行业的数字化转型 070

3.3 金融行业面临的环境和能源挑战 077

3.4 风险中的金融行业 082

3.5 总结 086

注释 087

参考文献 088

04 | 第四章
颠覆性金融创新与数字化金融中的大数据含义

4.1 简介 095

4.2 金融创新 096

4.3 颠覆性创新 111

4.4 未来展望 116

注释 118

参考文献 118

05 | 第五章
网络安全在金融机构绩效方面的优势

5.1 简介　125

5.2 文献综述　129

5.3 理论框架　135

5.4 结论和建议　135

参考文献　137

06 | 第六章
面向可持续发展的成本管理工具和大数据分析——用于加强可持续发展决策的组织框架

6.1 简介　145

6.2 供应链管理、可持续发展决策和大数据　147

6.3 可持续及导向型成本管理工具和大数据分析　151

6.4 用于加强可持续发展决策的组织框架　154

6.5 总结和归纳　169

注释　170

参考文献　171

07 第七章
工业 4.0 和数字供应链管理——企业资源规划和供应链管理的应用

7.1 简介　179

7.2 供应链管理中的工业 4.0　180

7.3 企业资源规划和供应链管理　186

7.4 处于供应链管理核心的企业资源规划：
　　案例研究　193

7.5 总结　200

参考文献　201

08 第八章
有效合作的新形式——如何在网络环境下强化大数据以实现创新

8.1 简介　207

8.2 传统的国际合作　208

8.3 有效合作的新形式——网络转型　214

8.4 现代经济中面向有效合作的大数据　219

8.5 总结　228

参考文献　230

09 第九章
从人工智能和大数据分析的角度反思新冠疫情期间的旅游业

9.1 简介 237

9.2 本研究模型的理论背景 239

9.3 研究方法 245

9.4 人工智能和大数据分析对成功创业的调节作用 246

9.5 总结和启示 247

参考文献 248

10 第十章
孵化器创业的新技术趋势——以西迪·阿卜杜拉创业园为例

10.1 简介 255

10.2 创业以及孵化器的文献研究 256

10.3 阿尔及利亚案例研究——以阿尔及尔的西迪·阿卜杜拉创业园为例 260

10.4 研究成果及讨论 264

10.5 总结 270

参考文献 271

第一章

CHAPTER 1

大数据时代的创业和社会创新——物联网方向

哈桑·阿尤布，娜塔莉·阿奇库蒂
黎巴嫩大学，黎巴嫩

第一章
大数据时代的创业和社会创新——物联网方向

1.1 简介

在短期利益与长期经济、社会和环境的可持续发展之间做到平衡对如今创业之路的成功至关重要。企业家要采取切实有效的措施来维持这种平衡。随着可持续发展与商业相结合的需求日益增长，企业家们也注意到了联合国在 2015 年发布的可持续发展目标。企业家应具有持续的主动性，同时在动态环境中保持竞争力，这样才能做到可持续发展。联合国第七任秘书长科菲·安南曾说过："我们在新世纪面临的最大挑战是推出一种比较抽象的可持续发展理念，并与全世界人民一起将其变为现实。"企业和行业以及它们的经营领域都应该践行可持续发展理念。为了经济能有效地满足社会和环境需求，越来越多的新方案在制定新产品和服务时通过不同的方法纳入了"共享价值概念"。如今，每天生成的数据量动辄以千万计。从音乐推荐到 Siri 对话，大量数据被捕获，同时大量数据也在生成。现代计算机系统从各种来源收集数据的速度令人难以想象。

本章探讨了大数据时代的创业与可持续发展。大数据对社会产生了重大影响，使企业家能够通过可持续发展和创新为社会的变革做出巨大贡献。大数据一直是创业创新与可持续发展研究的重要组成部分，它还能够促进社会的发展。

第一部分主要介绍大数据。为了更清晰地了解这一概念，我们将从大数据的历史背景、技术和大数据之间的关系、事件网络、大数据的 4 个 V 和大数据面临的挑战，以及大数据的实际应用案例等方面进行介绍。

第二部分将讨论一个重要领域，即创业。其中包括创业的概念、与可持续发展和创新的关系，以及创业怎么才能成为大数据时代创新与可持续发展之路。

第三部分将介绍物联网（IoT）。国际商业机器公司（IBM）高级市场分析师乔尔·格拉菲（Joer Grafe）曾说过，物联网是企业整体生态系统转型的游戏规则改变者，利用其带来的创新机遇可以改变世界。

1.2 大数据

大数据能够改变企业家和利益相关者的决策方式，并为社会创新和社会生态系统带来一场革命。那么什么是大数据？它的背景又是什么？

1.2.1 大数据的历史背景：数据时代

大数据的历史背景是四次工业革命（见图1.1）。

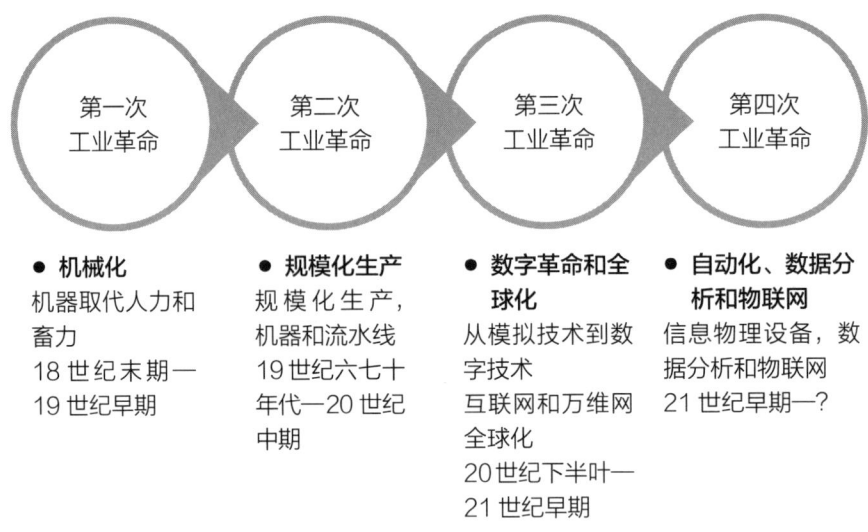

图1.1 历次工业革命沿革[1]

资料来源：转载自 Shank, P.,2025: How Will We Work?

1.2.1.1 第一次工业革命

第一次工业革命使欧洲和美国进入了新的工业生产时代。机器代替了人工，开始出现全新的机械化工厂，这便是第一次工业革命。第一次工业革命的特征是蒸汽动力和水能的应用[1]。纺织业是其中最主要的产业。2014 年，贝克特（Beckert）曾表示，英国在 1788 年时有 5 万个纺锭，30 年之后增长到了 700 万个。1831 年，英国的棉纺织业及周边产业的国内市场份额达到了 22.4%。

第一次工业革命的影响之一是人口增长和城市化。发达国家由此大获其利，并为第三世界国家的工业化提供了范本。它是世界经济发展的真正转折点。

1.2.1.2 第二次工业革命

第二次工业革命也被称为科技革命，工业化是其中的关键因素。按照文献 [2] 的分类，1859 年至 1873 年是史上创新科技成果最密集的时期。

20 世纪，电气化被美国国家工程院列为最高工程成就[2]。而燃气、供水和电报等行业则被列为重要工程成就。第二次工业革命促进了城市化进程。到 19 世纪末，40% 的美国人口居住在城市，而这一比例在 18 世纪仅为 6%。

1.2.1.3 第三次工业革命

第三次工业革命是数字革命或互联网革命，也可以称其为从模拟技术到数字技术的革命。第三次工业革命实现了全球化供应链以及自动化生产。如文献 [3] 所述："第三次工业革命是业内人士对下一个伟大经济时代的解读，其中包括了对世界各地引领这一革命的政府首脑、全球企业首席执行官（CEO）、社会企业家以及非政府组织人员等知名人物和参与者的访谈。"

1.2.1.4 第四次工业革命

在 2016 年举办的达沃斯论坛（即世界经济论坛）中，世界著名经济学家、世界经济论坛创始人和执行主席克劳斯·施瓦布（Klaus Schwab）[4]

将第四次工业革命定义为颠覆性创新，意为现有的产业模式和价值观将被完全取代。

对比第三次工业革命和第四次工业革命，我们可以发现第三次工业革命开辟了数字和互联网时代（自动化），而第四次工业革命则是开辟了数据时代，也就是人工智能时代。

克劳斯·施瓦布[4]提出，第四次工业革命将改变我们的生活方式和工作方式，并且有可能改变这场革命本身。

我们对这四次工业革命简要总结如下：第一次工业革命由蒸汽机开始，随后便带来了自动化生产，发达国家由此开始将其他国家甩在身后。第二次工业革命以电气化和流水线生产为标志。20世纪70年代，计算机和传统制造业的结合提高了生产效率。第三次工业革命中，信息技术（IT）创新和数字化转型降低了成本，再一次提高了生产效率，并在数据时代促进了创新理念。成本已经不再是人们的首要关注点。许多企业高管开始在其自家企业中引入IT创新理念，以便提高生产和创新研发效率。第四次工业革命则是数字世界和现实世界的结合。新系统的出现正改变着我们的环境和生活。

大数据带来了一种新的数字化体系，大数据具有数据量庞大、增长速度快、内容和形式多样等特点，它代表着一种跨越所有功能开展业务的新机制。

1.2.2 数据时代和科技

由于快速发展的新技术大大缩短了数据处理的时间，所以在前几年看起来还不太实用的数据探索和实验手段如今已经可以投入实际应用[5]。大数据使每个人都可以很方便地在线上传、检索、存储、收集和访问信息（见图1.2）。

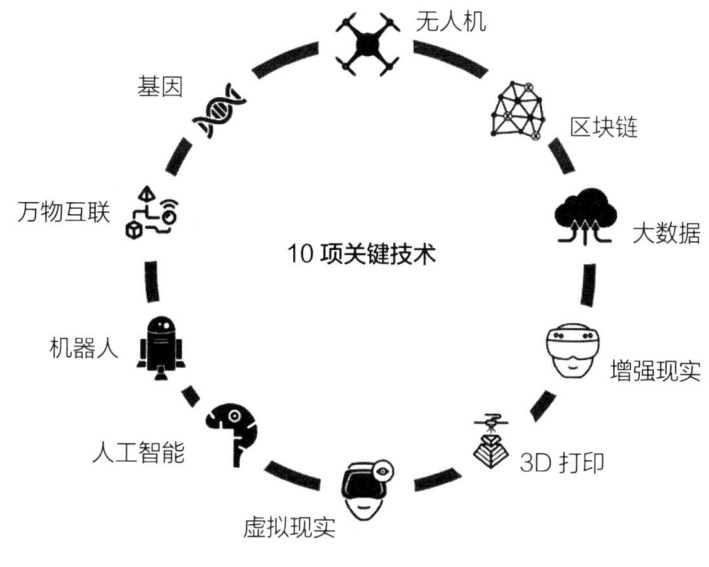

图 1.2 大数据和科技

大量数据的创建时间以秒计,具有重大颠覆性的科技将现代生活的各方面变得数字化了。智能手机、自动驾驶车辆、机器人、无人机甚至物联网等几乎每种科技都使用了大数据。

企业、政府和社会科学等基本层面的解决方案就隐藏在大数据之中。然而这一切还需要通过认真地考量[6]、创新的统计技术以及仔细的研究设计来对大数据进行分析。

人们认为,大数据是科研人员需要掌握的一个基本概念,而且也提供了大量信息。但问题在于应该如何处理、如何利用这些信息?大数据可以用于哪些方面?企业又该如何利用大数据?

1.2.3 大数据能用来做什么?

大数据可以用来帮助企业发现客户需求,在正确的时间以正确的方式为客户提供理想的服务、满足客户需求。在我们的所处的时代,几乎没有哪家企业不存储大量的数据。大数据带来的挑战已经实质性地摆在公司、企业家和创新者的面前。各行各业和成熟的企业都面临着大数据对现有业务的挑战。各大组织都无法完全搞清楚如何掌握数字技术创新、需要做出什么样的改变以及参与商业和社会变革需要什么样的业务变化。大数据最主要的作用就是将数据转化为价值。

企业内部决策的方式多种多样（见图1.3），但所有的方式都要围绕着当前掌握的信息来考虑。只有了解到大数据的重要性和实用性时，企业才能更加改善当前业务。

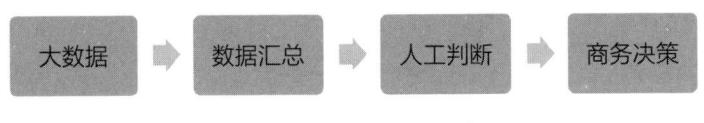

图 1.3　大数据和决策

对大数据开展探索和投资对企业来说至关重要。2017年，大数据市场规模已经达到了475亿美元。未来，企业对重要数据的需求可能会进一步增加。研究表明，89%的雇主对此深信不疑[7]。

大数据可以用来优化方案，许多人都会将其与企业现有和未来用于决策的推动力进行比较。之所以进行这样的比较，是因为更好的决策会帮助企业击败竞争对手、鼓励创新、吸引和留住客户以及解决各种问题。

20世纪80年代以前，计算机采集的数据量就已超出其分析的能力。20世纪90年代末，数据量越积越多，其分析能力也已经越来越力不从心。请注意，数据变得越来越庞大。

2000年到2010年间，人们一直在探索各种方法来提高数据分析的能力，比如，开始使用分析工具和数据库来处理大数据。通过分析大数据，企业可以发现合适的客户群体、客户流失情况以及高运营成本状况。许多企业用户都会创建或手工编写复杂的结构化查询语言（SQL）来替换挖掘和统计工具。

1.2.4 成功案例

脸书（Facebook）[1]、爱彼迎（Airbnb）、阿里巴巴、优步（Uber）和特斯拉（Tesla）等企业都是通过数据提供服务的。它们在短短几年就改变了全球经济的格局。这些企业虽然极具知名度，但是它们中的大部分并不拥有自身提供的任何产品：脸书是世界上最受欢迎的社交媒体应用之一，但其自身却不提供任何媒体内容；爱彼迎是世界上最大的酒店住宿服务平台之一，但其自身却并不拥有任何一家酒店；阿里巴巴是世界上最有价值的零售商之一，但其自身却并不提供任何产品；优步是世界上最大的出租车及网约车服务平台之一，但其自身却并不拥有任何出租车及网约车。

网飞（Netflix）是大数据和数据科学成功应用的范例。文献[8]指出，网飞对主流市场带来了巨大的冲击，并以与其他同类型企业相同的成本创造出了更多的现金流。网飞的商业模式主要来源于用户订阅，数据专家可以建立模型来分析"完美情况"，然后为用户推送符合他们喜好的节目。上述效果都是由不同的数据维度来决定的，例如用户的性别和年龄、选择电影所花费的时间、观看每个视频的时间和日期以及播放电影或节目时暂停和继续的频率。

为了完善推送方案，数据专家和工程师需要查看不同用户的偏好，然后从1300多组偏好分类中为每位客户推送其中的3到5组偏好。数据科技用来创建各组偏好。每个用户对封面的喜好并不相同，网飞通过特定的分析手段创建出各种颜色和风格的封面图，以吸引新用户的注意力；同时还对不同风格的封面图进行评估，以验证其有效性。

网飞利用数据科学为用户提供个性化内容，从而超越了传统的电视媒体。类似网飞的这些企业在许多领域都取得了成功。

---

[1] Facebook已于2021年更名为Meta。——编者注

优步的成功与大数据的应用直接相关，其整个商业模式完全依赖于众包服务，也就是大数据原则。优步是一款基于智能手机应用程序的网约车和出租车预约平台，为乘客和司机双方提供服务。当乘客有乘车需求时，优步会将乘客与合适的司机进行匹配。因为优步在全世界很多国家和城市都有众包司机和车辆，这就组成了一个庞大的数据库。全球定位系统（GPS）、路况数据、公司规定和乘车时间等都被包含在费用当中了。

1.2.5 事件网络

从以上可知，数据的增长令人无比惊讶。从文明起源到今天，人类总共产生了多达 5EB 的数据，如今甚至每两天就能产生 5EB（数据源自埃里克·施密特，Eric Schmidt，谷歌执行主席）。这些都是什么数据？代表的是什么事件？

事件网络在我们的日常生活中无处不在，比如以下四个不同的数据来源。

第一个是内容网络，其中包括维基百科和谷歌搜索等大数据。第二个是推特（Twitter）[1]和脸书等社交媒体组成的人物网络。2016 年的统计数据显示[3]，推特平均每天会有 6 亿条状态发布，脸书上有 16 亿活跃用户创造了高达 600TB 的入站数据，照片墙（Instagram）上每天会上传 5200 万张照片。第三个是物联网，也就是连接到互联网的各种设备。第四个是地点互联网（Internet of Places）。

我们的日常生活产生了大量数据，而且数据的增长量让人难以置信。现在的问题是如何处理这些数据，以及这些数据能够带来什么实际价值[9]。

---

[1] 2023 年 7 月 23 日，马斯克宣布将推特改名为"X"。——编者注

1.2.6 大数据的 4V 和面临的挑战

大数据，顾名思义，指的是数据规模庞大、数量极多。其往往会显示出非凡的多样性和速度，这些使其有别于传统的大型数据集[10]。霍夫曼（Hofmann）[11]提出的数据管理中的三个 V 指的是挑战的维度。三个 V 分别是规模（Volume）、多样性（Variety）和速度（Velocity）。它们共同组成了大数据的框架[12]。

因此，顾能（Gartner）公司❶在2001年提出了未来大数据的三个维度：规模、多样性和速度。而另一种定义则将其扩展为其他几种维度，如准确性（Veracity）、价值（Value）和有效性（Validity）。具体请看以下定义。

- 规模：指的是数据的大小，量级以 TB、PB 甚至 EB 计。
- 多样性：指的是如何以不同的形式共享和保存数据，例如照片、视频、文本或社交媒体上的链接。
- 速度：指的是连续记录和接收数据流的能力。多种数据来源意味着系统始终处于活跃状态并持续不断地在收集数据。这里的"速度"指的是数据的生成、传播和处理速度[13]。
- 准确性：指的是数据的真实性。数据的不确定性对大数据来说是一个严峻的挑战。经验表明，所有记录的内容并不完全准确。大多数的数据源不完全可靠，有些不可信，有些甚至是故意造假的（见图 1.4）。

大数据面临的挑战：大数据在其分析过程中面临的数据复杂性和处理过程中的困难直接与数据、框架、周期或结果相关联。

第一个挑战是现实的复杂性。大数据首先要对原始数据理解通透并进行分类，然后将其转换为含有实际意义的信息，再使用合适的工具来处

---

❶ 顾能公司：一家位于美国的先进技术领域的咨询和研究公司。

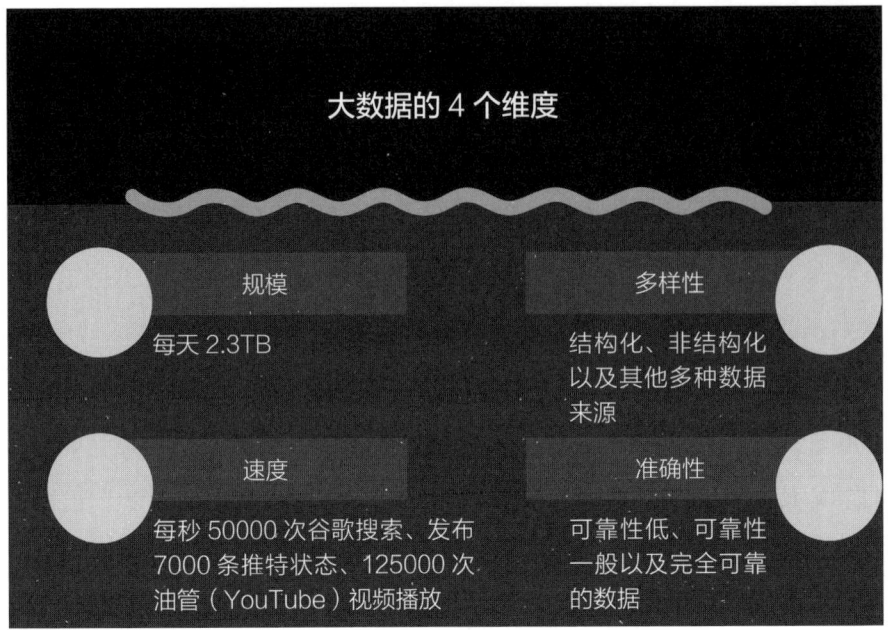

图 1.4 大数据的 4 个维度

资料来源：转载自美国商业资讯（Business Wire）。

理。我们必须充分认识到这些复杂性以避免出现问题。

第二个挑战是数据分析多多少少都会受到一些认知偏见的影响。在这种情况下，人们都会根据自身的敏感性和主观性来解读现实。

第三个挑战则是数据本身的准确性、完整性、独特性以及随着时间推移的有效性和可靠性。

1.3 大数据、企业家和创新

充满活力和竞争性的经济由两个基本部分组成：创新和创业。我们必须了解创新和创业的定义和重要性，以及企业家如何利用大数据作为支持创新与可持续发展的力量。

1.3.1 创业精神和可持续发展的重要性

创业[14]是一个跨领域的概念，没有统一的定义。创业的字面含义就注定了企业家和创业精神不具有共识性的概念。我们可以用跨领域的各种假设性说法对其下定义。

定义的重点直接与产品的风险和挑战以及许多其他生产要素相关。这些产品要在不断变化的市场上出售。熊彼特（Schumpeter）为创业一词加入了创造的概念，他强调创业者的首要角色应该是创造以及应对经济的不连续性。创业者的其他共同特征同时也浮出了水面，比如冒险倾向或者探求心理，这些都与创业者的个性特征和生活经历相关。

对"创业"一词的解读缺乏共识导致研究面临着很多挑战。研究人员对其的解读主要集中在四个方面[15]。

企业家精神是推动经济发展的引擎，对经济发展繁荣和社会变革产生了巨大影响。文献[16]相信鼓励创业对于健康的经济至关重要，同时对于维持繁荣和创造新的就业机会也至关重要。众所周知，企业家都认为自己是聪明人而非买卖人。他们不仅坚信这一点，而且试图改变周围的生态系统。

社会环境[17]和可持续性创业[18]关注社会、经济和生态成果。创造可持续性的创新需要具有重复性、可持续性和转化性的计划。这些计划可以共同作用推动创新发展。

可持续发展目标（SDGs）[19]包括消除贫困、消除饥饿、实现社会公平等。这些也是在全世界实现健康社会的重要指标。

1.3.1.1 可持续发展

可持续发展是一种共享概念，它指出了自1992年里约热内卢地球峰会和《21世纪议程》以来的几点社会启示，展望了人类对公平、自由、独立和责任的愿景。政府、非政府组织、企业家和创新者都要了解到可持续发展的重要性。1987年，世界环境与发展委员会（WCED）主席挪威首相布伦特兰夫人将可持续发展定义为"在不损害后代需求的情况下，满足当前需求的发展"。1966年联合国人居署发布的一份报告指出，需要制定出以实现社会公平、社会融合和社会稳定为基础的可持续发展战略。我们的关注点在环境保护运动的支持下成了几十年来关于可持续发展的思考及其背后力量的驱动因素之一[20]。

联合国为其193个成员国提供了表达对世界问题的看法的场合，并为社区和政府构建出一个达成共识的空间。[4]和平、人权、可持续发展和突发卫生事件是要实现的主要目标。可持续发展目标是为每一代人创造更美好的未来，所以其主要面向的是全球社会、经济、环境和政府面临的所有挑战。

可持续发展将社会、经济和环境等层面联系起来：
- 社会层面：提出平等的设想，研究社会进步（社会公平、每个人机会平等），强调公平和消除歧视，包括目标1、2、3、4、5和10。
- 经济层面：关注经济增长，包括目标8、9、11和12。
- 环境层面：关注自然资源以及环境保护，包括目标6、7、13、14和15。
- 总体层面：包括目标16和17。

1.3.1.2 可持续发展与企业家

可持续发展是管理学研究和市场营销以及创业等大多数子学科研究的新范式。全世界越来越认识到，在不同背景下实现可持续发展的关键角色是社会企业家。他们致力于通过创业来解决社会问题，帮助人们持续缓解贫困、痛苦或其他问题来实现可持续发展的目标。企业家们主要关心的是如何解决社会面临的一些复杂问题，例如失业、暴力和污染。他们通过企业为社会做出贡献。社会创业的根本目标都是围绕企业家将要解决的社会问题而展开。企业家会设计出一套框架来列出各种社会情况，制订解决方案并付诸实施。他们会分析各种社会问题，收集信息、研究问题、了解原因并确保企业有足够的资源和时间来解决这些问题。企业家在实行可持续发展时面临着巨大的挑战，因为他们需要对企业的商业模式或结构做出重大变革，以应对环境和社会影响。

社会创业主要对贫困和边缘人群进行资助和帮扶，既能赢利又能解决社会问题[21]。例如，绿色企业家的方向是环保、创造社会影响、保持竞争力以及赚钱，大家都赞同双赢，也都认为环保和竞争并不冲突。环保就成了创新的一种因素。

1.3.2 创新的重要性

创新意味着通过开发新的解决方案或者新的操作方式来推动差异化并创造出明显的价值。英国政府将创新定义为"成功利用新思想"。英国经济与社会研究委员会（ESRC）将创新与商业模式融为一体，并成功引入新产品、服务和流程。诺里亚（Nohria）和古拉提（Gulati）[22]认为，要想交易、改进和开发出有价值的商品，就要将生产中的创造性和创新性融合起来。根据文献[23]，任何组织的领导认识到了新的战略、结构、技术、方法、产品和市场，我们就可以认为他在创新。创业和创新的关系取决于企业家拥有的洞察力或市场的需求。企业家的任务是追寻创新和将想法转化为现实。发明也与创新有关。创业是将这些想法、创新或发明转化为新业务的一种行为。

技术、数据和全球化的巨大变革[24]都会导致全球经济的竞争。创新对国家、地区、行业和企业的经济影响不容忽视。新的设计可以用于促进智能经济、克服经济危机、增加就业和实施社会治理，同时也可以为企业家的高效创新提供动力。创新是一种构建新想法，并将其转化为商业机会的工具。企业家是所有创新研究中的基本单元。文献 [25] 中提到的企业家是第一个将创新与创业融合在一起的人。由于技术创新有助于人们利用商业机会创造财富，所以其能够对经济产生巨大贡献。

毫无疑问，技术创新可以对企业产生影响。由于信息技术的发展和进步，产品的生命周期越来越短、淘汰速度越来越快。全新的优秀架构有助于企业抵御产品创新产生的局限性，而制造的熟练性得益于工艺的创新。技术创新已成为许多行业竞争的重要驱动力。

企业规模与创新的技术广度之间存在着一个公认的理论和经验性假设，即企业规模与技术广度成反比。然而，与其他大型企业相比，小型企业的设计更具有可持续性。因此，我们可以从中小型企业着手来解决问题[26]。

1.3.3 创业：大数据时代的创新之路

企业家们看到大数据技术如何改变现有环境时，就会从中发现许多挑战和机遇。其中真正的问题是企业家如何能够抓住机会，将一个潜在的高可行性商业想法转化为有价值的现实。如今科技的进步正在改变我们周围的一切。企业家们一定不能忽视人工智能、大数据、机器人和物联网，相反还要善加利用。在数字世界中进行创新可以为企业家提供数字革命所需的各种重要知识工具。

1.3.3.1 新的创业环境

经合组织（OECD，2017 年）发布的一份报告中指出，"数字原生代"包括数字时代的新一代企业家。近年来，创业生态系统发生了许多事情。许多初创企业一直在互联网上传播自己的价值观，并正在成为行业领导者。如今，创建一家互联网初创企业从未如此简单。基础设施的成本逐年下降，企业的应用程序中可以加入面向服务的管理解决方案，社会也在朝着数字创业的方向发展。专利现在正被互联网用户所取代。事实上，互联网用户提供了比专利更多的费用。互联网用户是初创企业创造价值的基石。他们允许企业创造网络效应。激进思想可以明显促进创业。投资者和初创企业的创始人认可并鼓励颠覆行为。壁垒不再是障碍，而是机遇。激进的理念催生出了新的术语；初创企业内部的自我革新取代了市场营销。

新的创业环境将客户摆在首位。所有能够将客户作为首要考虑对象的初创企业，都能够在市场上占据主导地位。这样的初创企业允许所有价值流中的参与者制定自己的条款，并致力于为客户带来价值。

1.3.3.2 机遇

如今的创业正处于一个截然不同的阶段。我们的日常生活与手机、电脑和网络无缝连接，这就使得企业家更容易联系到客户。创业正在成为许多人的共同追求。大数据创造了各种创业机会，是创业和创新的研究领域之一。

创新经常为我们的生活带来惊喜，聊天应用程序 Whatsapp❶就是一个活生生的例子。雅虎前员工布莱恩·阿克顿和杨·库姆于2009年提出了 Whatsapp 的想法，吸引了全球大量用户。由于 Whatsapp 的易用性和实时聊天的功能，阿克顿和库姆很快就赚到了数百万美元。他们甚至不用费心做广告。苹果（iPhone）用户需要在安装时一次性支付费用，而安卓（Android）用户则每年都需要支付费用。

1.3.3.3 大数据和开放式创新

企业、承包商、客户和网络运营商之间开展合作，就会产生创新，我们称之为开放式创新。为了强化内部创新并扩大其在外部使用的市场，开放式创新依赖于知识的流转[27]。开放式创新强调的是向进一步应用和分散

---

❶ 一款免费的即时通信和视频通话应用程序。——编者注

设计转变。开放式创新为企业家带来了丰富多样的机会，使他们能够帮助成熟企业在创新方面进行投入，并以主导平台伙伴的身份参与其中。通过开放式创新战略，企业家和企业与制造商、客户、竞争对手和顾问进行互动，从不同来源收集大量数据。

开放式创新分为三种形式：

- 公司之间的开放式创新。研发部门会接受其他公司的想法，以推陈出新。
- 不同商业机构之间达成的合作。公司通过开放式商业模式进行创新，从而与多个市场参与者进行合作。
- 这种形式包括点对点传播、互联网传播以及能够通过创新进行协作和提高生产力的用户之间的传播。这是由非专业人士或互联网用户来提供数据的创新方式。大数据时代和数字时代允许将数据、创意、服务和利润当作商品来交易，这也为开放式创新打开了多样化的大门。公众科学就是大数据传播带来的成果。在大数据传播中，普通老百姓也能开发出新的产品。

1.3.3.4 大数据在社会创新中的应用

社会创新被认为是利用大数据解决复杂社会问题的一种手段。"社会创新"是近年来出现的一个常见术语。人们认为，在解决社会问题方面，它比任何令人兴奋的方案都更具操作性、实用性和有效性。相较于个体来说，社会创新会为社会创造出更大的价值[28]。社会创新会产生新的思想和组织结构，并可以成为社会重建、社会福利、公平公正等标准的背后原因[29]。其产生的价值主要面向社会。企业家追求的是社会创新，所以要寻找到解决社会问题的方法。

社会创新要求社会企业家找到解决问题的新方法，向全球有需求的国家提供产品。社会企业家正在重新认识社会问题，并且从不同的角度进行创新。

世界上最具有挑战性的社会问题都可由企业家来解决，他们利用大数据的巨大潜力来优化决策过程。参与社会创新为企业家提供了一个包容性极强的策略或途径。他们遵循这些策略，从而获取找到解决方案的机会。文献[30]指出，我们必须找到能够持续影响社会变革的条件、方法、政策和原则。

大数据使拥有相当资源和数据分析能力的相关利益方之间的合作关系充满活力。跨社会制约、跨学科的社会创新可以轻松地将各个利益方囊括其中[31]。所有利益方都应该参与社会创新。只有优化管理、新技术和创新，企业才能提供好的产品或服务。一个完善的社交网络应在结构环境下被设计出来，并且应包含多个层次[32]。

社会的需要、保障社会利益以及向个体和社会提供援助都需要通过可操作的大数据来实现。

为了尽快收集数据并将其用于解决社会问题，企业家可以从不同的互联网平台和社交媒体中获取信息。他们也面临着许多挑战，例如人口的流动为获取基本数据带来了困难，而现在并没有出现任何能够阻止人口流动的方案。在处理社会问题的方面，大数据在社会变革方面的应用远比在商业和科学方面的应用更为复杂。政策制定者和企业家可以通过收集、组织和分析大数据来为社会问题提供解决方案[33]。

1.4 物联网

物联网并非一个可以被忽视的概念，人们可能会仅仅因为影响和规模而将其视作一种技术挑战，但物联网是一种社会挑战。它对我们的日常活动产生了影响，改变了企业内部和组织之间的工作方式。

1.4.1 什么是物联网？

国际标准化组织（ISO，2017）将物联网定义为："一种由相互连接的对象、人员、系统和信息资源组成的基础设施以及智能服务，用于处理物理和虚拟世界的信息并做出反应。"物联网是一种具备基于道德和可互动通信程序的自动配置功能的活跃型通用网络基础设施，其中的"物体"具有物理特征、物理属性以及虚拟特点，能够轻易地被集成到信息网络中。

物联网[34]能够覆盖任何连接到互联网和彼此互联的设备、家电或者小装置，还可以连接部件或机器组件。由于物联网对许多行业和企业都产生了影响，所以它正在催生出以往根本不存在的全新专业领域和职业。物联网正在加速推进经济的数字化转型，原因就是从传感器到连接、从处理能力和分析平台到数据存储，尤其是在云服务和分布式环境中的构件技术的成本和复杂度发生了快速变化。这就使得新的低成本商业模式能够收集、共享和分析数据并采取相应行动，以便改进流程和创新服务。

物联网为提高传统行业和政府机构的生产力和创新服务提供了机会。它彻底改变了人们生成、共享和处理数据的能力，并为当地社区、环境和新型商业服务提供了支持。世界经济论坛创始人兼执行主席克劳斯·施瓦布表示，物联网是第四次工业革命背后的主要因素。第四次工业革命表现在各个领域的技术发现，包括机器人或人工智能、自动车辆、物联网、纳米技术、3D打印和生物技术。这些技术通过与物理世界、数字世界和生物世界的合作，对所有制约因素、市场和企业带来了影响。

"物联网"一词还可以用其他同类表述来代替：万物互联，工业物联网（IIOT）。这里不包括"消费者物联网"和"工业4.0"。工业4.0是指物联网带来了第四次工业革命，具体指代制造业。它还有其他领域的表述，包括城市4.0和交通4.0。

根据澳大利亚工业、创新与科学部在2007年统计的数据，物联网的发展速度取决于下列因素：数据量、计算机权限和连通性的提高。

- 人机交互以及全新形式。
- 分析学和商业智能技术的出现。
- 促进订单转换到数字世界。

1.4.2 物联网的创新机遇

1.4.2.1 商业创新架构

商业创新通过创造力、客户、合作伙伴分析、评估、实施、论证和优先级来管理物联网创新。商业物联网创新通过商业和合作伙伴来进行追溯和管理。物联网创新是利用成熟的工具和流程进行的一种内部和外部协同创新行为。物联网应该成为完整的企业方案的一个必要组成部分，能够用来与不同企业和合作伙伴分享和讨论各种想法、优先事项以及实际问题。该过程能够促进各方合作、确定共同目标和可行性目标，并付诸实施。

1.4.2.2 基础能力

物联网的应用需要企业对相应技能、组织架构、物联网平台功能以及这些能力的内部或外部来源进行基础投资。组织需要在内部开发出完整的物联网方案，并确保最佳的实用方案能够有效地在整个组织内被有效分享和利用。这种组织通常被称为"精英中心"（COE）。物联网平台用于提供测试、开发、交付和数字服务营销等服务。研究部门会提出物联网的应用范围和语言标准，包括不同模型和应用的经验分享。

IT技术研究人员更倾向于从基础技术应用的角度来看待物联网创业。例如文献[35]对技术、物理和社会经济环境等物联网领域的要素进行了研究，并提出了从不同案例的研究中获取共同的价值观。另外，文献[36]讨论了与众包相关的物联网技术，并且提出了一个基于应用的模型，该模型利用传感器创造出了创业机会。

1.4.2.3 物联网商业模式创新；精调价值网络

物联网业务提供的端到端解决方案需要企业的加入，企业通过万物互联为用户提供完整的用户体验。商业模式的重点是对标准和精调价值网络进行关注。为了使商业模式能经得起未来的考验，参与者需要一个商业模式路线图来重新规划方案[37]。

对于企业家来说，将创新纳入商业模式而不是技术范畴至关重要。笔者推荐了几种创新的商业模式，并介绍了它们在生态系统层面的运作原理。管理和创业研究人员主要从通用商业模式的角度看待物联网创业。文献[38]提到了一个商业模式框架，用以介绍物联网行业中关于创新商业模式的普遍性方案。

1.4.3 多彩世界中的物联网

物联网的使用保证了可持续发展，并改善了我们的世界，让生活变得更加美好。这些都体现在不同的成功案例中：

- Ask Izzy：由墨尔本的公益性信息中介所和私营企业共同推出，2016年首次上线时的搜索量达到了240万次。Ask Izzy是一款免费且神秘的移动应用程序，主要面向需要庇护处、食物、经济援助、咨询建议、躲避暴力的澳大利亚人。该程序拥有超过37万项服务，为成千上万人提供必要的帮助。Ask Izzy可以免费使用Telstra的移动网络而无须通过收费流量或者免费Wi-Fi。
- Lumkani：这家面向非洲贫困人群的私营企业和世界宣明会（World Vision）共同开发出一种基于网络的火灾报警器，通过向群众发出火灾警报来提供消防保护。Lumkani还与Hollard保险集团合作，寻求与国际小额贷款组织达成新的合作关系，并努力扩大非洲以外的市场。
- Vera Solutions：主要用于处理"堆积成山的死数据"，这些数据由于追踪和收集过程漏洞百出而被南非政府废弃。Vera Solution 能够帮助卫生机构有效管理现有病人的病历信息，更好地预防艾滋病（AIDS）。
- Aclima：一家科技初创企业，它推出了一种可以探测空气污染的物联网传感器，并与谷歌街景（思科的合作伙伴）的绘制车合作为美国加州奥克兰市的街区和城市绘制地图。这可以帮助科学家们发现哪里的污染要超过预计情况，以及哪些特定地点的空气污染比附近地区高 5 到 8 倍。Aclima 的宗旨是希望管理者、城市开发商和医疗工作者能够利用这些数据对抗气候变化以及改善人民福祉。

1.5 总结

过去的几年里，大数据一直处于风口浪尖，几乎任何搜索引擎都能检索出巨量结果。

为了更好地寻找高潜力人员，提高团队效率[39]，减少人员流动[40]，并提高创造力从而获得成功[41,42]，各组织机构应该继续使用信息来创建大数据。大数据带来了新的机遇，全世界的政府和机构都应该考虑并抓住机遇。

大数据的主要任务是保证可持续发展以及辅助创新。它改变了我们的世界观。企业家与创新紧密相关，是经济增长和社会变革的引擎。在不断变化的世界中，企业家的重要性不言而喻。他们面临着各种机遇和挑战。这些机遇和挑战可能看起来来势汹汹、过于复杂、难以应对，但是企业家有责任在大数据时代产生积极的影响并推出创新解决方案。

注释

1. 第一台现代蒸汽机的原型由托马斯·纽科曼（Thomas Newcomen）设计。
2. Constable，2013年。
3. http://www.internetlivestats.com/。
4. 最新的全球可持续发展会议议程。

参考文献

[1] Shank, P., 2025: How Will We Work? How Will Your Job Change?. 2016, ATD.

[2] Mowery, D.C. and N. Rosenberg, Technology and the Pursuit of Economic Growth.1991: Cambridge University Press.

[3] Rifkin, J., The Third Industrial Revolution: How Lateral Power Is Transforming Energy, the Economy, and the World. 2011: Macmillan.

[4] Schwab, K., The Fourth Industrial Revolution: What It Means, How to Respond, WEF, Editor. 2016, World Economic Forum.

[5] Barlow, M., Real-Time Big Data Analytics: Emerging Architecture. 2013: "O' Reilly Media,Inc".

[6] Patty, J.W. and E.M. Penn, Analyzing Big Data: Social Choice and Measurement. PS, Political Science & Politics, 2015. 48(1): p. 95.

[7] Wixom, B., et al., The Current State of Business Intelligence in Academia: The Arrival of Big Data. Communications of the Association for Information Systems, 2014. 34(1): p.1.

[8] Walker, R., From Big Data to Big Profits: Success With Data and Analytics. 2015: Oxford University Press.

[9] McAfee, A., et al., Big Data: The Management Revolution. Harvard Business Review, 2012. 90(10): p. 60-68.

[10] Laney, D., Application Delivery Strategies. 2001: META Group, Stamford.

[11] Hofmann, E., Big Data and Supply Chain Decisions: The Impact of Volume, Variety and Velocity Properties on the Bullwhip Effect. International Journal of Production Research, 2017. 55(17): p. 5108-5126.

[12] Gandomi, A. and M. Haider, Beyond the Hype: Big Data Concepts, Methods, and Analytics. International Journal of Information Management, 2015. 35(2): p. 137-144.

[13] Brazeal, D.V. and T.T. Herbert, The Genesis of Entrepreneurship. Entrepreneurship Theory and Practice, 1999. 23(3): p. 29-46.

[14] Verstraete, T. and A. Fayolle, Quatre paradigmes pour cerner le domaine de recherche en entrepreneuriat. 7ème Congrès international francophone en entrepreneuriat et PME, 2004. 27: p. 28.

[15] Henry, C., F. Hill, and C. Leitch, Developing a Coherent Enterprise Support Policy: A New Challenge for Governments. Environment and Planning C: Government and Policy, 2003. 21(1): p. 3-19.

[16] Eakin, H. and A.L. Luers, Assessing the Vulnerability of Social-Environmental Systems. Annu. Rev. Environ. Resour., 2006. 31: p. 365-394.

[17] Gerlach, A., Sustainable Entrepreneurship and Innovation. Corporate Social Responsibility and Environmental Management, 2003: p. 29-30.

[18] Assembly, G., Sustainable Development Goals. SDGs Transform Our World, 2015. 2030.

[19] Elkington, J., Cannibals With forks. The Triple Bottom Line of 21st Century, 1997. 73.

[20] Thompson, N., K. Kiefer, and J.G. York, Distinctions not Dichotomies: Exploring Social, Sustainable, and Environmental Entrepreneurship, in Social and Sustainable Entrepreneurship. 2011: Emerald Group Publishing Limited.

[21] Cropley, D.H., J.C. Kaufman, and A.J. Cropley, Measuring Creativity for Innovation Management. Journal of Technology Management & Innovation, 2011. 6(3): p. 13-30.

[22] Nohria, N. and R. Gulati, Is Slack Good or Bad for Innovation? Academy of Management Journal, 1996. 39(5): p. 1245-1264.

[23] Rycroft, R.W., Technology-Based Globalization Indicators: The Centrality of Innovation Network Data. Technology in Society, 2003. 25(3): p. 299-317.

[24] Schumpeter, J.A. and A. Nichol, Robinson's Economics of Imperfect Competition. Journal of Political Economy, 1934. 42(2): p. 249-259.

[25] Wagner, M., Corporate Entrepreneurship and Organisational Innovation. Entrepreneurship, Innovation and Sustainability, 2012: p. 88.

[26] Enkel, E., O. Gassmann, and H. Chesbrough, Open R&D and Open Innovation: Exploring the Phenomenon. R&D Management, 2009. 39(4): p. 311-316.

[27] Phills, J.A., K. Deiglmeier, and D.T. Miller, Rediscovering Social Innovation. Stanford Social Innovation Review, 2008. 6(4): p. 34-43.

[28] Nicholls, A. and A. Murdock, Social Innovation: Blurring Boundaries to Reconfigure Markets. 2011: Springer.

[29] Cajaiba-Santana, G., Social Innovation: Moving the Field Forward. A Conceptual Framework. Technological Forecasting and Social Change, 2014. 82: p. 42-51.

[30] Westley, F.R., et al., How Game Changers Catalyzed, Disrupted, and Incentivized Social Innovation: Three Historical Cases of Nature Conservation, Assimilation, and Women's Rights. Ecology and Society, 2016. 21(4).

[31] Tsujimoto, M., et al., A Review of the Ecosystem Concept—Towards Coherent Ecosystem Design. Technological Forecasting and Social Change, 2018. 136: p. 49-58.

[32] Desouza, K.C. and K.L. Smith, Big Data for Social Innovation. Stanford Social Innovation Review, 2014. 12(3): p. 38-43.

[33] Van Kranenburg, R. and A. Bassi, IoT Challenges. Communications in Mobile Computing, 2012. 1(1): p. 1-5.

[34] Krotov, V., The Internet of Things and New Business Opportunities. Business Horizons, 2017. 60(6): p. 831-841.

[35] Brown, T. and J. Wyatt, Design Thinking for Social Innovation. Development Outreach, 2010. 12(1): p. 29-43.

[36] Bilgeri, D., et al., The IoT Business Model Builder. A White Paper of the Bosch IoT Lab in Collaboration With Bosch Software Innovations GmbH, 2015.

[37] Metallo, C., et al., Understanding Business Model in the Internet of Things Industry. Technological Forecasting and Social Change, 2018. 136: p.

298-306.

[38] Pentland, A., Society's Nervous System: Building Effective Government, Energy, and Public Health Systems. IEEE computer, 2012. 45(1): p. 31-38.

[39] Goldberg, A., et al., Fitting in or standing out? The Tradeoffs of Structural and Cultural Embeddedness. American Sociological Review, 2016. 81(6): p. 1190-1222.

[40] Olguín, D.O. and A. Pentland. Assessing Group Performance From Collective Behavior, in Proc. of the CSCW. 2010: Citeseer.

[41] Tripathi, P. and W. Burleson. Predicting Creativity in the Wild: Experience Sample and Sociometric Modeling of Teams, in Proceedings of the ACM 2012 Conference on Computer Supported Cooperative Work. 2012.

[42] Sivarajah, U., et al., Critical Analysis of Big Data Challenges and Analytical Methods. Journal of Business Research, 2017. 70: p. 263-286.

第二章
CHAPTER 2

面向可持续发展和
企业社会责任战略
的创业大数据

哈米德·杜斯特·穆罕默德
比勒费尔德中型企业应用技术大学（FHM），德国
法特梅·雷扎伊
里昂大学，法国

第二章
面向可持续发展和企业社会责任战略的创业大数据

2.1 简介

如今，世界面临着全球化和城市化带来的挑战，其中包括贫困、棚户区、失业、经济波动和经济问题、气候变化、环境挑战、社会挑战以及疾病等。这些挑战是对世界和人类未来的巨大威胁。所以我们有必要解决这些问题，为子孙后代保护好世界和自然环境。可持续发展理念的提出就是为了解决全球性挑战，提高人们的生活质量和居住质量。布伦特兰委员会将可持续发展当作一种能够使世界满足当今需求，并为后代保护环境来满足他们需求的一种工具。

一般来说，可持续性经济是可持续发展的一部分。企业经济和创业经济是每个国家的支柱之一，其优势包括创造新的就业和工作机会、工业可持续化、减少经济挑战、促进具有包容性和可持续性的经济发展。可持续性商业是一种可持续发展的战略，主要用于应对全球性挑战，减少这些挑战的影响，并设计出提供高质量生活的宜居性、可持续性的城市环境。为了发展可持续性经济，我们就需要创建符合当前和未来不断增长的需求的可持续化现代企业。

近几十年来，如信息技术、信息通信技术（ICT）、万物互联（IoE）、物联网、数字化、泛在技术以及高科技等基于互联网和信息的技术在分布式能源系统中发挥着重要作用，可以提高能源系统的效率，改善基础能源设施以及减少浪费。同时，这些信息技术还能下沉到基层、制造和操作单元。基于高科技应用上的组织架构可以使程序运行更快速、更安全，并提高生产力，使业务更加具有可持续性和高效性。这些技术可以对互动技术带来影响，并创建能够满足可持续发展需求的现代化的灵活企业。

其中一个用于创建可持续性、灵活性和现代化企业的先进技术就是大数据技术。这项技术通过收集数据源、技术和方法来开发用来处理对业务造成障碍的问题的数据。

通常来说，技术和创业精神在企业取得成功和可持续发展方面发挥着重要作用。对这些技术进行应用和改进对创建现代企业至关重要。值得注意的是，基于万物互联和大数据等技术的科技配置可以使企业与不断增长的城市化保持同步，满足当前的需求并取得成功。所以，基于大数据和高科技的企业就需要实现可持续发展。

本研究旨在探索如何将科技和大数据作为实现可持续发展的途径。为了达成这一目标，我们制定了三个子目标。第一个子目标是要认识到高科技和大数据等现代技术对企业成功的重要性。第二个子目标是研究可持续发展对世界未来发展的重要性。第三个子目标是研究现代化和可持续化企业如何应对全球挑战以及做到可持续发展。

2.2 相关概念综述

这一部分主要是对相关概念进行介绍。

2.2.1 可持续发展

1713年，卡罗维茨（Carlowitz）首次宣布将可持续发展确定为一种新理念。18世纪上半叶，丹麦、挪威、俄罗斯和法国引入了持续收益的理念，最后在20世纪70年代正式将其确定为可持续发展[1,2]。

1980年，联合国环境规划署（UNEP）和国际自然保护联盟（IUCN）起草的《世界保护战略》首次提到了可持续发展的概念。1987年，联合国世界环境与发展委员会再次呼吁全球进行可持续发展。1995年举行的《21世纪议程》提到了关于土地获取、土地所有权保障、租约权力、自由信贷政策以及为无家可归者和城市贫民提供"可持续"城市生活的计划[3]。《21世纪议程》指出,"可持续发展是一项面向多个方面的事业,旨在为所有人提供更高的生活质量。经济发展、社会发展和环境保护是与可持续发展相互依存和相辅相成的组成部分。"[4]

联合国的研究表明,可持续发展的主要目标是:

- 减少全球贫困。
- 消灭饥饿,实现粮食安全,加强营养,改善农业可持续性。
- 提高福祉,保障健康生活。
- 除了为所有人提供学习机会,还为高覆盖率和高质量教育创造合适的环境。
- 促进男女平等,推动妇女和女孩获得平等的机会。
- 为实现可持续的水资源管理和卫生体系创造条件。
- 为所有人提供高覆盖率、清洁和可持续使用的能源。
- 促进稳定、广泛和可持续的经济增长,为所有人创造就业岗位和舒适的工作环境。
- 创建弹性基础设施,提高工业化的覆盖率和可持续性。
- 创建可持续发展以及宜居的城市。
- 消灭不平等。
- 实现生产和消费的可持续性。
- 减少气候变化和环境影响。
- 利用海洋资源的可持续性来推动可持续发展。
- 保护、恢复和改善陆地生态系统的可持续情况;管理森林的可持续情况;防治荒漠化;阻止和扭转土地退化和生物多样性的丧失。
- 让社会具有可持续性,实现人人享有正义,为所有人建立有效、负责和包容的社会福利机构。

- 加强全球伙伴关系以实现可持续发展。

可持续发展有三大传统领域：环境、经济和社会福祉[4-6]。

哈米德·杜斯特·穆罕默德提出了可持续发展的现代化理念。根据这一理念，我们还需要新的框架来应对挑战以及管理可持续发展。哈米德·杜斯特·穆罕默德提出的新的可持续发展概念，即 7PS 理论。

7PS 理论用七个指标组成了传统的可持续发展的概念：环境、经济、社会、文化、教育、政策和科技。这七项指标需要同步发展以实现可持续发展[7]。7PS 理论如图 2.1 所示。

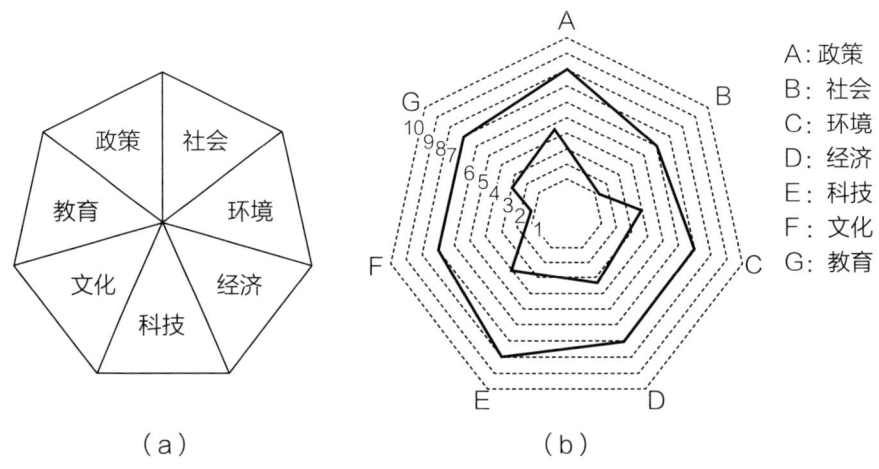

图 2.1　7PS 模型（哈米德·杜斯特·穆罕默德，2017，7）

2.2.2 企业社会责任战略

企业社会责任战略（CSR）指的是以可解释其社会影响和环境影响的方式开展业务的标准[8]。企业社会责任战略是企业对社会、环境和除股东以外的相关利益方负有责任的一种方式[9]。

企业社会责任战略并非一种新概念。克拉克（Clark）在 1916 年首次表示："人们在明知后果的情况下采取行动，所以企业社会责任战略要包含商业交易的已知后果，无论这些后果是否得到法律的承认[10]。"1953年，鲍文（Bowen）在其著作《企业高管的社会责任》中正式提出了企业社会责任战略的概念[11]。通常来说，企业社会责任战略意味着企业和行业应该关注社会热点和需求，并对其所在领域的社会和环境负责，同时致力于实现自身的主要目标：效率、生产力和股东利益最大化[12]。

企业要对环境、消费者、员工、社区、相关利益方和所有其他社会角色产生的影响负有责任[13]。

韦恩·维瑟（Wayne Visser）提出了CSR1.0，这是CSR的经典和传统内容。另外他还提出了CSR2.0，其中引入了企业可持续发展和企业责任的内容。当今时代，全世界都面临城市化和气候变化、贫困和失业、环境问题、社会不稳定等挑战，所以CSR2.0可以在其中起到关键作用。如今CSR1.0已经过时。CSR2.0可以与城市化和全球挑战保持同步[14,15]。

社会责任指标可以帮助企业和行业降低成本和风险，使其利润最大化，评估其商誉和合法性，创造协同价值并实现社会和环境的可持续发展。因此，CSR商业战略可以帮助社会和环境状况保持一致。

通常来说，企业社会责任战略有助于企业的可持续发展[16]。

2.2.3 创业

创业涉及分析、揭示、评估和抓住机遇等行为。其主要特征是创新、发现机遇、流程以及增长[17]。

企业理念是企业业务背后的基本思想。这是业务增长、发展和成功的必备因素。企业理念是制订商业计划和创办企业所必需的商业理念[18]。

创业精神可以用来评估经济体系的创造性和创新性。创业精神既可以通过创新来培养，也可以通过创新技术和工具来得到提高。创业与创新可以用来打造新的业务，创造经济增长的机会[19]。

通常来说，创业在三个层面对经济产生影响：总体层面、消费者层面和企业层面。在总体层面，创业通过创造就业机会、评估收益和为新的投资建设新的基础设施来为经济带来利润。在消费者层面，创业可以为消费者创造价值，例如以更低的成本改进产品或服务。在企业层面，创业可以使企业通过创新和创业的优势与其他非创新企业竞争[20,21]。

2.2.4 高科技

在我们所处的时代，科技对世界的未来发挥着重要作用，对我们的生活水平和方方面面都产生着影响。

科技水平是生产新产品和新工艺的基础。高科技是基于快速更新的知识而成的科技，需要经过探索和研究来增加其应用的领域[22]。高科技是通过应用先进的科学研究和专业知识，特别是电子信息和计算机来实现人类的需求和可持续发展[23]。人工智能、机器学习和机器人技术就是高科技的主要种类。

人工智能（AI）是指让计算机和机器智能化，学习、判断和执行需要人类智慧的任务，例如视觉感知、语音识别、决策和语言翻译。除了这些，人工智能还有其他一些内涵，例如：

- 概念性机械，可以根据人类智慧来强化或者执行某些功能。
- 通过计算机和机械化工具来开发人类智慧。
- 更有效地利用计算机和设备来研究科技。

进一步说，所有对人工智能的定义都围绕着像人类一样思考、行动、推理和采取理性行动。换句话说，人工智能就建立在这四个基础之上。

人工智能系统是一种机器系统，可以执行类似人类的任务，例如做出能够影响到我们的虚拟环境的预测或者决策。其主要组成部分是传感器、操作逻辑模板以及执行器。

如今，人工智能技术已经被用在了不同的行业和商业领域，包括医疗、金融、制造、教育等。通过利用人工智能和机器学习，诸如诊断疾病、教育、制造业、农业、交通、金融系统乃至生活等都会变得更完善、更简单。另外，人工智能还能被用于能源领域，人们可以通过智能电网、电能交易以及能源预测来节省能源以及提高能源使用效率。从根本上讲，人工智能可以改变经济，提高生产力、效率，以及降低成本。因此，它可以提高人类的生存能力和生活质量[23-25]。

机器学习是另一种高科技，已成为信息技术的主要支柱之一，在人类日常生活中发挥着重要作用。

机器学习是一门让计算机学会自主解决问题而无需人类干预的学科。换句话说，机器学习是一种让机器自己理解并提高性能和工作流程的能力。数据在机器学习中扮演着重要的角色。另外，机器学习的算法可以通过数据学习科技、知识和属性。机器学习可以学习现有数据中的模型，从而创建出能够在更大规模的IT设备中使用的分析模型。

机器学习包括监督学习、无监督学习、半监督学习和强化学习。半监督学习是机器学习领域较流行的第四个关键方面，它通过已标记数据和未标记数据来学习知识，因此其概念介于监督学习和无监督学习之间。

机器学习一般被用于处理商业问题。企业利用机器学习改善用户体验。制造业、零售业、医疗保健和生命科学、旅游和酒店业、金融服务业和能源业是利用机器学习提高效能的突出案例[26-28]。

最后一种高科技是机器人。自20世纪中叶以来，对机械的开发和研究已经出现在工业领域，其中使用机器人代替人类极具吸引力。机器人可以执行对人类来说过于肮脏、危险或太偏远的工作和任务。机器人学科是研究机器人科技来代替人类完成任务的学科，涉及动态系统建模和分析、数学、物理学、生物学和机械工程等。

"机器人"（robot）一词来源于捷克语（robota），在俄语中表示工作或劳动。

机器人技术的发展是基于自动化制表业，以及将创新应用于工业机械。

机器人技术中最关键的问题是高维连续状态动作空间下的控制问题。有效的算法可以解决这些问题，因而在机器人的研发中扮演着重要角色。机器学习算法可以促进机器人自主学习以及处理遇到的问题。机器学习可以用于不同的机器人领域，例如机器人视觉、机器人导航、野外机器人、拟人机器人以及外科机器人等。具体来说，机器学习在机器人开发中起到了重要的作用[29,30]。如下是近年来机器人得到普遍应用的三个主要原因：

- 机器人的费用比人类便宜。
- 机器人的能力比人类更强。
- 由于工厂产量的提高，机器人成为制造业领头羊的得力工具。

农业、汽车业、建筑业、实验室、制造业、军事部门、交通部门、执法部门和仓储业等都会使用机器人来更完美地执行相关工作。机器人还被用在医疗、交通以及酒店等服务行业[31,32]。

从根本上来说，机器人可以利用其优势来改变行业，例如：

- 节省展销成本。
- 提高产品质量。
- 改善工作环境。
- 提高生产质量和产量。
- 提高产品制造的灵活性。
- 提高产出，减少浪费。
- 打造安全的工作场所。
- 减少员工流失。
- 降低成本，尤其是与资本相关的成本。

- 进行标准操作使利用率最大化。
- 节省能源。
- 提高科技创新能力。
- 开拓新业务。
- 改善员工福利方面[33]。

大数据是一种被应用于不同领域的高科技，机器学习也是完全面向未来的高科技。

高科技为开发基于互联网和数字化的技术提供了合适的空间，它们作为实现可持续发展的利器活跃在东西方世界中。

2.2.5 数字化

数字化已成为在当代和不久的未来能够对社会、生活和企业产生持续性影响的因素之一。在我们的时代，数字化将改变我们的生活方式，并实现可持续发展。数字化的概念出现于20世纪末，现在正在改变我们的社会、经济和环境，使世界变得更美好[34,35]。

数字化的重点是通过数字技术的连通性和网络性来改善企业、服务、制造业、用户交易，最终改善生活。它反映了数字技术在商业和社会中的应用，以及个人、机构组织和物体之间连通的变化[34]。数字化主要涉及以下三个方面。

数字化：将模拟对象转换为数字化对象（即纸质文本的电子版本）。

数据化：将数字技术用于改变商业模式、创造收入、强化业务和创造价值。

数字化转型：利用数字技术将旧的内容转型为现代化的内容[36]。

数字化被解读为"与数字技术在人类社会各方面的应用相关的变化"。另外，数字化还可以将产品和服务转型为数字形式，取得生产力和效率方面的优势[35,37]。

数字化的四个主要阶段如下。

（1）计划过程

- 识别可数字化的对象以及相关材料。
- 确认所需且合适的资源。
- 选择以及制定标准和决策。
- 确定方法并评估时机。
- 评估和预测当前和未来的风险和挑战。

（2）数字化的过程和挑战

- 选择需要数字化转换的对象。
- 控制数字化转换对象的质量。
- 确定数字化转换的优先级。
- 区分转换标准以及可能的标准。
- 选择元数据。
- 准备类目和档案。

（3）数字化转型

- 数据化。
- 提供所需的专业设备。
- 质量管理。
- 设计数据母版并创建副本。

（4）后数字化流程

- 控制并长期性保护元数据。
- 向传输和存储系统提交数据、数据收集和管理。
- 在线提供数字化副本和元数据。
- 项目评估。

- 质量管理[38]。

数字化可以通过在生活的各方面应用数字技术来改变社会，包括商业、工业、制造业和服务业等。另外，数字化还可以通过数字化交通、制造等方式改善环境问题。因此，数字化可以在可持续发展等各个方面产生影响，包括环境、社会和经济等。

数字化可以对创造可持续性的经济和社会产生影响，实现可持续发展。数字化在可持续发展和造福人类等方面的主要领域如下，

- 数字化环境、能源转型，提高资源利用率和"绿色技术"。
- 走向可持续经济的数字化企业。
- 劳动力市场和社会福利的数字化转型。
- 数字化制造，提高生产效率，减少时间和成本。
- 数字化建设。
- 银行业、零售业等数字化服务。
- 数字化教育。
- 数字化消费。
- 数字化健康服务。
- 数字化交通运输。
- 最终实现智能城市和数字化服务[39-41]。

一般来说，人工智能、机器学习、机器人、工业 4.0、信息通信技术、信息技术、物联网等都可以用来发展数字化技术。数字化是一个在东西方国家都无处不在的概念，因为它可以用来使各项服务满足快速城市化和现代化的需求。

2.2.6 泛在

泛在的意思是普遍存在于任何地方或同时出现在很多地方[42]。

16世纪末,"泛在"一词首次出现于出版物中,并于1830年正式得到承认。

"泛在"倾向于夸大程度,相较于泛在来说,人们更喜欢"无处不在"[42,43]。

泛在的服务需要以一种能够使用无线设备、互联网和其他具备网络功能的电子设备为基础。这些功能被广泛地植入环境之中,使得这些设备几乎可以全天候无死角地被使用。由于计算机和科技通信可能会对多个领域产生影响,所以从工业到各部门,泛在的概念可以改变生活的所有方面,构建新的城市基础设施[43]。

人工智能、虚拟现实、机器人和数字技术等高科技在通过发展泛在概念来设计泛在计算和泛在城市方面发挥着重要作用。通用型解决方案可以实现将信息技术融入日常生活设备和活动的战略,创建可持续发展以及更加宜居的城市[43,44]。

泛在计算可以理解为通过泛在信息通信技术系统来为数据处理和传输实现"万物、始终、无处不在"。

泛在计算的特征如下。

- 嵌入式:小型智能设备嵌入实体,并连接到有线和/或无线网络。
- 用户模型:通过了解用户来找出符合用户角色的应用程序。因此,基于用户个人情况的用户模型至关重要。
- 移动性:灵活、敏捷和可移动的基础设施是客户端设备运行的必要条件。
- 流动性:系统可以提供一套合适的计算通信能力和服务,它们易用、高度集成、便捷,并且可以在用户从一个地方移动到另一个地方时进行调整。
- 主动性:系统可以自我激活,提前捕捉用户在提高服务质量方面的意愿。

- 隐蔽性：系统不可见，使用户能够处理尽可能少的数据。
- 便携性：在蓝牙或单手可用的设备上提供服务[45]。

基于泛在计算和泛在服务的泛在城市可以设计出符合不断增长的城市化和市民需求的现代城市，甚至可以应对城市化的挑战。泛在基础设施、泛在商业、泛在交通、泛在图书馆、泛在教育、泛在银行、泛在医疗保健、泛在建筑、泛在政府、泛在能源管理和泛在市民等各种不同的泛在服务可以将泛在城市打造成为一个全新的概念，以解决全球和城市化的问题并实现可持续发展。

泛在计算、泛在管理和泛在城市，包括其他各种泛在服务，是泛在影响人类生活和可持续发展的主要体现。

2.2.7 基于互联网和信息的技术

除了数字化外，包括信息技术、信息通信技术、物联网和万物互联等基于互联网和信息的技术在泛在计算甚至数字化等新概念中发挥着重要作用。换句话说，除了人工智能、机器学习和机器人技术外，上述科技能够帮助我们实现数字化、智能化以及泛在化。

当前我们在科技、人力资源、隐私和安全壁垒、法律法规、商业模式等方面都面临着巨大挑战[46-48]。应对这些挑战需要降低以及管理产生的影响，以便使用基于互联网的技术实现可持续发展。

2.2.8 工业 4.0

工业 4.0 兴起于 20 世纪下半叶，以增强和发展工业化为基础[49]。德国政府将其引入数字化时代，其基础是制造业的技术变革以及帮助企业在全球化竞争中生存的政策框架。换句话说，工业 4.0 是德国政府促进工业发展的一种战略，目的是使德国在机械和汽车制造以及经济和环境方面实现可持续发展[50]。

工业 4.0 作为产品和生产流程的大脑和智能网络，主要建立在五种技术之上，其中包括嵌入式系统、智能工厂、增强网络、云计算和信息技术安全。除了这五种技术外，吕斯曼（Rüßmann）等人还提出了其他九个不同的技术类别：自动机器人、仿真、水平和垂直系统一体化、工业物联网、网络安全、云服务、3D 打印（增材制造）、增强现实和大数据分析[51]。

工业 4.0 的具体内容如下。

（1）工厂 4.0

- 机器人。
- 自动驾驶车辆。
- 3D 打印 / 增材制造。
- 先进制造系统。
- 传感器。
- 工业移动装备（平台）。
- 纳米技术和先进材料。

（2）网络安全（信息安全）

（3）数据处理 / 大数据软件

（4）物流 4.0

（5）大规模定制

（6）物联网

（7）高素质的员工团队和经验丰富的合伙人团队

工业 4.0 是组织工作成功的基础。工业 4.0 给企业带来的主要益处在于：

- 管理和控制成本，包括生产成本、物流成本和质量管理成本，以降低总成本。
- 营造更友好、更高效的工作氛围。

- 使能源管理具备可持续性。
- 改进大规模生产。
- 客户服务和产品评估。
- 制定适当条件和情景，减少向市场发布新产品的流程[52]。

工业 4.0 面临着不同领域间的应用障碍，需要协调领导者、经理、企业家、劳动力和一般资本，使用基于工业 4.0 的新方法和生产流程，以产生重大变革。培训和教育是克服这一障碍的方法[53]。

2.2.9 社会 5.0

诸如信息通信技术等高科技的发展对工业和社会产生了重大影响，催生出一个新概念——社会 5.0。

社会 1.0 是狩猎社会。社会 2.0 出现于公元前 13000 年，是以灌溉技术为特征的农业社会。社会 3.0 出现于 18 世纪末，是以蒸汽动力、机器和大规模生产为特征的工业社会。社会 4.0 出现于 20 世纪后半叶，是以技术进步为特征的信息社会。最后是社会 5.0，社会 5.0 诞生于 21 世纪，属于超级智能社会[54]。

社会 5.0 可以被应用于生活的各个方面，比如，改善交通、制造业、粮食生产、公共服务、网络空间以及组织机构、地区和城市，助力它们走向可持续发展[55]。归根结底，社会 5.0 可以平衡经济增长和社会的可持续发展。[56]

2.2.10 大数据

2011 年，国际数据公司（International Data Corporation）将大数据定义为"新一代技术和架构，旨在通过高速捕获、发现和 / 或分析海量数据，从中经济性地提取价值"[57]。通常来说，近年来，大数据已经被用于解决企业在不同领域面临的各种挑战和问题[58,59]。大数据的用途比较广泛。它通过收集数据源、技术和方法来创建用于解决企业面临的挑战和问题的数据[59]。

大数据是一场数字革命，不仅会影响企业的业务表现，还会影响到可持续发展。其主要维度是多样性、速度、规模、准确性、可变性、可视化和价值[57,65]。

需要对大数据进行更多的探索才能实现高效率和高收益。数据一体化的复杂性，构建大数据系统缺乏合格且完善的资本，数据安全、隐私和监管问题，数据版权问题，低质量数据，不可靠的新类型数据和来源，基础设施落后，成本高，缺乏元数据和大数据体系以及文化冲突都是大数据面临的主要挑战[60,61]。大数据太大、太快、太现代化，因此，需要独特、复杂的系统来应对挑战。

归根结底，大数据是一种工具，主要用于创建对数据和信息的新理解，使现代化和灵活性的企业成为可持续性经济的必备条件[57]。

2.3 方法论

为了达到研究的目的，我们首先提出以下问题：

可持续型企业如何对可持续发展产生影响？

如何实现可持续发展？

如何创建成功的现代企业来实现可持续发展？

为何要基于科技和大数据来创建现代化和可持续型企业？

与科技挂钩的企业社会责任战略在创建现代企业中扮演着什么样的角色？

为了得出逻辑性答案并达到研究的目的，我们需要采用合适的方法。

第二章
面向可持续发展和企业社会责任战略的创业大数据

本文为实施该项研究制定了三个阶段。

（1）第一个阶段：开发研究方法

本阶段主要着眼于相关研究领域的文献综述。笔者全面检索了可持续发展、高科技、数字化、泛在计算、互联网科技、创业和大数据等领域的文献和书籍的具体章节。

（2）第二个阶段：开发研究工具

研究源于相关文献，个人的知识探索、经验以及研究。本阶段的目的是揭示出政策、战略和大数据的识别、企业的成功以及可持续发展之间的关系。另外，本项研究还采用了凯维（Kiwi）和坎彭胡德（Kampenhood）提出的改良方法作为分析工具（见图2.2）。凯维和坎彭胡德提出的改良方法被称为DRM（杜斯特研究法），出自波斯语Zarathustra（意为善念、善言和善行），主要被应用于社会科学和工程管理等领域。该方法由哈米德·杜斯特·穆罕默德（Hamid Doost Mohammadian）于2009年到2010年间引入，然后在2017年到2019年间进行了改进。具体来讲，其基础思想与凯维的方案原理类似，即设计出一个模型，然后将老办法改为DRM。该方法被众多硕士论文应用，并且最终于2019年9月在MDPI[1]期刊分享平台上正式发表[62]。通常来讲，该方法的主要目的是分析出对人民福祉产生

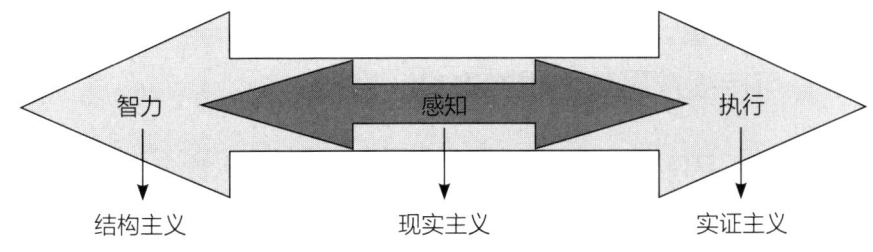

图2.2 凯维和坎彭胡德的方案

---

❶ 由林树坤博士创办于1996年，是全球领先的开放获取出版机构之一。——编者注

影响的各种因素和指标。其主要内容涵盖三个层次和七个问题，以及对这些问题的分析。具体过程请见图2.3。

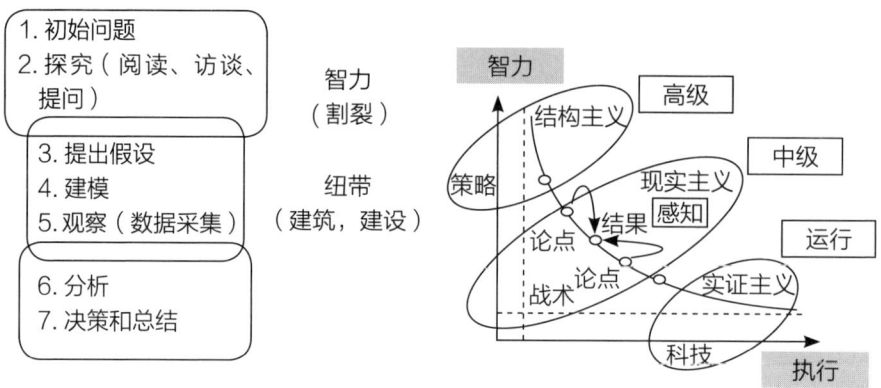

图2.3　DRM（杜斯特研究法）以及分级[26]

（3）第三个阶段：收集研究结果并分析

通过查阅文献、背景以及调查和分析得出结论。笔者将对结论进行分析和讨论来得出具体结果。

2.4 讨论

本节我们将根据研究结果展开讨论。

2.4.1 可持续发展与世界的未来

如今，世界面临着全球性挑战，如贫困问题、经济挑战、失业问题、气候恶化问题、环境挑战、社会挑战、健康问题等。这些都是对人类未来的威胁。

我们必须应对全球性挑战，来提高生活质量以及为未来做保障。全球转型下的城市化进程需要可持续发展，以便应对全球性挑战和来自未来的冲击。我们还需要创建可持续性、更宜居的城市，使人民越来越满意自己的生活。实现这些目标的关键是在可持续发展、数字化、科技和智能化的基础上建立现代化、可持续发展以及舒适的城市。为了在强化可持续发展、环境友好和满足人类需求的基础上规划出可持续发展和智能化综合城市，我们需要用到高科技、智能化和数字服务。此类城市在东方世界被称为泛在城市，在西方世界被称为数字城市，可以帮助各国满足人民需求和改善生活质量。这两个概念和城市转型的基础都是高科技。因此高科技在促进世界可持续发展和保障未来方面发挥着重要作用。换句话说，高科技是一种落实现代战略、政策和解决方案来应对全球性挑战和提高生活质量的技术。

绿色环境、碳中和、水资源可持续管理、高质量生活以及城市环境可持续发展是创建可持续发展和现代化城市的一些重要指标。这些指标促使城市控制和应对全球性挑战并实现可持续发展，最后实现高宜居性。现代化城市能够满足人类的各种需求。换句话说，现代化城市可以实现可持续发展，而这也是一种造福子孙后代、保护世界的解决方案。我们需要明确如何设计这一类城市。高科技、数字化和泛在计算在制定可持续发展战略并促进城市现代化的方面会起到重要作用。

通过笔者的研究可知，蓝绿城市（Blue-Green Cities）就是建立在科技和可持续发展的基础之上的现代化城市。它可以应对全球性挑战并减少其对环境和生活的影响，实现可持续发展。

蓝绿城市的可持续发展和宜居的城市环境基于笔者提出的可持续发展的七大支柱。

环境的可持续发展涉及减少和管控人类对自然的干预。与环境保持和谐、保护下一代的自然环境是主要的环境可持续发展的指标。科技和教育的可持续发展可以培养出知识丰富的专家，从而为创建蓝绿城市提供解决方案。

另外，文化的可持续性能够让人们意识到现代化城市的重要性并着眼于可持续发展。除了上述方面外，经济和政治的可持续性可以促使整个国家实现可持续发展。科技的可持续性、经济的可持续性和社会的可持续性这些可持续性指标在创建现代化城市方面发挥着至关重要的作用。

除了可持续发展的七大支柱外，数字化、泛在计算等技术在创建蓝绿城市方面发挥着重要作用。它们可以创造出应对全球性挑战的创新解决方案并实现可持续发展战略。

另外，可持续、智能化以及全方位的城市战略规划对于城市转型和打造蓝绿城市至关重要。完整的城市战略规划项目属于一种工具，可以帮助城市认识到自身的弱点和面临的风险，以实现更加可持续发展以及更加宜居，并找到强化它们的战略。全面的城市战略规划需要所有部门的参与。通常来讲，城市战略规划可以为企业提高业绩，以满足其可持续发展战略。可持续发展和智能城市战略规划所需的指标是蓝绿城市和智能基础设施、适当的项目管理和价值工程。

图 2.4 所示为实现城市转型和创建现代宜居城市（如蓝绿城市）所需的主要指标。

可持续和智慧型的基础设施、安全、高质量的健康、可持续发展的教育、可持续发展的经济、可持续发展的社会、可持续发展的环境以及最终形成的高质量生活是现代化和可持续发展城市（如蓝绿城市）的主要成果。它们直接或间接地对人们的行为产生影响，使人们更加满足。现代化城市会满足人们的需求，给人们提供高质量的生活。换句话说，建立在可持续发展和科技基础上的现代化城市可以创造出宜居的环境，应对全球挑战。从根本上来说，这样的城市可以让当代和未来几代人的世界变得更加宽容和舒适。

笔者的 U-DSR 理论侧重于打造现代化城市需要用到的工具和标准。

第二章
面向可持续发展和企业社会责任战略的创业大数据

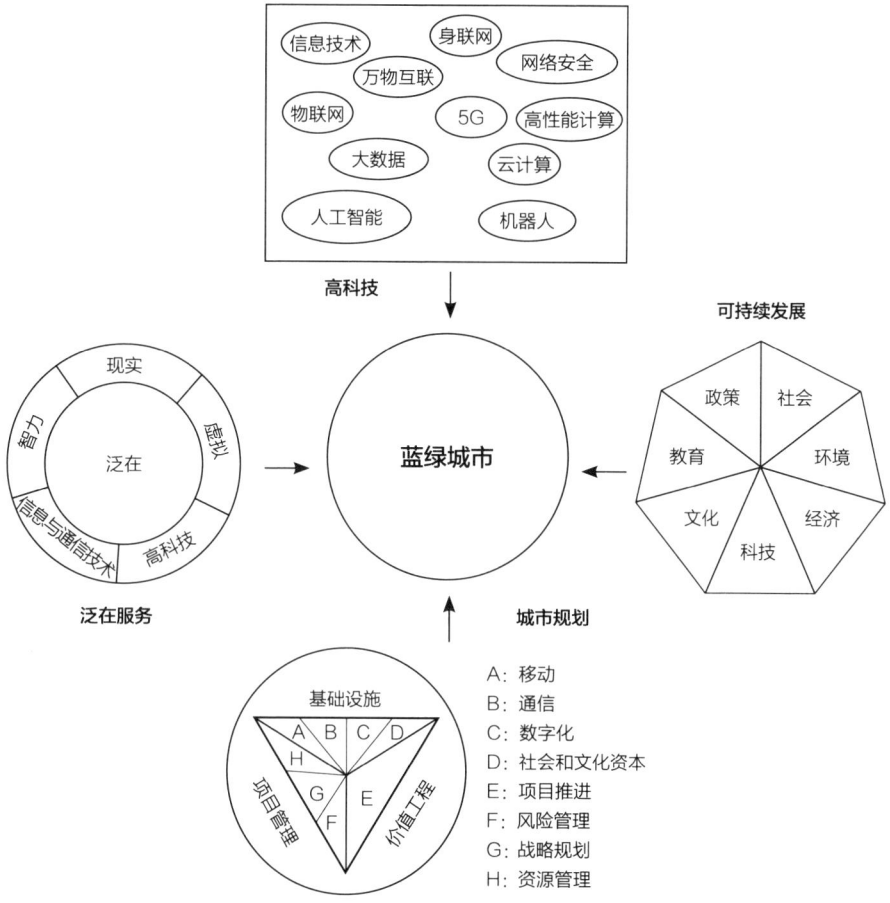

图 2.4　打造蓝绿城市所需的各个指标[62]

另外，该理论还能够解释城市现代化的结果。图 2.5 所示即为 U-DSR 理论。

具体来讲，泛在计算可以作为推进该理论发展的工具。而其他种类的科技和数字技术也可以用于该理论，以便创建现代化和宜居的城市。

不同的参与者都需要设计能够实现高质量生活的现代化和可持续的城市环境。本研究中，城市化的主要参与者就是具有创业精神的智慧型和可持续型企业。

051

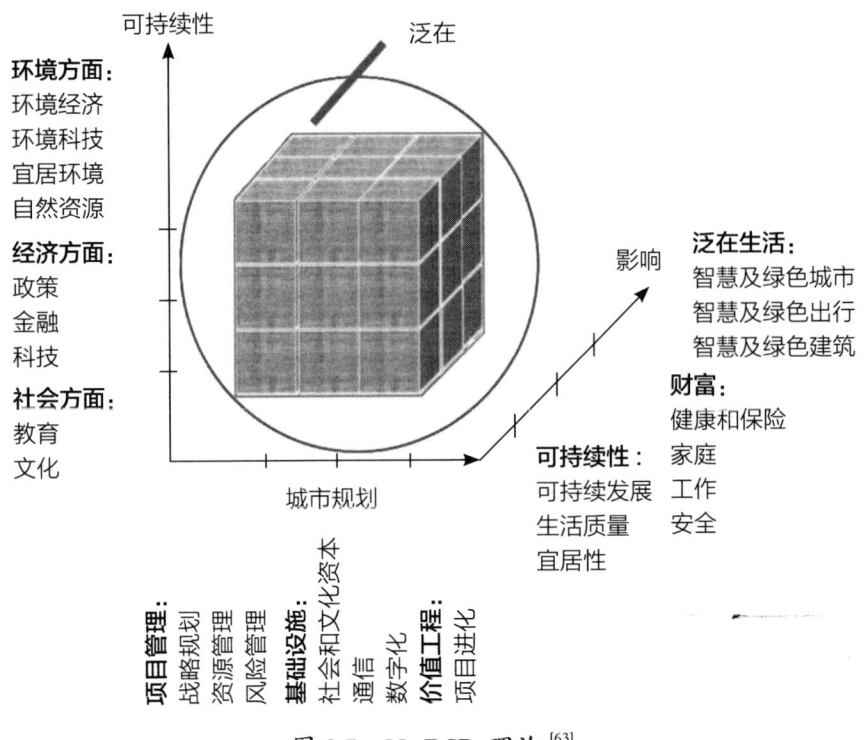

图 2.5　U-DSR 理论[63]

2.4.2 面向可持续发展的可持续经济

如前文所述，发展现代化和可持续型城市以及可持续发展所需的其中一个指标就是可持续经济。因此，要实现可持续经济，我们就需要具有高生产力和高效率的企业。可持续经济会对可持续发展产生影响，可应对全球性挑战、评估宜居条件和人类生活质量、使人民对生活满足。

可持续经济是提高生活质量的一条途径。发展可持续经济是设计现代可持续性和宜居城市的最佳解决方案之一，可以使世界变得更美好。

可持续经济可以与环境友好性保持同步，从而提高环境的可持续发展。另外，可持续经济还可以通过满足人类需求来实现社会的可持续发展。可持续经济的主要优点如下。

- 通过更宽泛的企业生态系统、数字经济、新就业机会的创造以及全球化来减少经济挑战，例如低速增长和发展、贸易和投资疲软、不公平性激增或持续加剧。
- 通过创造就业和财富以及减少贫困来发展可持续经济。
- 改善一国的经济状况以做到改善其基础设施、提高其民生质量。
- 通过创造可持续发展生产和消费模式，以可持续发展的手段利用资源，抓住绿色商机，以应对环境挑战。
- 通过创造就业机会、创新解决方案和科技、提高收入以满足人们需求和实现环境友好以及改善社会经济福祉。
- 通过规模化、强化创新、科技外溢以及管理技巧等，扩大以及深化科技一体化来提高生产力、促进社会可持续发展。
- 通过解决经济和社会问题来减少犯罪、贫困等社会不稳定因素。
- 直接和间接地加强国家基础设施相关方面建设，不仅要发展可持续型基础设施，还要创造可实现高质量生活的可持续发展和宜居城市。
- 通过上述优势来创建可持续发展的国家，建设一个更可持续、更宜居的世界。

基于不同的商业模式，有三种不同的企业：传统企业、智能数字企业和智能创新企业。

发展可持续经济需要那些具有智能数字化和智能创新功能的多面全球性企业。传统企业无法满足人类的需求。随着城市化进程的加快，企业要跟上人类的需求。因此，像智能数字企业和智能创新企业这样的新生代企业可以参与到全球市场并跟上快速城市化和人口增长的步伐。归根结底，新生代企业除了要实现经济可持续发展，还要满足人类的需求。

智能化、数字化等高科技将在创建现代企业中发挥重要作用。对工业时代和科技的反思催生出了新一代企业，它们可以参与市场、满足人类的需求，并培养可持续经济。

从根本上讲，可持续经济除了高科技外，还需要两个重要的因素：企业家精神和企业社会责任战略。创新型和灵活型的企业（现代企业）的任务是创造可持续经济，而企业家精神和企业社会责任则可以与这两个因素保持一致。

企业需要创业和创新才能适应不同的情况和复杂的条件。此外，创业手段有助于企业实现可持续经济，从而应对失业、银行危机、流动性危机、金融危机、通货膨胀率等经济挑战。因此，创业是实现可持续经济的基本要素之一。中小型企业可以通过创业手段和灵活性来适应新的复杂情况。事实上，全球95%以上的企业都是中小型企业。它们具有现代化和创新型企业的创业理念特征，在发展可持续经济甚至可持续环境和社会方面都发挥着重要作用。中小型企业和创新企业可以通过提高就业覆盖面以及实现经济可持续增长来为人们提供就业岗位、加强工业可持续发展，甚至可以实现国家的可持续发展。

另外，企业还需要践行企业社会责任战略来与可持续发展保持同步。作为可持续发展支柱的企业社会责任战略可以帮助企业采用对可持续发展产生积极影响的科技。企业社会责任战略还要面向环保领域，也就是要减少企业对自然造成的负面影响、实行垃圾管理、提高绿色覆盖率、使用清洁能源、减少能源消耗、减少二氧化碳排放等。它还包括尊重员工权利、实行弹性工作制、保障安全、尊重不同的文化、关注民权等。因此，企业社会责任战略可以与社会和环境的可持续发展保持同步。另外，创建现代化企业也需要可持续经济。从根本上来说，企业社会责任战略不仅有助于企业对可持续经济产生影响，也有助于直接实现可持续发展。换句话说，企业社会责任战略可以从两条途径实现可持续发展：发展可持续经济；发展可持续社会和可持续环境。因此，现代企业需要施行企业社会责任战略来有效促进可持续发展。

一般来说，企业社会责任战略和企业家精神在促进现代企业走向可持续经济方面发挥着重要作用。

要使现代化、创新型企业（如灵活的中小型企业）实现可持续经济需要不同的指标。其中最重要的如下。

（1）科技应用

- 电子商务。
- 信息与通信基础设施。
- 智能管理。
- 高科技流水线。
- 科技对生产和性能的提升。
- 高科技工具的应用。
- 培训内容与科技同步。

（2）加速工具和程序的应用

- 通过 IMP^{3}ROVE（提高创新管理业绩并产生持续影响力）等创新管理和创新科技加速企业战略。
- 管理产品生命周期。
- 关注附加值。
- 关注经济、社会和环境可持续发展战略，例如实践企业社会责任战略。

（3）创新与技术流程

- 确认和认可可持续经营战略。
- 提升业务生产力。
- 提升业务效率。
- 改善中小型企业的环境、社会以及经济影响。

- 符合全球和国际要求。
- 满足不断增长的现有需求和新的需求。

（4）创业理念探讨

- 为企业家创造新机会的商业模式。
- 通过扩大工作岗位创造新的就业机会。
- 关注商业周期。
- 扩大影响。

（5）基于知识转化和专家的业务

- 培训。
- 企业家导师。
- 能力建设。
- 中小型企业经理导师。
- 开展培训，提升资本。
- 提高管理和领导技能。
- 关注创新解决方案。

（6）金融服务

- 金融部门。
- 研究和培训产品。
- 面向低收入人群的商业模式。
- 改善投资。

（7）可持续性的平台和基础设施

- 改善信息与通信技术的基础设施。
- 降低能耗。
- 关注污水管理。
- 使用可再生能源。

- 购置新的现代化机械。
- 改革旧战略和旧方案。

通常来说，高科技在很多方面都发挥着重要作用，可以为能够解决全球性挑战并实现可持续发展的智能、可持续以及创新型企业提供解决方案和途径。高科技可以帮助这类企业面对失业、低收入等经济问题，以及空气污染和高能耗等环境问题。另外，可持续经济和可持续生态可以应对社会、文化、教育和科技等挑战。

2.4.3 大数据和可持续经济

如前文所述，现代化以及创业型企业可以实现可持续经济。企业需要推行企业社会责任战略和创新解决方案来对可持续发展产生影响。另外，企业还要随时与快速增长的人类参与市场竞争的需求保持一致。高科技可以帮助企业与当前需求和企业社会责任战略保持一致。因此，高科技可以帮助企业实现可持续经济和可持续发展。

大数据可以用于创建成功的、可持续发展以及创新的企业，有助于改善整个国家的经济体系。

如今，全世界的数据量正在不断增加，我们需要重估这些数据并将其作为解决数据挑战以及以最优方式转换数据的途径。信息与通信技术、物联网、人工智能，尤其是大数据等高科技都可以当作重估数据的工具。尤其是这些工具可以将社会带入新时代。新时代的企业，尤其是作为经济支柱的企业，都需要紧跟重估数据和转型的脚步。采用新技术的企业在创造成功业务和满足新时代需求方面都发挥着重要作用。

与此同时，数据作为决策核心以及衡量标准对企业的未来发挥着重要作用。大数据作为管理和控制基于可持续发展战略和持续增长需求的大量数据的分析工具，可以创造出灵活、高效和高产的企业，以实现可持续发展。一般来说，大数据以及此类技术（例如卫星数据）、新科技［如信息与通信技术、物联网、身联网（The Internet of Bodies，IoB）、人工智能、机器学习、机器人技术和新的分析方法］都是成功企业的必备工具，可以用于实现可持续发展、高质量生活。

通常，基于高科技的大数据在打造可持续经济所需的智能和可持续型企业方面发挥着重要作用，可以将传统企业的系统和管理方式转变为更具创新性和现代化、拥有更高质量数据的新型系统与管理方式的决策，以改善人力资源管理以及人才管理、强化管理系统、找出促进企业社会责任战略和可持续发展方面的解决方案。大数据可以影响企业和企业间的运作，使其在环境、社会和经济上保持可持续性，以实现可持续发展。

大数据是一种帮助企业提升可持续发展目标、制定可持续发展政策、评估环境的可持续性、提高社会可持续性、实现经济可持续性以及跟上日益增长的现代需求的高科技。另外，大数据也是一种帮助企业参与全球市场的工具。由于国际化企业能够在国家的未来经济体系中发挥关键作用，所以大数据可以帮助企业和国家实现可持续性经济。隐私、道德以及对数据的尊重是大数据面临的主要挑战，我们应减少该技术带来的负面影响。

在当前时代，人民的需求越来越多、越来越现代化，我们需要具有具体特征的企业来满足这些需求。这一时代中，只有新潮和智慧的企业才能成为合格的企业。大数据是一种由新兴企业打造的智能科技，能帮助传统企业适应新潮和现代需求，是一种让传统企业更智能、更创新的科技。

大数据是一种能够帮助企业实现更高的效率、生产力，改善客户服务，参与国际和全球市场从而实现可持续性和成功业务的科技。从根本上讲，大数据是企业实现可持续发展目标的一种工具，目的是在实现高质量生活和提高公民满意度的基础上创建更可持续和宜居的城市环境。

2.5 总结与展望

在本节中,我们将对研究进行总结,并且对基于研究结果产生的未来进行展望。

2.5.1 总结

全世界的人口增长对世界和人类构成了全球性的挑战。我们需要认识到这些挑战,找到解决方案以便应对挑战,维护世界和可持续发展。从根本上讲,可持续发展可以将世界变得更加持续、更宜居。

由于可持续经济是应对全球挑战和实现可持续发展的基本工具,因此发展可持续经济至关重要。通过建立成功的以及可持续的现代、创新和可持续性企业,如混合型和灵活型中小型企业,可以实现可持续经济,以便应对全球性挑战并实现可持续发展。可持续经济涉及可持续发展,包括基于水资源管理的环境可持续性、绿色战略和环境友好政策,以及基于企业社会责任战略的可持续社会。将企业社会责任战略应用于可持续企业并实现可持续发展至关重要。因此,企业社会责任战略在企业可持续发展方面发挥着重要作用。

另外,中小型企业是每个国家创造可持续经济的基本工具之一。各国都有大量中小型企业,它们是一个国家的经济支柱之一,在经济体系中扮演着重要角色。因此,中小型企业和常规创业精神是可持续经济实现可持续发展的必备元素。从根本上讲,企业需要实践企业社会责任战略,注重创业途径,使可持续经济成为应对全球挑战的解决方案并实现可持续发展。建立在企业社会责任战略、可持续性和创新基础上的现代和创新型企业是实现可持续经济的必要条件。

实现现代化和创新企业可持续发展需要用到不同的设备、装置和科技。在我们生活的时代中，科技在各方面都发挥着重要作用。高科技、数字化、智能 IT 和物联网都可以应用于不同的方面来应对各种能源、业务甚至是民生问题。因此科技是企业实践企业社会责任战略和创造可持续经济所需的基本工具之一。科技会下沉到更基层的制造和运营单位。建立在科技基础上的经济和商业使得各种程序更快速、更安全、生产率更高。除了泛在这一新概念外，高科技、知识以及虚拟现实，都可以同时在企业实现可持续经济甚至可持续环境和可持续社会以及总体可持续发展方面发挥重要作用。尤其科技可以帮助企业实施企业社会责任战略。另外，科技可以帮助企业成为创业型和创新型企业。使用高科技可以使企业高产、高效地实现可持续经济和可持续发展。

将传统企业转变为创新和现代化企业的主要技术途径之一就是大数据。大数据能够使企业以更高效的方式进行数据管理。通常来讲，大数据在创造可持续经济所需的智能型和可持续企业方面发挥着重要作用。

建立在可持续性、高科技（例如大数据）基础上的高产、高效和可持续企业所催生出的可持续经济可以用于应对全球挑战和经济挑战，以便设计和发展现代化城市。建立在可持续经济等不同指标基础上的新概念城市不仅可以应对全球性挑战，造福子孙后代，还可以让世界实现可持续发展、更加宜居。

2.5.2 未来展望

如今，全球性挑战威胁到了我们的生存和生活质量，并对世界和子孙后代的未来构成了重大威胁。因此，我们必须应对这些挑战，保护未来的自然，让人民满足于生活。可持续发展就是应对这些挑战的最佳解决方案。

如本研究所述，为了实现可持续发展，我们要建立起类似于蓝绿城市的可持续性、高科技和智能化的新概念城市。本研究主要通过使用大数据在创建现代化城市和可持续发展中发挥出可持续经济的作用。另外，其他高科技（如物联网、万物互联、能源管理等不同数字化业务）也可以部分用于未来展望。

除了可持续经济外，可持续性智能交通、可持续性智能基础设施、可持续文化等其他因素在设计现代城市概念和可持续发展方面也可能发挥重要作用。例如大数据等高科技可以将这些因素转换为当代可持续发展的城市环境，从而使世界更加宜居、更加可持续发展。这是我们对未来的展望。

参考文献

[1] Fe il, A. and Schreiber, D. Sustainability and Sustainable Development: Unraveling Overlays and Scope of Their Meanings. Cad. EBAPE. BR 2017.

[2] Our Common Future, Brundtland Report; Chapter 2: Towards Sustainable Development; United Nation World Commission on Environment and Development. United Nations: Oslo, Norway, 1987.

[3] Barbier, Edward B. and Burgess, Joanne C. The Sustainable Development Goals and the Systems Approach to Sustainability. Economics 11. 2017. Available at: http://www.economics-ejournal.org/.

[4] Basiago, A.D. Economic, Social, and Environmental Sustainability in Development Theory and Urban Planning Practice. Environmentalist 1998.

[5] Hui, S. 1996. Sustainable Architecture and Building Design (SABD). http://www.arch.hku.hk.

[6] Greenwood, L., Rosenbeck, J., and Scott, J. The Role of the Environmental Manager in Advancing Environmental Sustainability and Social Responsibility in the Organization. Journal of Environmental Sustainability 2. 2012.

[7] Doost Mohammadian and H. Rezaie, F. Sustainable Innovative Project Management: Response to Improve Livability and Quality of Life: Case Studies: Iran and Germany. Inventions 4. Published by MDPI. 2019.

[8] Tureac, C., Turtureanu, A., Bordean, I., and Georgeta, M. Corporate

Social Responsibility and Sustainable Development. In the Proceeding of Conference on Inclusive & Sustainable Growth Role of Industries, Government & Society. Nagpur, India. 2011.

[9] Ebner, D. and Baumgartner, R. The Relationship Between Sustainable Development and Corporate Social Responsibility. In the Proceeding of Corporate Responsibility Research Conference. Dublin, Ireland. 4-5 September. 2006.

[10] Dodh, P. and Singh, S. Corporate Social Responsibility and Sustainable Development in India. Global Journal of Management and Business Studies 6. 2013.

[11] Gannon, J. and O'Brien, G. The Role of Corporate Social Responsibility in Urban Regeneration. Futures Academy, Technological University Dublin. 2005.

[12] Szczuka, M. Social Dimension of Sustainability in CSR Standards. In the Proceeding of 6th International Conference on Applied Human Factors and Ergonomics (AHFE 2015). Las Vegas, USA. July 26-30. 2015.

[13] Bowen, H. Social Responsibilities of the Businessman. Published by Harper & Row. New York, USA. 2013.

[14] Visser, W. The Rise and Fall of CSR: Shapeshifting From CSR 1.0 to CSR 2.0. CSR International Paper Series. 2. 2010.

[15] Ntui, P. Corporate Social Responsibility and Sustainable Development NTUI Ponsian Proti. Scholarly Journal of Business Administration 2. 2012.

[16] Pirnea, I.C., Olaru, M., and Moisa, C. Relationship Between Corporate Social Responsibility and Social Sustainability. Economy Transdisciplinarity Cognition XIV. 2011.

[17] M bhele, Th. The Study of Venture Capital Finance and Investment Behavior in Small and Medium-Sized Enterprises. Journal of SAJEMS 15. 2012.

[18] Gaweł, A. Entrepreneurship and Sustainability: Do They Have Anything in Common? Poznań University of Economics Review 12. 2012.

[19] Mohammadi, G., Sajadi, S., and Sakhdari, K. An Entrepreneurial Decision-Making Model: A Case Study of the Electronic Business of Tehran. Iranian Journal of Management Studies 12. 2019.

[20] Punn, M. Emerging Role of Innovation in Entrepreneurship in Present

Scenario. Journal of Management Engineering and Information Technology (JMEIT) 4. 2017.

[21] Fink, M. and Hattak, I. Current Research on Entrepreneurship and SME Management. Published by European Council for Small Business and Entrepreneurship. Turku, Finland. 2010.

[22] High Technology Indicators. Published by Instituto Nacional de Estadistica. 2016.

[23] Ahmed, H. AI Advantages and Disadvantages. International Journal of Scientific Engineering and Applied Science (IJSEAS) 4. 2018.

[24] Artificial Intelligence and Big Data: Innovation Landscape Brief. Published by International Renewable Energy Agency (IRENA). 2019.

[25] Kersting, K. Machine Learning Artificial Intelligence: Two Fellow Travelers on the Quest for Intelligence Behavior in Machines. Frontiers in Big Data 1. 2018.

[26] Artificial Intelligence and Machine Learning 101. Published by Micro Focus. 2019.

[27] Kuhl, N., Goutier, M,. Hirt, R., and Satzger, G. Machine Learning in Artificial Intelligence: Towards a Common Understanding. In the Proceeding of Hawaii International Conference on System Sciences (HICSS-52). Maui, Hawaii. 2019.

[28] Machine Learning: The Power and Promise of Computers That Learn by Example. Published by The Royal Society. 2017.

[29] Perez, J., Deligianni, F., Ravi, D., and Yung, J. Artificial Intelligence and Robotics. Published by UK-RAS Network.

[30] Craig, J. Introduction to Robotics: Mechanics and Control. Published by Pearson Education International. United States. 2005.

[31] Mosavi, A. and Varkonyi, A. Learning in Robotics. International Journal of Computer Applications 157. 2017.

[32] Iovine, J. Pic Robotics. Published by McGraw-Hill Companies. 2004.

[33] Gorostidi, M. Routes, Advantages and Disadvantages of Robotic Para-Aortic Lymphadenectomy: A Review. OA Robotic Surgery 10. 2014.

[34] Digital Sustainability: Global Sustainability as a Driver of Innovation and Growth. Published by Cyber Group. Stockholm, Sweden. 2019.

[35] Sustainable and Digital Sustainable Development as the Framework for Digital Transformation. Published by German Council Sustainable Development. Berlin, Germany. 2018.

[36] Jovanovic, M., Dlacic, J., and Okanovic, M. Digitalization and Society's Sustainable Development—Measures and Implications. Zbornik Radova Ekonomskog Fakulteta u Rijeci/Proceedings of Rijeka School of Economics 36. 2018.

[37] Seele, P. and Lock, I. The Game –Changing Potential of Digitalization for Sustainability: Possibilities, Perils, and Pathways. Journal of Sustainability Science 12. 2017.

[38] Fundamental Principles of Digitization of Documentary Heritage. Published by UNESCO. Available at: http://www.unesco.org/.

[39] Parviainen, P., Kaariainen, J., Tihinen, M., and Teppola, S. Tackling the Digitalization Challenge: How to Benefit From Digitalization in Practice. International Journal of Information Systems and Project Management 5. 2017.

[40] Johansson, J. Challenges and Opportunities in Digitalized Work and Management. Studies in Social Sciences. Work Report. 2017.

[41] The Digital Revaluation and Sustainable Development: Opportunities and Challenges. Published by the World in 2050 Initiative. 2019.

[42] HoLee, S., Hoon Han, J., Taik Leem, Y., and Yigitcanlar, T. Towards Ubiquitous City: Concept, Planning, and Experiences in the Republic of Korea. IGI Global, Information Science Reference, Hershey, USA. 2008.

[43] Sen, J. Embedded Systems and Wireless Technology. Chapter: 1. Published by CRC Press, Taylor & Francis Group, USA. 2012.

[44] Mühlhäuse, M. and Gurevych, I. Introduction to Ubiquitous Computing. IGI Global.2008.

[45] Oladimeji, L., Folorunso, O., Taofeek, A., and Adejoke, J. Ubiquitous Computing in the Jet Age: Its Characteristics and Challenges. International Journal of Research and Reviews in Computer Science (IJRRCS) 2. 2011.

[46] Aralu, U. Influence of Information and Communication Technology on Digital Divide. Global Journal of Computer Science and Technology 15. 2015.

[47] Berisha-Shaqiri, A. and Berisha-Namani, M. Information Technology and

the Digital Economy. Mediterranean Journal of Social Sciences 6. 2015.

[48] Kafle, Yuba & Mahmud, Khizir & Morsalin, Sayidul & Town, Graham. Towards an Internet of Energy. In the Proceeding of IEEE International Conference on Power System Technology (POWERCON). Oct 30, Nov 2. New Zealand. 2016.

[49] Dutzler, H., Schmaus, B., Schrauf, S., Nitschke, A., and Hochrainer, P. Industry 4.0: Opportunities and Challenges for Consumer Product and Retail Companies. Published by Service Mark of PwC Strategy & LLC. USA. 2016.

[50] Vuksanović, D., Ugarak, J., and Korčok, D. Industry 4.0: The Future Concepts and New Visions of Factory of the Future Development. In the Proceeding of International Scientific Conference on ICT and E-Business Related Research, 21 April. Belgrade, Serbia. 2016.

[51] Nagy, J., Oláh, J., Erdei, E., Máté, D., and Popp, J. The Role and Impact of Industry 4.0 and the Internet of Things on the Business Strategy of the Value Chain—The Case of Hungary. Published by Sustainability Journal by MDPI. 2018.

[52] Rojko, A. Industry 4.0 Concept: Background and Overview. International Journal of Innovation Management (iJIM) 11. 2017.

[53] Heynitz, H. and Bremicker, M. The Factory of the Future: Industry 4.0— The Challenges of the Tomorrow. KPMG, Germany. 2016

[54] Fukuyama, M. Society 5.0: Aiming for a New Human-Centered Society. Published by Japan Spotlight. 2018.

[55] Saif Obaid Alhefeit, F. Society 5.0 A Human-Centered Society That Balances Economic Advancement With the Resolution of Social Problems by a System That Highly Integrates Cyberspace and Physical Space. MSc Informatics Thesis at The British University in Dubai. 2018.

[56] Hayatul, Y. Society 5.0 for Super Smart Country. 2019. Available at: https://www.researchgate.net/publication/331521659.

[57] Alexandru, A., Alexandru, C., Coardos, D., and Tudora, E. Big Data: Concepts, Technologies and Applications in the Public Sector. International Journal of Computer, Electrical, Automation, Control and Information Engineering 10. 2016.

[58] Mukred, M. and Jianguo, Zh. Use of Big Data to Improve Environmental Sustainability in Developing Countries. International Journal of Business

and Management 12. 2017.

[59] Etzion, D. and Aragon-Correa, J.A. Big Data, Management, and Sustainability: Strategic Opportunities Ahead. Organization & Environment 29. 2016.

[60] Victor, V. and Fekete Farkas, M. The Era of Big Data and Path Towards Sustainability. Innovation Management and Education Excellence Through Vision 2020. 31st IBIMA Conference: 25-26 April 2018, Milan, Italy. 2018.

[61] Thabet, N. and Soomro, T. Big Data Challenges. Journal of Computer Engineering & Information. 2015.

[62] Doost Mohammadian, H. and Rezaie, F. Sustainable Innovative Project Management: Response to Improve Livability and Quality of Life Case Studies: Iran and Germany, Inventions, MDPI. 2019.

[63] Doost Mohammadian, H. and Rezaie, F. 2020. i-Sustainability Plus Theory as an Innovative Path Towards Sustainable World Founded on Blue-Green Ubiquitous Cities (Case Studies: Denmark and South Korea), Inventions, MDPI. 2020.

[64] Can, U. and Alatas, B. Big Social Network Data and Sustainable Economic Development. Sustainability 9. Published by MDPI. 2017.

[65] Etzion, D. and Aragon-Correa, J.A. Big Data, Management, and Sustainability: Strategic Opportunities ahead. Organization & Environment 29. 2016.

第三章
CHAPTER 3

金融、数字化突破以及
可持续发展——问题、
挑战和发展方向

维塞姆·阿吉利－本·尤瑟夫
巴黎商学院，法国
伊曼·本·斯莱曼尼
上阿尔萨斯大学，法国

3.1 简介

新冠疫情加速了经济和社会的重大变革,如果不解释的话,这听起来像是新自由资本主义的终结[1]。金融行业不可避免地受到了其巨大的影响。

由于央行出手干预,所以金融市场基本上没有产生大的恐慌情绪。然而,国际货币基金组织在2020年6月关于全球金融稳定的报告中强调了影响金融市场稳定性的三个要素:金融市场与实体经济之间的鸿沟;可能危及债务可持续性的债务水平;一些新兴国家和发展中国家的再融资问题[2]。

早在新冠疫情危机之前,金融界就已经产生了变化。这场危机催生出了几个事实:经济和金融危机、社会紧张局势以及信心和道德危机。

事实上,近年来,金融业经历了两方面的剧变:一方面是企业的数字化转型(科技产品上瘾、网络风险等),以及市场和金融机构(银行、保险公司和监管机构)的数字化转型;另一方面是气候变化影响到法律、习惯、商业模式等方面的变化。与数字化转型相关的法律和与气候变化相关的法律目前正在重塑金融格局。

笔者对金融的研究主要是对数字化转型和环境转型[3-9]进行解读和分析。

金融行业有哪些重大变化?它们对日后的金融行业会产生什么影响?这些变化带来的主要挑战和问题是什么?在本章中,我们将一一进行解答。

本文的第一部分将要解决两个问题:探寻与这些重大变化相关的研究,以便了解这些变化及其影响,并确定关键问题和面临的挑战;提出受笔者当前研究灵感启发的观点和研究方向,对咨询公司、各种智库和国际组织的学术研究和专业报告进行分析。这有助于研究人员和行业人员确定其金融职业发展方向、组织学术研究并获悉研究差距。经济行业中的所有参与者（公司、家庭、金融机构和监管机构等）都无一例外地发现自己受到了金融领域中这些重大变革的影响。在这种情况下，从业者必须在新的框架下重新思考他们的商业模式。另外，研究人员必须转变观念以免遭受新变革的负面影响。重大变革带来了挑战和机遇。

本文的第二部分介绍了金融的数字化转型及其主要影响，第三部分介绍了环境转型，第四部分分析了金融变革固有的主要挑战和风险，第五部分进行了总结。

3.2 金融行业的数字化转型

近年来，金融业的技术创新步伐在不断加快。受到区块链和加密货币等新技术[9-11]的影响，金融产品和服务的格局正在发生迅速而深刻的变化。这种变化影响了金融服务和产品，扰乱了不同运营商的价值链和商业模式[8,12,13]。这些变化被称为"第四次工业革命[14]"。

3.2.1 金融行业的数字化竞赛

数字金融包含众多由金融科技和创新金融服务商提供的服务[15]。金融科技对工业 4.0 的发展起到了重要作用。它需要使用和集成多种科技（数据科技和人工智能）并推出平台和软件[16,17]。在这种背景下，本研究将对金融机构的数字化转型展开分析[8,13,18]。

2019 年，顾能公司[1]提出了用于数字化银行转型的技术成熟度曲线（Hype Cycle）[19]。技术成熟度曲线的目的是：确定对银行业产生中短期重大影响的新技术；确定每项技术的成熟度。技术成熟度曲线是五段线，新技术在开始大规模应用阶段之前都应该经过该曲线的验证。该曲线的阶段如下。

（1）初始的激情（触发创新）：新技术或原型的启动阶段。

（2）过度期望的峰值（期待值增长到最大）：在该阶段中，媒体对新技术过度吹捧，用户的期待过度且不切实际。初创企业正在开发和普及新技术。

（3）期望值坠入谷底（期待破灭）：该阶段开发出的产品低于预期，导致媒体对新技术失望。

（4）重返初衷（复苏期）：该阶段中，业内最坚持不懈的企业继续开发第二代产品和服务。新技术正在探寻其原始初衷。

（5）成功或大规模生产阶段（产品成熟期）：该阶段中，技术已经足够成熟，可以继续开发第三代产品和服务。

银行业采用的许多技术都已经进入了期待破灭的阶段，包括银行和投资范围内的区块链、共享云或者银行协作平台等。似乎只有生物识别技术正在接近量产阶段[19]。

除了技术成熟度曲线，顾能公司在2019年的报告中还提出了一个优先级矩阵的理论，其中心思想是根据两个标准对技术进行分类，预期变革产生的影响和成熟度。根据三个转型等级，优先级矩阵在三个不同的时间范围内对银行业的新技术进行低、中、高排序，分别对应短期、中期和长期。因此，根据2019年的数字银行转型优先级矩阵理论，预计区块链将对银行业产生巨大的转型影响，但时间跨度将达到5至10年。而生物识别技术的影响较小，但时间跨度仅为2至5年。

新冠疫情带来的健康危机极大地影响了新兴技术地发展［萨海亚（Sahay）等，2020年］。保持社交距离的紧迫性催生出了新的技术解决方案，例如追踪定位程序和扩大金融服务覆盖面[19,20]。

3.2.2 新价值链中的金融行业

从中短期来看，金融机构的数字化转型有望提升全球经济效率和中长期的金融覆盖面。

事实上，2014 年至 2017 年间，全球有 500 多万人在金融机构或移动银行开立了账户[21]。2017 年，全球平均银行利率估算为 69%，高于 2014 年的 62% 和 2011 年的 51%。尽管如此，发达国家和发展中国家之间仍存在显著差异。在发达国家中，94% 的成年人有银行账户，而在发展中国家只有 63% 的成年人有银行账户[21]。

降低金融市场的交易成本可以使金融产品和服务的供给更接近需求，技术变革有望降低金融行业的生产成本，最终降低终端价格。数字化转型也有可能通过各种定制化金融服务提高消费者的满意度和幸福感。然而，在短期内，这种转变将导致供给侧的成本重组，并需要其努力适应消费者的需求。

这里要强调的是，传统的交易成本整合基本上被看作是一种利润调整。例如，在投资组合理论的研究文献中，交易成本是一种与决策方程相关的附加限制。然而，交易成本必须整合进投资组合的损益预期。投资组合理论研究文献忽略交易成本的问题只是为了简化计算。当方法（包括各种算法）充裕时，研究人员就应该将交易成本考虑进去。金融机构本质上是通过控制交易量等手段降低成本。在"客户定制化"的时代则不同，例如，该时代的交易规模的重要性远不如金融科技的灵活性。

数字化转型已经彻底摧毁了金融行业的现有价值链，并将其进行了不同的重组。有些学者认为，这就是一种熊彼特式的创造性破坏浪潮，其规模和速度前所未见[22]。传统金融机构的价值链导致了次级业务和支持服务的外包。科技限制通过重要科技手段和大型科技企业的介入强化了外包逻辑。传统金融机构实际上也少部分依赖于大型科技企业。另外，独立科技的依赖性也存在着系统性风险：大型科技企业的规模和数量较少是潜在系统性风险的显著特征。

传统上由银行履行的金融中介的职能不再是银行的主要收入来源。金融市场中的许多参与者直到现在还在假设的信息效率下运行。面对大数据时代的到来，他们都在努力寻找新的利润增长点[11]。

技术转型催生出了许多新的入行者，他们被称为纯技术流，其商业模式主要是以技术为基础创造价值。与之相反，传统机构则是通过开发新技术来重组现有的价值链。这种重组目的是通过将盈利部分内化来节约成本。

例如，金融科技的创新浪潮主要面向消费金融领域。第一波浪潮并没有实现银行的下游价值链转型，尤其是客户体验等。金融科技的业务现在主要是移动支付（支付宝、微信支付和苹果支付等）和"智能合约"（包括中国品牌"京东白条"和"花呗"）[11]。

由区块链技术推动的第二波浪潮似乎不再要求强制性打破壁垒，而正是这些壁垒使银行投资和融资阻挡了新竞争者。事实上，财团可以通过区块链技术在银行之间建立合作（典型的应用程序有银行理财 R3 和数字资产控股）。

对整个金融系统来说，区块链是一种根本上的颠覆性技术。这就要求现有的基础设施进行彻底改造[11,23-25]。根据可可（Cocco）和皮娜（Pinna）[26]的研究，区块链可以优化全球金融机构的基础设施，较现有金融系统能更高效地实现交易。该技术可以最大限度地降低成本，并促使金融机构的结构发生长期变化[11,27]。金融机构可以利用区块链的透明性、安全性和固定性来淘汰中介机构[28]。商业银行正在积极开发和应用区块链技术，以此来改进现有的央行系统。

然而，银行业对区块链的态度比较矛盾。尚日（Change）和鲍迪耶

（Baudier）[11]对此的解释是，银行扮演了中介的角色，长期以来由于承担了信任的职能，所以因此获利。相比之下，区块链技术可以减少该项利润的核心部分。

区块链技术为战略制定和科技研究创造出了许多机会。第一个例子是区块链可以通过更高效的供需催生出创新产品。传统的金融合约（如期权）更可以从中获益，因为智能合约降低了成本并能够提高灵活性。第二个例子是在风险具有极高隐蔽性、参考数据过少的情况下，使用区块链技术可以克服或者绕过这一风险。事实上，对于网络风险来说，人们甚至可以构建新标准或可控性的支持，这点毫无疑问催生出了传统行业无法提供的产品[29]。

尽管这一技术正处于起步阶段，却突显出了区块链用于去中心化并创新商业模式的潜力。区块链的进化可能会扰乱现有行业，并创造新的创业机会和创新技术[9]。

3.2.3 去中心化金融：一场新的金融技术革命？

去中心化金融与金融科技是金融行业中热度最高的技术创新。然而，关于去中心化金融的目的、法律意义以及政治后果等研究仍然较少[9,30]。

该新模式催生出了去中心化金融，并通过区块链技术得以强化，最终创建一个更加分散、创新、相互配合、无边界和透明的替代金融系统［见陈（Chen）和贝拉维蒂斯（Bellavitis）[9]］。

企业家和创新者可以利用区块链技术产生的去中心化平台和信托功能创建一个开放的金融系统，它允许金融机构有限参与或者根本不参与。

金融交易通过去中心化的点对点网络来进行。去中心化网络降低了交易成本[31]。其占据的主导地位不允许任何实体金融机构具有垄断权力。这就使得所有人都可从网络中获利，从而获得交易机会[32]。尽管目前仍存在许多挑战,但企业家们已经开始尝试去中心化的商业模式。如果没有区块链技术,那么这些商业模式就无从谈起。陈和贝拉维蒂斯(2020)在研究中提出了去中心化金融的基本商业模式:去中心化货币;去中心化支付;去中心化融资;去中心化合约。

3.2.3.1 去中心化货币

与各国央行发行的传统货币相反,加密货币(比特币、以太币、门罗币、莱特币等)是一种基于去中心化技术的货币[33]。比特币的总量保持不变,因此具有反通胀性。与黄金相比,比特币可以在没有央行干预的情况下进行存储和支付。比特币基本上没有边界[34]。

3.2.3.2 去中心化支付

去中心化支付网络(如天秤币和比特币闪电网络)允许即时、国际和低成本支付,这解决了传统支付服务[如 PayPal(贝宝)、维萨(Visa)和国际资金清算系统(SWIFT)]的问题。由于交易费用低,交易者可以显著降低成本并提高赢利能力[9]。

3.2.3.3 去中心化融资

去中心化融资的主要形式之一是首次代币发行(ICO)。近年来,ICO 已成为初创企业的一种创新融资机制,它允许企业家从国际投资者那里获得数十亿美元[更多详情,请见马蒂诺(Martino)、王(Wang)[35]]。

3.2.3.4 去中心化合约

近年来,区块链技术通过使用智能担保取代传统金融中介(传统意义上来说,它们的作用都是担保和降低交易成本)来促进金融合约的签订,推动了点对点金融合约的发展。穆雷(Murray)、库班(Kuban)[36]将智能合约定义为"当协议中的预定义条件(即规则)得到满足时即可自动运行的程序"。智能合约通过透明、自动化、不可变和可编程等特性降低了商谈的复杂性和成本[9]。

去中心化货币（数字货币）是最标准的形式，其次是智能合约和智能支付（借记卡和成本）。

去中心化商业模式的成功很可能会改变当前的行业，并为创业打开一扇光明的大门[9]。这种改变会鼓励研究人员继续开发新的理论，以便分析潜在权力下放的利弊。

3.2.4 金融市场的新规则

数字化转型通过大幅度降低获取信息的成本来强化市场透明度。通过增加可用信息的数量并对其进行处理和分析，数字化转型改变了业务和战略层面的传统决策过程。尽管如此，根据2014年凯捷咨询公司对100多名首席财务官的调查，技术转型仍被公认为是欧洲公司的关键动力因素[37]。

数字化转型正在通过提高透明度和减少进入壁垒来改变金融市场的游戏规则。它还重新定义了金融服务提供者（银行、投资基金保险公司等）和消费者（企业、分散的个人）。这一改变不仅多样化，而且在不断发展。随着一些产品的消失，另一些产品就会出现。金融产品和服务的生命周期正在不断增加。已经成熟乃至走下坡路的金融产品数量持续增长。由于相关技术仍在测试中，所以替代项目正在努力地破壳而出。

金融行业的企业正在致力于投资数字化转型以适应不断变化的需求。尤其是随着新从业者的入场，传统企业的成本大幅度降低，竞争变得越来越激烈。传统企业和新从业者之间的不公平竞争有时候会改变市场的游戏规则。在传统企业（主要是银行）受到越来越严格的监管的同时，以建立在宽松规则之上的法律框架为特征的新从业者开始在市场细分领域立足。

一方面，由于受到越来越严格的监管和技术改造需要相对大量投资的双重限制，传统金融机构难以在市场中寻找到新的平衡点。另一方面，在金融科技的技术层面具有优势的新从业者正在设法摆脱传统金融机构设置的准入壁垒，将自己定位为新金融市场的领导者。传统金融机构已经意识到了自身的竞争劣势，所以它们更喜欢在新从业者所处的细分市场中建立运营实体来效仿新从业者的策略。

现有的用于监管金融机构的法规已经无法再实现突破[38]。监管限制（自2007年危机开始以来，监管限制一直越来越严格）将使传统机构在面对新型金融科技企业等新从业机构时失去竞争力[39]。新从业者接管了银行的部分业务，却不受相同法规的约束。制定监管措施就是为了保护整个金融体系，监管者认为金融机构才是主要的参与者。如今，数字化转型的世界存在着严重的系统性风险，传统金融机构严重依赖于极少数具备技术能力的第三方机构。例如巴塞尔协议❶（Basel Accord）Ⅱ和Ⅲ都是由专业人士和巴塞尔委员会精心制定的。技术的快速进步和新从业者的出现意味着监管措施随着时间的推移，已经无法再维持下去了。金融行业正面临着数字化转型，例如淘汰传统金融机构，迎接新的金融机构和从业者。为了应对数字化转型而对传统行业结构和运作方式进行了解已经毫无意义。具有讽刺意味的是，监管机构和主管部门在着眼于控制科技带来的负面影响时，也需要将这些科技作为工具加以整合和利用。

3.3 金融行业面临的环境和能源挑战

金融行业目前也面临着环境和生态转型（EET）[40]。可持续金融所遵循的流程由来已久。许多学者都将这一流程称为重要的历史里程碑，其代表就是《巴黎协定》（2015年）和欧盟行动计划《金融可持续增长2018》的

---

❶ 巴塞尔协议是巴塞尔委员会制定的在全球范围内主要的银行资本和风险监管标准。——编者注

签署[5]。长期以来，金融行业通过建立碳交易市场来参加对抗全球变暖的斗争。这有助于鼓励投资者将导致环境退化的项目排除在投资领域之外，转而投资可持续发展方面的项目（例如可再生能源）。

可持续金融仍然是金融市场中相对较小的部分。尽管如此，将生态层面加入金融机构的内部和外部决策过程的做法开始取得进展，尤其是在2007—2009年次贷危机之后。许多公司和银行正在逐步采用被称为ESG（环境、社会和治理）的额外金融标准来进行投资选择。但在缺乏统一的国际监管框架的情况下，这些做法覆盖的范围仍然有限。

尽管如今已经为可持续发展建立起了必要的基础机构，而且这似乎是一个机会，也是一种义务，但尚有几个问题（经济技术等）威胁到了金融和环境的一致性。如今的金融业已经意识到了实体风险和转型风险。这些风险与法律层面的风险完全不同[5,15,41]，金融机构还没有准备好应对和管理手段[42]。

虽然新冠疫情危机加速了金融业乃至其他行业的数字化转型，但环境和生态转型的情况看起来似乎不太明朗。观察家和支持者们认为，自2020年开始的全球疫情本能够加速气候承诺的实施。但与之相反，它带来了不利影响，让气候承诺实施随着全球健康危机和经济条件的恶化（大规模失业）而持续中断，更不用说政治和社会紧张局势的加剧。目前，环保倡议以及实施轨迹受到了影响。

3.3.1 金融与可持续发展：历史进程

可持续发展如今已经走过了50年。科学家和非政府组织强调了生态问题对人类未来的重要性。1972年，四位年轻的经济学家应罗马俱乐部的要求撰写了一份题为《增长的极限》的报告[43]。该报告阐述了指数增长在有限世界中的戏剧性结果。2004年，这几位经济学家的最新分析[44]继续维持了他们关于人类活动对自然产生破坏性影响的结论。

第三章
金融、数字化突破以及可持续发展——问题、挑战和发展方向

20世纪80年代末，生态保护领域的第一批成员加入了以联合国为主的国际机构，联合国用可持续发展的理念将成员国串联起来。因此，世界环境与发展委员会发布的报告表示《布伦特兰报告》(1987年) 提出了可持续发展的理念，其主要含义是在不损害后代需求的情况下满足当代人的需求。

20世纪90年代后期，致力于生态保护的成员范围进一步扩大，将企业也包含在内。事实上，1992年在联合国主持下举行的里约地球峰会正式确立了可持续发展的概念，主要围绕三大方面：社会、经济和生态。从此，可持续发展正式代表了经济高效、社会公平和环境可持续发展。

10年后，在约翰内斯堡举行的2002年世界可持续发展峰会提出了可持续生产和消费的标准。生态问题现在已经覆盖到了企业和消费者。

联合国于2015年通过了《2030年可持续发展议程》。该议程于2016年生效，标志着国际社会对到2030年实现17项可持续发展目标的广泛承诺。

生态环境逐渐从一个影响世界经济所有参与者的制约因素变成了一个真正的机会：

"可持续发展不是一种负担，而是一种福利：在经济上，它是创造市场和就业岗位的机会；在社会上，它是一个消除歧视的机会；在政治上，它是一个消除暴力和紧张局势的机会，让每个人，无论男女，都有发言权和选择权来决定自己的未来。"[2]

这一根据可持续发展的价值观和原则来统一国际社会的历史进程的标志就是迟来的企业和私人金融行业从业者。

3.3.2 金融与可持续发展：成就

对于金融行业在可持续发展中具有潜在作用的认识可以追溯到20世纪90年代。金融机构通过关注可持续发展的项目和企业，成为撬动可持续发

展的杠杆。欧洲开发银行和世界银行已将环境因素纳入其融资和投资政策当中。私人金融机构则在其投资政策中继续关注价值创造和预期回报率。

2000年，企业开始逐渐用全球绩效来取代基于经济和财务绩效的战略资源库，其中起决定性作用的是ESG变量。在绩效管理方面，主要面向于财务指标的第一代仪表盘已经被纳入ESG指标的仪表盘所取代。ESG指标会逐渐成为通过创造竞争优势、激励员工以及通过道德评价体系认可金融市场来创造价值的动力[45]。

就在各个企业整合ESG指标的同时，专业从事环境和社会评级的机构在2000年如雨后春笋般出现。在没有共享资源库的情况下，它们只能依靠联合国、经合组织或者欧盟的标准执行。然而，自2016年以来，这些机构开始依据划分完毕的17个可持续发展目标中细分出来的169个目标制定各自的分析领域。

与传统机构不同，欧洲出现了非金融评级机构。然而，为了抵消这些新型评级机构日益增长的影响力，标准普尔（Standard and Poor）在2016年收购了专门研究环境数据的英国机构Trucost。与此同时，穆迪（Moody）也迅速将ESG评级标准纳入其信用评级系统，并于2019年收购了Vigeo Eiris。[46]

就在非金融评级机构出现的同时，也出现了社会责任股指，例如1999年的道琼斯可持续发展指数（DJSI）、2001年的泛欧-Vigeo股指和2001年的埃塞俄比亚可持续发展指数。这些指数会将可持续投资引导到按照ESG标准定义来说最负责任的公司。

尽管如此，从2007年至2009年金融危机开始，可持续金融开始逐渐取代传统金融。根据法兰西银行的定义，可持续金融或责任金融是指金融分支机构将ESG标准纳入投资选项。可持续金融包括责任投资（RI）和社会与团结经济（SSE），例如小额贷款和众筹。[47]

3.3.3 国家挑战和国际标准化

尽管在过去20年中取得了一定进展，尤其是在缺乏所有金融机构的认可的国际统一的资源库的情况下，可持续金融仍然在努力地将自己定位为替代性金融。事实上，自20世纪80年代金融全球化以来，金融市场与资本的自由流动日益融合。金融全球化强制向各个金融机构普及国际会计和国际金融准则，以便促进投资决策。如今，可持续金融成了一种标准，允许不同的机构（包括投资者）获取可靠的相关信息。在此背景下，欧盟委员会于2018年制订了可持续金融行动计划（欧盟委员会，2018年）。[3] 行动计划包括：

- 在全欧洲建立起统一的可持续金融标准（系统分类）；
- 为绿色金融产品创建标签；
- 鼓励资产经理和机构投资者在投资过程中考虑可持续发展因素，并加强告知义务；
- 鼓励保险公司和投资公司告知客户偏好的可持续发展方面；
- 将可持续纳入银行和保险公司的合理条件；
- 提高企业发布信息的透明度。

在欧盟致力于发展可持续金融的同时，国际标准化组织（ISO）[4] 成立了一个专门负责可持续金融业务的标准化技术委员会，名为ISO/TC 322[48]。该委员会的任务是通过制定金融机构和金融产品标准，使全球金融体系与可持续发展目标保持一致。

ISO/TC 322委员会主席彼得·杨（Peter Young）为ISO/TC 322的可持续金融业务设定了四个不同的目标：

（1）创建全球化的可持续金融标准、术语和规范。创建国际化标准的目标是提高从业者的知名度，提高可持续金融市场的透明度。国际化标准能够通过降低交易成本和提高信息效率来改善可持续金融市场的运行。

（2）大力支持可持续金融，支持金融机构，尤其是银行、保险公司和投资者，将更好的 ESG 因素纳入融资和投资政策。事实上，为可持续金融建立一个国际监管机制并协调该领域的金融活动可以为可持续金融的从业者提高信誉。

（3）通过了解并认识可持续金融活动来简化相关产品和服务（如审计和 ESG 数据生产）的创新和研发。

（4）提高可持续资金流动的透明度以及可持续经济活动、机构和市场的 ESG 绩效。

尽管全球都已经对环境产生了一定认识，但有关各方之间的不同经济利益使得许多倡议都举步维艰。因为这些由不同机构（专家、支持者、监管机构、立法者等）根据全球数据分析（主要是统计模型、宏观经济模型）制定的倡议并没有充分考虑各个企业的实际情况，所以导致了各种困难[49]。同时我们也不能忽略环保主义者和气候保护支持者的过度行为产生的漂绿行为（greenwashing's）。

可信度的缺乏以及对气候和环境倡议的坚持可能会促使人们产生开发替代方法的信心。事实上，官方倡议无法充分考虑到当地的实际情况和技术储备[41]。全球倡议和相关法律是官方机构为了促进各方（主动或者义务）实现可持续环境而开发出的工具[50,51]。

3.4 风险中的金融行业

金融行业正在经历着深刻的变化，甚至是根本性的颠覆（气候变化、数字化转型、流行病等）。这些挑战可能导致金融机构和政府当局产生误解，并催生出新风险（法兰西银行，2019）。

世界经济论坛对风险热点的分析（世界经济论坛，2020）[50-52] 提出了两个新出现的重要风险：环境风险和技术风险。事实上，就出现的概率而言，最大的五个风险都是环境风险，而紧随其后的两个则是技术风险。同时，就潜在影响而言，十大风险中有五个是环境风险。

金融行业也不例外。金融机构面临着技术和环境的双重风险。一些金融从业者，尤其是保险公司和再保险公司以及衍生品运营商也都受到了这些风险的影响。

3.4.1 金融行业面临新的运营风险和依赖风险

金融稳定委员会（FSB）表示，新的非银行业机构（保险公司、养老基金、投资基金、金融机构的专业子公司和非金融集团等）的中介行为是威胁金融稳定的风险来源。任何中介行为都存在信用风险、到期和期限转换风险以及杠杆风险。任何不受银行业和监管机构监督的机构行为都有可能成为新的风险点。

科技的发展会允许新的从业者进入，然后就会削弱传统机构。根据新从业机构（大型科技企业）持有的数据量和拥有的客户群体来看，它们在特定的细分市场中具有竞争优势。传统机构有时候不得不与新从业者建立起战略合作伙伴关系，同时还要承担监管责任。另外，技术的变革无疑降低了传统机构的利润率，使他们面临着更严酷甚至有时候不公平的竞争。这也增加了传统机构依赖于新从业者的风险。

3.4.2 金融行业面临的技术风险

技术转型不仅破坏了银行业的价值链，同时也扰乱了风险映射。除了市场风险、信用风险和利率风险等传统风险外，网络攻击、诈骗或数据盗窃、图像损坏等突发风险也增加了新的威胁[11,27]。

毫无疑问，技术转型带来了新的金融机会，也产生了新的问题。其中包括技术本身带来的新风险（网络威胁、因依赖少数科技公司而产生的系统性风险、与数据使用相关的风险、与算法相关的风险等）[53]。

英格兰银行在2019年对300多家金融机构（银行、保险公司、交易机构、市场中介等）进行的一项调查显示：数字化转型不一定会产生新的风险，但会放大一些现有风险；现有的风险管理框架可以进行操作，但现在必须在机器学习技术的成熟度和复杂性的影响下发展（英格兰银行，2019）。[54]

数字化改变了金融机构的商业模式，增加了他们面对新兴风险（即网络风险）时的脆弱性。网络风险不再是一种孤立的运营风险，而可能是系统性风险（法兰西银行，2019年）。

管理网络风险是金融业面临的重大挑战之一。如果不了解网络风险的成因及其传播和聚集机制，那么预测网络威胁并适当处理将成为一项挑战。区块链适用于金融行业的反洗钱（AML）和了解客户（KYC）项目[55]。矛盾的是，在大数据时代，网络攻击始终处于活跃状态。这些数据不仅相对稀少，而且当它们存在时，其保密性还为区块链带来了额外的挑战，因为在默认情况下，所有网络参与者都可以查看这些信息[56]。同时，透明度是明确所有权和防止双重支出的必要条件[57]。

尚口等人（2020）确定了与区块链相关的其他挑战。比特币系统会消耗大量电力。操作和存储大数据程序的成本可能高于存储长期电子货币的转账和交易数据的成本[56]。

正如前文所述，数字金融仍然是一项新兴技术，目前其应用前景暗淡。为了获取用户的信任，数字金融应用程序必须克服一些主要障碍和风险[58]。用户在发展和广泛采用去中心化金融时也发现了几个风险和障碍。在这些障碍中，科技方面与智能合约以及底层的区块链协议有关。监管方面对这些分散性项目提出了硬性要求。去中心化金融生态系统必须证明如何实现真正的去中心化和去中心化治理目标，尤其是在危机时期。

3.4.3 金融行业面临的气候风险

金融和非金融机构面临的与气候变化相关的风险越来越明显。然而，人们对这些风险的理解仍然不深入。金融机构（保险公司和再保险公司以及金融市场）对这些风险进行不断分析，但进展有限，尤其是在对冲工具和对冲产品方面。保险机构使用的 ESG 标准正在努力地考虑这些风险（法兰西银行，2019）。

全球风险地图（世界经济论坛，2020 年）指出，气候风险在潜在影响和出现率方面被认为是最具威胁性的风险。尽管保险公司和金融市场正在研究该风险并讳莫如深，但他们对气候风险的认识仍然很少。

3.4.4 应对新风险

针对标准的金融风险（利率、信贷等），人们也必须不断地进行了解（虽然已经相当深入），因为根本问题尚未完全解决。然而，解决方案可以随着技术的发展而变化。有了需求后，对应的解决方案基本上都是基于简化的模型而设计的。这种制约都是来源于对现象的理解以及在技术层面考虑其可行性。

随着数据越来越丰富，技术的应用面也越来越广，同样的业务问题（例如金融产品的估值和覆盖面）将以数据的形式被制定。

同时，对于数字化转型以及环境和生态转型来说，我们需要将具有重大物理、经济及金融影响的新型风险（不一定是金融风险）纳入标准和完善的风险管理框架中。数字资产（例如加密货币）的使用增加了新的风险[15]。传统资产、数字资产和数字技术之间的共存改变了风险格局，从而改变了风险管理的行为和方法[53]。

新兴的非金融风险（例如物理风险、环境风险、技术风险）可能会导致本地（个人或企业）、全球或者系统性的经济损失。如今，金融行业可以区分出风险格局的全球性变化，并确认不同类型的风险和各种交易或运营之间的相互作用。但是，量化（允许良好的管理和对冲）仍然是金融行业必须应对的基本挑战。

例如，与环境转型相关的风险定量分析基本上处于起步阶段[41,50,59]。网络风险是一个重要的研究领域。这类风险成为一个挑战的原因有两个：传统的定量方法无法直接实施；使用机器学习技术的替代方案必须得到改进[29]。

对于风险的评估、管理和对冲（或产品估值及市场监管等）问题可以使用几种方法解决，既有传统方法（如随机模型），也有技术方法（基于数据和相关概念）。解决方案必须涵盖多学科，并且侧重于全球普遍现象和其固有的复杂性。

技术的发展可以将风险转化为（货币）机遇。风险的货币化可以与某个（不利的）现象挂钩，例如在合同规定事项中提供保险产品或补偿损失。但对冲产品可能会给卖方带来额外的风险，因此有必要对其进行管理。关键是，所有类型的风险（财务风险或非财务风险）都在增加，并且变得相互依赖，管理起来也很复杂。对于风险的管理应基于定性和定量方法。这两种方法应该互补且缺一不可。

对于新兴的非金融风险因素与金融风险之间的关系，研究者仍然需要进一步研究。例如，在网络风险案例中就很难量化非金融风险因素。该研究的主要问题在于无法明确到底应该直接评估经济或货币化影响，还是应坚持适当筛查风险因素、通过精心选择的算法进行处理。

3.5 总结

尽管新冠疫情危机似乎与金融行业毫无关系，但由于其影响力十分巨大，所以一定会留下前所未有的痕迹。然而，在新冠疫情大流行之前，金融世界就已经被数字化转型和环境转型所扰乱。许多学者和专业作者[3-5,8,9]都对这些转型进行了分析。

本文讨论了金融行业如今面临的重大变革。我们要确定金融行业面临的主要问题和挑战，研究人员和从业人员也需要找到新的探索途径。

本文重点强调了数字化转型以及环境和生态转型改革了金融行业。新冠疫情危机导致了前所未有的全球经济危机，加速了数字化转型，并打乱了环境和生态转型的计划。

与文献[7,18]等中提出的研究建议相反，本文着重关注了数字化转型以及环境和生态转型的方法和概念框架。

金融行业进行数字化转型似乎要比环境和生态转型更加容易实施。事实上，在公司层面（或者传统金融机构），如果它们忽略数字化转型可能会立即失去竞争力或者被市场淘汰。对于环境和生态转型来说，企业并不一定会受到很大损失。即使存在某些限制措施（罚款、税收或排放指数购买），它们的影响也小于公司实施的调整。另外，在将融资与环境整合的过程中，通过奖励机制取得的经济效益基本上没有任何说服力。

注释

1. 科菲·安南（Kofi Annan），联合国第七任秘书长（1997—2006）。
2. https://ec.europa.eu/info/business-economy-euro/banking-and-finance/sustainable- finance/eu-taxonomy-sustainable-activities_en 。
3. 国际标准化组织是一个国际非政府组织，共有 165 个成员。

参考文献

[1] Artus, P., Natixis Flash Economy, 2020.

[2] IMF, Updated Global Financial Stability Report, 2020.

[3] Andersson, P., et al., Managing Digital Transformation, 2018: SSE Institute for Research, Stockholm School of Economics.

[4] Fenwick, M. and E.P. Vermeulen, Technology and Corporate Governance: Blockchain, Crypto, and Artificial Intelligence. Tex. J. Bus. L., 2019. 48: p. 1.

[5] Chenet, H., Climate Change and Financial Risk. Available at SSRN 3407940, 2019.

[6] Gomber, P., et al., On the Fintech Revolution: Interpreting The Forces of Innovation, Disruption, and Transformation in Financial Services. Journal of Management Information Systems, 2018. 35(1): p. 220-265.

[7] Kavuri, A.S. and A. Milne, FinTech and the Future of Financial Services: What Are the Research Gaps? 2019.

[8] Kimani, D., et al., Blockchain, Business and the Fourth Industrial Revolution: Whence, Whither, Wherefore and How? Technological Forecasting and Social Change, 2020. 161: p. 120254.

[9] Chen, Y. and C. Bellavitis, Blockchain Disruption and Decentralized Finance: The Rise of Decentralized Business Models. Journal of Business Venturing Insights, 2020. 13: p. e00151.

[10] Brennan, N.M., N. Subramaniam, and C.J. van Staden, Corporate Governance Implications of Disruptive Technology: An Overview, 2019. Elsevier.

[11] Chang, V., et al., How Blockchain Can Impact Financial Services—The Overview, Challenges and Recommendations From Expert Interviewees. Technological Forecasting and Social Change, 2020. 158: p. 120166.

[12] Cai, C.W., Disruption of Financial Intermediation by FinTech: a review on Crowdfunding and Blockchain. Accounting & Finance, 2018. 58(4): p. 965-992.

[13] Moll, J. and O. Yigitbasioglu, The Role of Internet-Related Technologies in Shaping the Work of Accountants: New Directions for Accounting Research. The British Accounting Review, 2019. 51(6): p. 100833.

[14] Nakashima, T., Creating Credit by Making Use of Mobility With FinTech and IoT. IATSS Research, 2018. 42(2): p. 61-66.

[15] Ganguly, S., et al., Digital Risk: Transforming Risk Management for the 2020s. McKinsey & Company, 2017.

[16] Mashelkar, R., Exponential Technology, Industry 4.0 and Future of Jobs in India. Review of Market Integration, 2018. 10(2): p. 138-157.

[17] Dhanabalan, T. and A. Sathish, Transforming Indian Industries Through Artificial Intelligence and Robotics in Industry 4.0. International Journal of Mechanical Engineering and Technology, 2018. 9(10): p. 835-845.

[18] Gomber, P., J.-A. Koch, and M. Siering, Digital Finance and FinTech: Current Research and Future Research Directions. Journal of Business Economics, 2017. 87(5): p. 537-580.

[19] Gartner, Hype Cycle for Digital Banking Transformation, 2019, 2019.

[20] Sahay, M.R., et al., The Promise of Fintech: Financial Inclusion in the Post-COVID-19 Era, 2020. International Monetary Fund.

[21] Demirguc-Kunt, A., et al., The Global Findex Database 2017: Measuring Financial Inclusion and the Fintech Revolution, 2018. The World Bank.

[22] Della Chiesa, M., F. Hiault, and C. Téqui, Blockchain: vers de nouvelles chaînes de valeur, 2019. Eyrolles.

[23] Narayanan, A., et al., Bitcoin and Cryptocurrency Technologies: A Comprehensive Introduction, 2016. Princeton University Press.

[24] Nowiński, W. and M. Kozma, How Can Blockchain Technology Disrupt the Existing Business Models? Entrepreneurial Business and Economics Review, 2017. 5(3): p. 173-188.

[25] DiNizo Jr., A.M., From Alice to Bob: The Patent Eligibility of Blockchain in a Post-CLS Bank World. Case W. Res. JL Tech. & Internet, 2018. 9: p. 1.

[26] Cocco, L., A. Pinna, and M. Marchesi, Banking on Blockchain: Costs Savings Thanks to the Blockchain Technology. Future internet, 2017. 9(3): p. 25.

[27] Nguyen, Q.K. Blockchain—a Financial Technology for Future Sustainable Development, in 2016 3rd International Conference on Green Technology and Sustainable Development (GTSD), 2016. IEEE.

[28] Underwood, S., Blockchain Beyond Bitcoin. Communications of the ACM,

2016. 59(11): p. 15-17.

[29] Carter, S. and M. Mainelli, Cyber-Catastrophe Insurance-Linked Securities on Smart Ledgers. Cyber-Catastrophe Insurance-Linked Securities on Smart Ledgers-Long Finance, 2018.

[30] Chen, M.A., Q. Wu, and B. Yang, How Valuable is FinTech Innovation? Review of Financial Studies, 2019. 32(5): p. 2062-2106.

[31] Catalini, C. and J.S. Gans, Some Simple Economics of the Blockchain, 2016. National Bureau of Economic Research.

[32] Huberman, G., J. Leshno, and C.C. Moallemi, An Economic Analysis of the Bitcoin Payment System. Columbia Business School Research Paper, 2019 (17-92).

[33] Nakamoto, S., Re: Bitcoin P2P e-Cash Paper. The Cryptography Mailing List, 2008.

[34] Popper, N., Decoding the Enigma of Satoshi Nakamoto and the Birth of Bitcoin. New York Times, 2015. 15.

[35] Martino, P., et al., An Introduction to Blockchain, Cryptocurrency and Initial Coin Offerings. New Frontiers in Entrepreneurial Finance Research, 2019: p. 181-206.

[36] Murray, A., et al., Contracting in the Smart Era: The Implications of Blockchain and Decentralized Autonomous Organizations for Contracting and Corporate Governance. Academy of Management Perspectives, 2019 (ja).

[37] Capgemini, Digital Transformation to Empower CFOs, Capgemini. 2015. https:// www.capgemini.com/consulting-fr/wp-content/uploads/sites/31/2017/08/digital_ transformation_to_empower_cfos.pdf

[38] Jagtiani, J., T. Vermilyea, and L.D. Wall, The Roles of Big Data and Machine Learning in Bank Supervision. Forthcoming, Banking Perspectives, 2018.

[39] Zetsche, D.A., et al., From FinTech to TechFin: The Regulatory Challenges of Data-Driven Finance. NYUJL & Bus., 2017. 14: p. 393.

[40] Sachs, J.D., et al., Why Is Green Finance Important? 2019.

[41] Le Guenedal, T., Economic Modeling of Climate Risks. Available at SSRN 3693661, 2019.

[42] UNEP Financial Initiative, Integrating Natural Capital in Risk Assessments. A Step-by-Step Guide for Banks, Working Paper. Natural Capital Finance Alliance and PricewaterhouseCoopers (Geneva, Oxford, and London). 2019.

[43] Meadows, D.H., et al., The Limits to Growth. New York, 1972. 102(1972): p. 27.

[44] Meadows, D., J. Randers, and D. Meadows, Limits to Growth: The 30-Year Update, 2004. Chelsea Green Publishing.

[45] Martinet, A.-C. and E. Reynaud, Entreprise durable, finance et stratégie. Revue française de gestion, 2004(5): p. 121-136.

[46] Moody's Analytic. Expanding Roles of Artificial Intelligence and Machine Learning in Lending and Credit Card Risk Management. 2019. https://www.moodysanalytics.com/-/media/presentation/2019/mas-t1d2-exanding-roles-of-ai.pdf.

[47] Bank of France, Assessment of Risks to the French Financial System, December 2019. Policy Research Working Paper, 2019.

[48] ISOFocus, The New Wave of Finance, January 2020.

[49] Pindyck, R.S., The Use and Misuse of Models for Climate Policy. Review of Environmental Economics and Policy, 2017. 11(1): p. 100-114.

[50] Caldecott, B., et al., Climate Risk Analysis From Space: Remote Sensing, Machine Learning, and the Future of Measuring Climate-Related Risk, 2018. https://gfzpublic.gfz-potsdam.de/pubman/item/item_5001359.

[51] Nassiry, D., The Role of Fintech in Unlocking Green Finance: Policy Insights for Developing Countries, 2018. ADBI Working Paper.

[52] World, E.F., The Global Risks Report, 2020, 2020. http://www3.weforum.org/docs/WEF_Global_Risk_Report_2020.pdf

[53] Mishra, D. and N. Rabi, Changing Contours of Risk Management in a Digitized Financial Space: The Future Started Yesterday. Available at SSRN 3407153, 2019.

[54] Bank, O.E., Machine Learning in UK Financial Services, 2019.

[55] Lewis, R., J. McPartland, and R. Ranjan, Blockchain and Financial Market Innovation. Economic Perspectives, 2017. 41(7): p. 1-17.

[56] Staples, M., et al., Risks and Opportunities for Systems Using Blockchain

and Smart Contracts. Data61 (CSIRO), Sydney, 2017.

[57] Drescher, D., Blockchain Grundlagen: eine Einführung in die elementaren Konzepte in 25 Schritten, 2017. MITP-Verlags GmbH & Co. KG.

[58] Frigo, M.L. and B.J. Madden, STRATEGIC LIFE-CYCLE ANALYSIS. Strategic Finance, 2020.

[59] Dunz, N., A. Naqvi, and I. Monasterolo, Climate Transition Risk, Climate Sentiments, and Financial Stability in a Stock-Flow Consistent Approach. Climate Sentiments, and Financial Stability in a Stock-Flow Consistent Approach (April 1, 2019), 2019.

第四章
CHAPTER 4

颠覆性金融创新与数字化金融中的大数据含义

穆拉特·阿卡雅
伊斯坦布尔阿雷尔大学，土耳其

4.1 简介

如今，由于信息通信技术的发展，经济结构已经具备了信息密集型的性质。这是产生创造力和可持续发展的根本动力。21世纪见证着各方面的快速发展和变化，每天都会有改良的产品或新产品出现。因此，在相似领域耕耘的企业进行着激烈的竞争。为了应对这种竞争，各企业会根据现有技术开发新产品。在21世纪，企业具备竞争优势的最重要因素是创新。创新源于拉丁语单词"innovatus"，意思是"在社会、文化和行政环境中引入新方法"[1]。《奥斯陆手册》将创新定义为："创新指的是将一种想法变成在市场上热销的产品或服务、一种新的或改进的制造或营销方法，或一种新社会服务方法。创新既是一个过程，也是一个结果。"创新是一个概念，包括创造新的思想、方法或模式[2]。熊彼特[3,4]将创造性破坏的过程以及引入全新或实质性变化的产品、将新过程引入行业、打开新市场、开发新资源以供给新原材料或新投入以及组织产业结构中发生的变化都归类为创新活动。创新是一个具有创业精神、有争议、不明确、知识密集型等特点的过程，它需要支持者和倡导者来促进企业机构实现永久性的变革[5]。范德文（Van de Ven）[6]将创新定义为开发和实施新想法的过程。

创新的根本目的是实现积极的改变，使人或者事情变得更好。根据这种情况，创新可以促进生产力的提高，成为一个经济体财富增长的主要因素。在商界，创新对客户和企业来说都极为重要。换句话说，它会使人们的生活更加完美。因此，创新作为竞争优势的根本保障和利润增长的根本动力，牢牢占据着商业议题的首位。企业通过创新可以获取能量和目标，并为客户创造新的兴趣点和吸引力。这也给了投资者信心和期望[7]。创新想法通常都来源于个人面临的问题和需求。众多不同领域的创新都由于客户的需求而得到发展。发掘和满足消费者的需求是营销的主要目标之一。在发掘过程中创造的新产品就可以被称为创新[8]。不同的领域和因素都是创新的源泉。这些促进创新的因素包括意外事件、冲突、需求、行业和市场的变化、人口变化、认知变化和新的信息渠道。意料之外的成功或者失败都可以看作是在生产领域实现创新的重要原因[9]。

4.2 金融创新[1]

创新的应用领域众多，其中之一就是金融创新。在金融行业，创新是一种企业无法管理或者仅能有限管理的外部变量之间的相互作用，包括信息、竞争、金融风险、监管、违规和金融自由化，以及部分内部变量，例如企业目标和可持续发展。金融创新的演变历史比较悠久，其中包括结构性条件的组合、周期性的情况、技术、探索机制和能力，这些因素可以共同创造（成功或者失败）出一种资源。鉴于金融行业的架构和功能不同，金融创新不同于其他领域的创新[10]。金融创新可以被理解为一种由于金融工具缺乏以及金融体系中的市场不完善而产生的一种全新的过程[11]。金融创新的根本目的是创造新的金融工具以及建立新的金融市场[12]。就金融创新与有效市场假说之间的关系而言，金融创新是金融系统实现更高经济效率的核心动力[13,14]。

除了促进经济的发展，技术的进步还可以促进金融系统在一定时期内的创新。科技发展使市场上的汽车研发更为迅速。计算机在金融系统中的有效应用可以提高营销效率、降低成本，这都是重要的进步案例。技术的进步使提高成本效益变得十分必要。金融创新已成为世界经济全球化的一个必要条件。经济发展、技术进步、法律条款以及客户需求和愿望的变化成为影响金融创新出现的因素[15]。金融创新产生的产品和服务的一般特征如下[16]：

- 弥补金融市场的不足；
- 降低研究与试验发展（R&D）和营销成本；
- 减少税收和法律法规等外部因素对金融系统的负面影响；
- 有助于提高营销效率和生产力；
- 有助于实现经济稳定；
- 提供金融资产的流动性及国际化；
- 有助于减少以及防范企业、投资者和政府在国内和国际市场可能遇到的风险。

弗莱姆（Frame）和怀特（White）[17]将金融创新分为如下几类：

- 新融资产品（如灵活利率贷款、掉期商业指数基金）；
- 新融资服务（如互联网和移动银行、网络有价证券交易）；
- 新融资产品和服务流程（如在线信用评分、重要文件的电子备份）；
- 新业务（如有价证券交易中的电子结算、基于互联网银行的银行网点业务）。

金融创新在金融体系中的作用如图4.1所示。

4.2.1 金融创新的功能

自20世纪80年代初以来，金融机构在供给侧金融创新理论分析范畴内实现金融发展的密集活动引起了关注。金融机构推出了各种金融创新来增强其竞争优势。今天，金融创新范畴内的众多新应用程序正在提供给客户，尤其是供应侧的金融创新，例如新的投资、储蓄、融资和支付手段，这些大多属于各个金融领域的综合性创新。为了实现这一点，金融机构的创新进步也用于提高企业的业绩、保护其市场或改善其财务状况。这些被称为保护性创新，通常用于投资决策或者风控[12]。金融创新还降低了资本

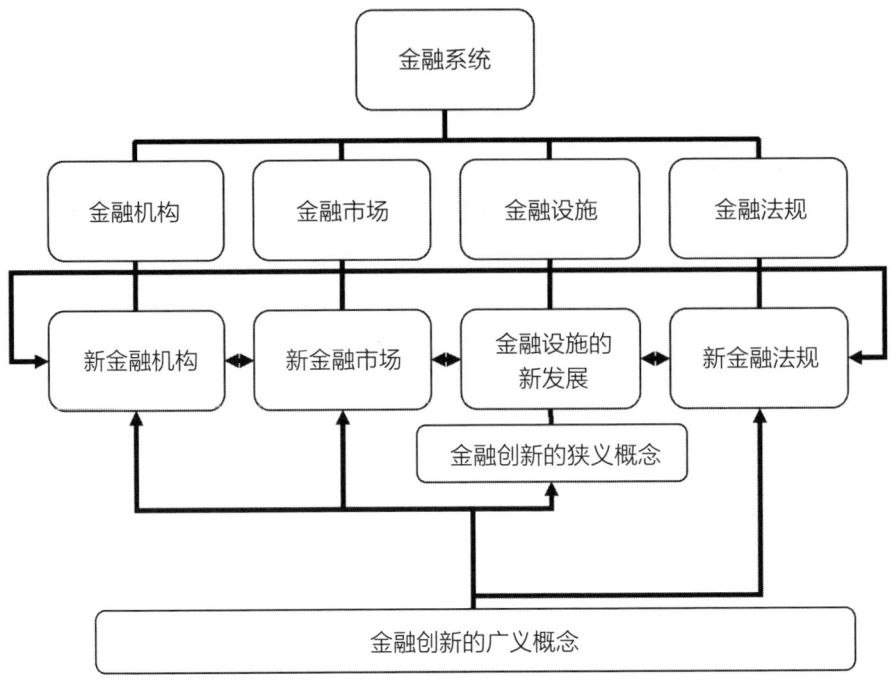

图 4.1　金融创新和金融系统

资料来源：转载自文献 [12]。

成本、提高了效率，有助于纠正消费和投资决策，对家庭和公司都极为有利。随着新产品对于金融市场深化的推动，金融创新从长远来看促进了经济的发展[18-22]。金融创新是分散经济风险的方法之一[23]。

金融创新的功能如下[24]：

- 提高反诈骗效率，降低支付成本；
- 具有资金汇集机制；
- 不确定性和风险的管理；
- 代理成本的管理；
- 强化流动性。

图 4.2 所示为金融创新的功能。

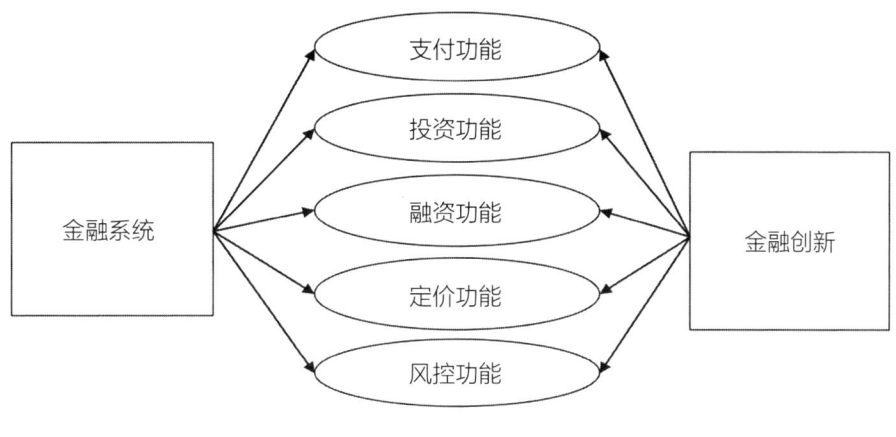

图 4.2　金融创新的功能

资料来源：转载自文献 [12]。

4.2.2 技术和金融创新

技术的飞速发展带来了新的金融创新。它还降低了金融交易和服务的成本，提高了利润率。互联网革命推动的技术变革催生了金融服务业和金融科技。信息技术带来的影响在银行业尤为明显。

技术和金融创新在金融市场以及相关产品和服务中十分常见。这些技术创新重塑了金融市场的格局，使得市场投资者知道如何利用信息、客户知道如何从金融产品和服务中受益，以及企业知道如何获得资本并从中受益。在这种背景下，金融创新，包括从数字支付系统到数字或加密货币，再从网络投资和金融平台到数据分析，都对金融市场的产品和服务产生了影响[25]。金融市场的技术创新推动国际金融科技机构的快速增加。如今，金融科技领域的投资额正在飞速提高[26]。

金融科技生态系统旨在通过数字平台提供更方便访问、更快捷、更有效的金融产品和服务。所有金融领域（如银行、保险和投资）中以技术为导向的金融创新都可以被称为"金融科技"。金融科技生态系统涵盖五个主要领域：金融和投资、支付、运营和风险管理、数据安全和加密货币以及用户界面[27]。随着金融科技领域的进步，银行业已经变得更加数字化，数字银行的应用也在快速发展。另外，保险公司通过移动应用程序可以更方便快捷地向客户提供产品和服务。活跃在保险和区块链领域的初创企业数量也有所增加，这是另一个明显的因素。因此，该范围内的金融、银行和金融科技领域在未来具有快速增长的潜力。

4.2.3 数字金融

在20到30年内，数字化的概念将成为一种随着金融全球化而发生变化的技能。数字金融的出现，意味着我们可以通过智能手机、个人电脑（PC）、互联网或可靠的数字支付系统为客户提供金融服务[28]。它还与金融科技和创新金融服务初创企业提供的新金融产品、业务、软件以及客户沟通和互动形式的规模有关[29]。

银行是数字金融的拓荒者和重要用户。数字金融可以为银行以及信贷和支付系统、交易平台、移动解决方案、数字银行、小额金融、对等贷款和众筹等提供新的机会。银行将传统业务自动化，并通过数字银行服务渠道快速方便地为客户提供金融服务。随着银行的数字化转型，以往无法获得银行产品和服务的人可以办理相关业务，新产品和服务的数量也在增加。银行开始通过电子服务渠道开展业务，银行和客户之间不再面对面联系。数字银行的主要目的是通过创建数字化银行的基础设施，使其结构在未来的技术变革中保持可持续发展。数字银行旨在为应对技术发展的创新做好准备，利用这些创新实现产品和服务的进步以及多样化，并实现更高水平的客户满意度。除了数字银行，非银行金融科技公司对市场的参与也促使金融机构之间开展更为广泛的竞争。

如今，客户大规模使用设备导致物联网的数据增加。物联网在银行业最重要的优势之一是它能够为银行客户提供简单易用的服务。银行还可以利用物联网技术预防信用卡或借记卡交易中的诈骗行为。客户使用不同的设备接受银行服务，而银行则从这些设备中收集客户的所有信息。根据这些信息，银行会为客户提供不同的服务。通过物联网获得的客户信息可以帮助银行推出增值服务和定制化产品，并有可能增加其市场份额[30]。

开放式银行服务是另一个数字银行的机遇。开放式银行是指与第三方金融机构共享从客户处获取的身份、账户和交易信息等金融信息，从而提供更先进的服务。银行通过应用程序接口（API）向第三方机构提供信息，通过合作以更低廉的成本提供更优质的产品和服务。开放银行服务还允许银行通过应用程序接口中的独立账户访问其他金融机构的信息。客户可以在多样化的产品和服务中选择最合适的，并通过个性化金融产品以更实惠的成本满足需要。

数字银行应用程序为银行和客户带来了很大帮助。其主要优势在于：系统以客户为导向，能够产生新的产品和新的服务，使新客户能够加入银行的客户网络，增加销售额，留住现有客户，提升品牌形象[31]，吸引更多客户，提高客户忠诚度[32]。科技和数字金融为银行和金融科技初创企业快速推出创新服务提供了合适的土壤（见图4.3）。

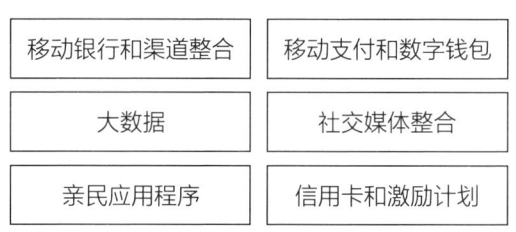

图 4.3　金融创新领域

最近几年发生的最重大的变化之一是大型科技企业在银行业中的作用越来越大，并开始提供银行服务。大型科技企业提供的是一种独特的商业模式，它结合了网络（电子商务平台、社交应用程序、搜索引擎等）和技术（例如，使用大数据的人工智能）两个基本属性[33]。大型科技企业进入银行业可以在促进竞争和创新以及为无法获得信贷的消费者和小企业在获得信贷方面带来好处。大型科技企业拥有广泛的客户基础、声誉、强大的品牌和自由进入资本市场的机会[34]。大型科技企业建立了庞大的网络和客户群。由于其规模庞大，所以它在与金融科技公司进行外部融资时不会面临限制。大型科技企业可以使用从非金融服务中获取的私人客户数据并在提供银行服务方面获得竞争优势。

4.2.4 金融业务创新

技术进步的过程被称为技术变革。熊彼特[35]提出的技术发展路线如下：

- 发明；
- 创新；
- 三元结构。

颠覆性创新和技术融合过程在技术推广中越来越重要。可持续创新与颠覆性创新相对，是一种不会导致现有市场消失的创新。技术融合是指不同技术系统为完成类似任务而进化的趋势。数字融合就是技术融合的一个例子。罗杰斯（Rogers）[36]的"创新扩散"理论是创新在社会中进行扩散的主要理论依据之一。近年来的创新技术主要是人脑和计算机之间的通信技术。预计2020年后，以下技术将脱颖而出并且得到广泛传播：

- 脑机交互；
- 脑电波；
- 大脑阅读技术；
- 人工大脑或人工思维；
- 5G（第五代移动网络）；

- 百亿亿次级计算。

随着技术的进步、信息技术的发展和计算机的广泛使用，新的金融工具和产品应运而生。金融创新是一种由于金融市场的不完善和金融工具的缺乏而产生的新的金融工具或过程。移动银行、电子设备和区块链技术等数字趋势有助于金融机构改善客户体验。客户的移动应用程序不断更新。应用程序为客户提供个性化服务，并允许金融机构进行信息访问。利用这种先进的技术和附加的安全功能，客户和金融机构的价值能够实现最大化。尽管这些创新带来了许多优势，例如加快了交易速度并提供了替代工具和产品，但它们也为交易和安全性带来了威胁。金融科技公司使用的应用和技术总结如下。

4.2.5 人工智能

人工智能是当今经济和社会生活中最重要的发展趋势之一，是金融科技和保险科技、数字化银行和其他金融机构等发展中行业企业最重要的关注点。人工智能是对人类思维理解的结果。人们尝试开发计算机程序来实现类似的思维。这是具备人类智能特定能力的计算机，可以获取信息、感知、观察、思考和决策。人工智能也被定义为使智能设备（机器人）适应行动和决策机制的计算机和工程学科。人工智能的学名是逻辑分析机器人，意思是计算机或计算机控制的机器人，通过模拟人类智能来执行需要高智能的活动，例如推理、创意和学习过去的经验。信息学领域的大数据分析、专家系统、人工神经网络、算法和机器学习等技术的发展都提高了人工智能程序的效率和生产力。

4.2.5.1 人工神经网络

人工神经网络（ANN）是一种计算机程序，通过模仿人脑的学习路径进行概括，执行学习、记忆和从大脑中收集到的数据生成新数据等基本功能。人工神经网络受生物神经细胞功能的启发而产生，是一种由简单的处理单元组成的高度并行分布式处理器，可以自然地存储实验信息并使其具备可用性。该处理器与脑细胞的功能类似文献[37]中所提，网络在学习过程中获取系统外的信息，并通过神经元之间的连接能力（也被称为突触权重）来积累获得的信息。面向解决特定问题的神经网络可以根据问题的变化来调整训练权重，如果变化持续，那么它可以进行实时训练[38]。通过从训练过程中使用的数据信息中提取出匹配信息，人工神经网络可以对训练中没有遇到过的信息样本做出反应。凭借人工神经网络中加性函数的结构性分布以及并行分布的多个神经元的同时运行，结果很快可以被输出。众多神经元的多种连接方式使人工神经网络以并行结构存在，所以网络中的信息分布在所有的连接上。因此，哪怕训练网络中的某些连接和区域失去功能，也不会明显影响到网络得出正确结果。因此与传统方法相比，人工神经网络的容错率相当高。

4.2.5.2 算法交易

算法是指用于完成工作或解决问题的设计方法。算法交易（自动交易或黑箱交易）是根据订单输入的预定指令对计算机进行编程，以人类难以企及的速度和频率获利。算法交易系统自动为处理器执行这些流程。

4.2.5.3 遗传算法

遗传算法是一种基于物竞天择理论的搜索和优化方法。1975年，约翰·霍兰德（John Holland）在《自然和人工系统的适应性》（*Adaptation in Natural and Artificial Systems*）一书中介绍了遗传算法的基本原理[39]。遗传算法在功能优化、调度、机器学习、设计、细胞制造等领域有着广泛应用。遗传算法与传统优化算法不同，遗传算法使用的是编码而不是参数集[40]。基于概率规则运行的遗传算法只需要输入目标函数，只搜索与解决方案相关的特定部分，而非所有参数。因此，通过高效率的搜索，遗传算法能够在更短的时间内找到解决方案[41]。遗传算法是基因工程和生物学领域多年来的研究成果，可能并不具有广泛性[42]。标准的遗传算法如下：

- 随机生成初始群体。
- 计算群体中所有染色体的目标函数值。
- 使用生殖、杂交和变异运算。
- 找出每个新染色体的目标函数值。
- 从群体中去除目标函数值不合格的染色体。
- 重复第 3 到第 5 步。

4.2.6 区块链技术与比特币

中本聪（Satoshi Nakamoto）在 2008 年发表的一篇题为《比特币》的原创文章中首次提出区块链的概念。尽管文中并没有具体说到区块链一词，但加密货币的底层技术区块的本质就是以加密方式连接在一起的一系列数据块[43]。区块链的本质是一个可靠数据的技术路线，其数据库由分布式且可靠的方案共同保存[44]。区块链由基于密码学理论的数据块组成，其架构始于创世（genesis）区块。每个区块都与其包含值的前一个值所在区块连接。前一个区块被称为该区块的母区块，整条区块链就这样无限延伸。

区块链技术是一种分布式数据库结构，其数据库分散存在于节点之间。区块链中的节点可以访问整个数据库，但不能修改存储在其中单个节点的数据。区块链中的每个新记录条目（交易）都由系统中的所有节点进行验证，无须任何外部介入。所有区块都可以看到所有交易，所以就产生了区块链技术中的透明概念[45]。

鉴于区块链技术的巨大优势，数字金融和其他金融科技公司正努力将其纳入所有业务流程中。银行和其他传统金融机构多年来一直在价值转移中发挥着核心作用，在面对这些优势时便加大了对区块链技术的投资。区块链技术可以追溯到更早期，加密货币的普及程度已经得到极大的提升，尤其以比特币为重，比特币就是一种基于区块链的货币。与央行和银行系统生产的中央电子货币不同，加密货币具有分散的分布式结构。比特币是一种基于区块链技术的加密货币，由中本聪（真实身份迄今为止仍然是个谜）于2008年开发。2009年1月，中本聪推出了第一个区块（即创世区块）。由此拉开了比特币的开采和交易大幕。比特币与虚拟货币的不同之处在于，比特币可以基于区块链技术直接通过点对点（P2P）来支付，不需要中间机构介入。与传统支付系统（如电汇、电子支付或信用卡）相比，它有许多优势。比特币是第一个，同时也是独一无二的特性众多的点对点数字支付系统。同时也具有以下特点：

- 没有时间限制；
- 通过传统支付手段交易比特币不存在时间限制；
- 没有空间限制；
- 交易速度极快；
- 便于存储和交易；
- 易于访问。

4.2.7 物联网

物联网指的是万物互联。在物联网中，各种传感器和配备有传感器的物体都会连接到互联网并互相进行通信。1999年，凯文·阿什顿（Kevin Aston）在为宝洁公司（P&G）做讲座时首次提出了"物联网"的概念。物联网是指将数十亿个对象连接到互联网或通过Wi-Fi或蓝牙相互连接、相互共享信息。其主要用于提高智能家居系统、智能城市规划、卫生服务、自然灾害预防系统、农业和畜牧业生产、工业生产、能源、通信、物流、金融等领域的工作效率和效果。尤其是金融科技公司可以利用物联网技术收集用户的即时数据，通过这些来自互联网的数据分析客户的行为和偏好等信息。

4.2.8 大数据

近年来大数据的概念已经十分流行，其发展之路可以追溯到近60年前。随着美国第一个计算机网络于1969年推出，数据存储领域开始了重要的发展。世界上所有语言的单词总数为5TB，1999年处理的数据总量为2TB，而如今平均每天处理的数据量以EB为单位（1EB=100万TB，10亿GB）。随着数据量的不断增加，大数据的体量随着时间的推移从几十TB增长为EB。虽然2019年平均每天处理的数据为12 EB，但2020年年底，这一数值约达到120 EB。由于信息通信技术的发展，网页、博客、社交媒体应用程序、传感器以及许多其他设备和应用程序可以实时收集所有类型的数据。随着这些数据在速度、多样性、大小或规模方面的快速增长，大数据的概念应运而生。大数据处在创新、竞争和生产力的最前沿。大数据不仅能够为公司提供巨大的竞争和增长潜力，而且如果正确使用的话，能够为全球性经济和公司的生产力、创新和竞争力带来巨大的发展潜力。

数据是一个从许多不同环境（如研究、观察、互联网、社交媒体等）中衍生出来的通用术语。能够体现出数据重要性的最重要标准是其对于研究的价值。收集而来的数据可以用于市场营销、公共关系、银行、安全、研究等。迈克尔·考克斯（Michael Cox）和戴维·埃尔斯沃思（David Ellsworth）在第八届IEEE图形学会议（8th IEEE Imaging Conference）上首次提出了大数据的概念，文章题为《用于核心外可视化的受控页面》（*Application-Controlled Demand Paging for Out-of-Core Visualization*）。数据集非常庞大，占满了计算机系统的内存、硬盘，甚至是外接硬盘，这个问题被称为"大数据问题"[46]。随后，2000年8月，弗朗西斯·X.迪博尔德（Francis X. Diebold）在西雅图举办的第八届世界计量经济大会（8th World Econometrics Congress in Seattle）上发表了题为《用于宏观经济评估和预测的大数据动态因素模型》（*Big data Dynamic Factor Models for Macroeconomic Measurement and Forecasting*）的论文以后，大数据的概念就开始流行起来。具体而言，大数据与不同的需求有关，例如整合多个不相关的数据集、处理大量非结构化数据、在有限的时间内收集机密信息等[47]。大数据是一个用于定义非常大、非常复杂或非常快的数据集的术语，这些数据集问题很难或不可能用标准数据库管理或分析工具解决[48]。大数据用来在合理的时间内从标准信息技术无法访问的潜在大型数据集中捕获、收集、处理、分析和显示数据[49]。大数据是一个新概念，它定义了不同卷中的异构数据，这些由各种数字内容组成[50]的数据无法使用传统数据库技术进行处理。"大数据"一词可以简单地指代巨大数据集，这些数据集是由不同类型的数据通过快速、弹性地收集和记录形成的，其中大多数都是非特定格式的非结构化数据。80%～90%的大数据都属于非结构化数据。云计算等技术的进步大幅度降低了数据存储和处理的成本，这就为大数据的普及带来了动力。

数据的物理存储位置有很多，并且通过各种大数据分析程序（例如网络或分布式文件系统）被整合为一体。大数据具有生成速度快、可变性强以及信息容量大等特点，并支持高级决策、信息提取以及优化流程等功能。根据以上特点，大数据的属性可以分为5V。5V（见图4.4）分别是多样性（varity）、速度（velocity）、容量（volume）、准确性（veracity）和价值（value）。多样性表示数据集的结构异构性，95%的异构结构由非结构化数据组成。非结构化数据是除了预设格式外存储和表达的记录类型。书籍、文章、文档、电子邮件等自由格式的文本和图像、音频和视频都属于非结构化数据。大数据的生成速度非常快，而且随着时间的推移会越来越快。欧洲核子研究中心（European Organization for Nuclear Research）就是体现大数据生成速度的一个例子，其大型强子对撞机的实验经由传感器产生每秒 1PB 的数据。大数据已经达到了比 TB 和 PB 级别更高的容量水平，无法装入现有数据库，也无法用传统的数据分析技术进行处理。另外，大数据属于一种信息资产，具有高容量、高速度和多样性的特点，需要特定的技术以及特定的分析手段将其转换为价值。

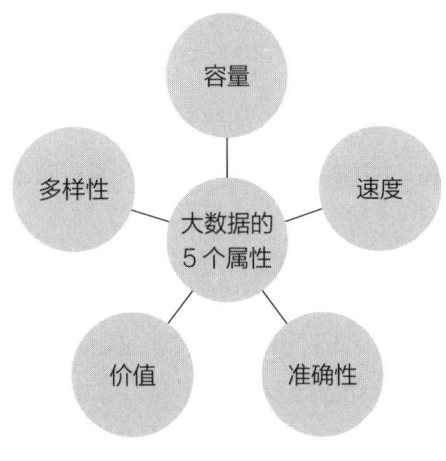

图 4.4　大数据的 5 个属性

互联网不是大数据的唯一来源。大数据的第二个来源是多媒体内容的增长，第三个来源是机器（设备）之间通信的快速发展（也被称为物联网，其中没有任何人类介入）。这些机器在互联网协议（IP）协议的帮助下进行通信，通过各种传感器或触发器发送或接收大量数据[51]。第四个大数据的重大来源是社交媒体。另外，智能手机和其他移动设备也对大数据的形成做出了重要贡献。

大数据分析是一种通过分析以及并行计算来处理包含不同类型内容的大容量和多样性数据集的技术。从这一点来说，大数据分析工具可以分析快速变化的大量结构化、半结构化和非结构化，以及很难使用传统数据库技术进行处理的整体数据,从中获取有价值的信息[50]。在大数据分析的形成过程中,谷歌使用的分布式文件系统和分布式计算模型在数据编制中发挥了重要作用。道格·卡廷(Doug Cutting)和麦克·卡拉菲拉(Mike Carafella)开发的首版 Hadoop 是一种能够以分布式方式处理大数据的软件架构。Hadoop 提供了一种相对便宜的大数据处理方式,例如将数据独立储存,尽管数据量的数据生成速度飞快增长,但客户只需要支付硬件费用即可,而无须支付许可费[52]。大数据分析可分为基础分析、高级分析、运营分析和货币化分析:基础分析可用于调查数据;高级分析则可以用于结构化或非结构化数据的复杂分析,高级分析包括先进的统计模型、机器学习、神经网络、文本分析和其他先进的数据挖掘技术;运营分析可以分析大数据并用于商业运营;货币化分析可以将企业收集的大数据或对大数据的分析转化为商业产品。

大数据的主要应用领域是银行、通信、媒体和娱乐、医疗保健、教育、制造业、政府服务、保险、零售和贸易、交通和能源部门。银行机构每天进行数千笔交易,这自然会形成一个庞大的数据池。银行机构可以通过定制化的数据来更好地了解客户以及需求,开发个性化产品和服务并提供完美的客户体验。虽然大数据使银行能够提供以客户为中心的服务并减少营销费用,但它也为客户数据的安全带来了风险。大数据与客户之间的关联也使银行能够通过早期发现和预防诈骗行为来降低和管理风险[53]。

大数据的主要优势之一就是能够以原始格式存储大量不同类型的数据。还有一个优势则是其中的数据可以随时取用,而不必进行转换。在国内和国际,大数据已经开始帮助金融机构和银行在客户行为分析、跨产品销售、监管合规管理、风险管理和处理金融犯罪等许多领域取得进步。大数据的重要目的是改善消费者体验、降低成本、制定更好的营销策略和提高现有流程的效率。用于信息生成的技术和软件的发展导致了大数据以无法控制的速度和多样性快速增长。大数据的使用为企业创造了以下价值[54]：

- 通过整合所有数据并向相关方开放权限实现数据透明；
- 确定需求，测试多样性，提高性能，明确实验的目的性；
- 划分市场，为不同的细分市场组织不同的计划和活动；
- 用自动化算法辅助或者修改人类的决策；
- 创造新的商业模式、新产品和新服务。

大数据已经成为企业的巨大资源。要想从中受益，我们首先就要将大数据简单化、常规化，要对其进行分类，并将各个数据分配到不同的领域中。我们要开发出相应的程序、软件和分析技术来保证这一机器对机器（M2M）领域的正确性以及执行力。为了在使用大数据时能够充分考虑到容量、速度、价值、准确性和多样性等维度，我们要仔细设计机器对机器技术。大数据是一个概念，它可以扩展人类能力并尽可能地监控更多方面。随着对具有服务意识的架构师人才需求的不断增长，人们按照业务分析的方式将数据进行分类并开始执行评估。分析过去值得肯定，但如果有足够数据并能够科学处理的话，就可以预测未来。因此，大数据已经成了创新的源泉。随着消费者和客户行为的变化、技术的进步和数字化的不断增长，公司对自身的商业模式、产品和服务、客户的体验和经营方式都会产生怀疑。在这种影响下，公司就会向创新型公司转型，并且改变或者建立新的游戏规则，同时也改变营商环境。无论行业的规模和成熟度如何，大数据分析都会迎风而立。同时，大数据分析也在推动着颠覆性创新。

4.3 颠覆性创新

资本主义特有的弊端以及破坏性的力量淘汰掉了承受最大风险的最弱小企业和企业家，同时迫使幸存者们开始创新[4]。颠覆性技术或颠覆性创新一词出自鲍尔（Bower）和克里斯坦森（Christensen）在1995年发表的文章《颠覆性技术：抓住浪潮》(Disruptive Technologies: Catching the Wave)，其含义是指在市场最低端出现的产品或者服务开始迅速扩散和崛起从而导致市场中的主流产品或者服务遭到淘汰[55]。颠覆性创新是公司从其核心业务转向不同产品和用户群体的结果，而这些用户群体以前并不是公司的目标客户。颠覆性技术可以通过现有技术的组合或技术创新产生。其最初的形态是一种廉价、低性能的技术。然而，随着颠覆性技术演变为支持性创新并开始满足当前市场的需求，它就会将当前的主流企业赶出市场[55]。颠覆性创新主要倾向于提供比现有产品或服务更普通的产品或服务，而不是为现有市场中的老客户提供进阶的产品或服务[56]。颠覆性技术或颠覆性创新能够为客户创造巨大的利益，为市场上的新客户或需求较少的客户提供更简单、更方便、更经济的产品。商业模式的创新不一定会像颠覆性创新方面的论文中所宣称的那样占领市场并淘汰竞争对手。刚刚进入市场的初创企业会通过颠覆性创新淘汰现有的商业模式，并通过压垮市场上老牌企业的热门产品、商业模式、供应链和营销费用将其淘汰。技术从根本上改变了生产和销售渠道，并且消灭了产品，对于市场上的老牌企业来说破坏性更大。

现在是一个以计算机和其他高科技为基础的创新时代。几乎每一天都有新技术问世，这种无法避免的趋势不断地改变着现在的经济。这一切也越来越快地催生出颠覆性技术。这种情况下的科技公司，尤其是金融科技公司遇到颠覆性技术已经算不上是意外情况了。金融科技通常伴随着法律技术，通过破坏金融行业格局来实现颠覆性创新。随着克里斯坦森的著作《创新者的窘境》(The Innovator's Dilemma)[55]和《创新者的解惑》(The Innovator's Solution)[56]的出版，颠覆性创新的概念受到了广泛欢迎。信奉颠覆性创新的初创企业比信奉可持续创新战略的初创企业更有可能占据市场头把交椅。因此，许多创业者都对颠覆性创新产生浓厚兴趣，希望以此实现商业成功[55]。

颠覆性技术的来源可以是现有技术的重组或者技术创新。预测颠覆性技术出现的领域非常重要。然而这一点却毫无轨迹可循，因为所有的企业都有其自己的发展脚步[55]。与市场上客户无法接触到的创新以及已有创新相比，克里斯坦森和安东尼（Anthony）提出了新的性能维度来表述新的性能轨迹[57]。颠覆性创新意味着创造新的市场和营销网络，改变现有的市场份额格局，最终将其彻底破坏。金融科技具有破坏潜力[58]。

金融科技正在不断突破免中介化、再中介化和自动化的界限，这些都侧重于客户的用户界面和消费者体验。监管机构需要关注新中介机构为其业务流程和人机界面中采用的新技术产生的变化，并思考这些新行业在保护投资者和消费者以及监管仲裁方面是否存在差距。网络点对点和众筹门户网站上的信息中介等新机构都要受到监控，苹果支付（Apple Pay）、谷歌支付（Google Pay）和亚马逊支付（Amazon Payments）等新支付通道也要受到监控以区分绩效目标以及影响到业务目标和监管目标的变化。对于结构性影响来说，许多金融中介程序、自动化和在线服务会继续给金融机构带来重大变化。将金融中介程序转换为虚拟服务、符合全球或地区法律、网络风险、保密性以及中介−客户关系等维度的变化都会增强影响。在中介服务和运营领域，金融科技是潜在颠覆性创新的灵感来源，并且会导致重大的结构性影响。克里斯坦森用"破坏性技术"一词来表示破坏性创新。丹尼尔斯（Danneels）[59]认为，破坏性技术是一种通过改变公司绩效标准来改变竞争基础的技术。破坏性技术的特点是[60]：

- 破坏性技术、产品和服务都与传统技术截然不同；
- 以小公司为起点，默默无闻；
- 破坏性技术有着绝佳特性。因为其易用性，所以可以由客户持有和购买；
- 破坏性技术在研发过程中的价格较高；
- 破坏性技术主要侧重于市场赤字。

哈德曼（Hardman，2013）等人对破坏性技术进行了具体评价[61]：
- 对市场领导者的破坏性影响：其他企业推出破坏性技术以取代现有技术型企业。
- 对终端用户的破坏性影响：使用现有的破坏性技术。
- 对基础设施的破坏性影响：破坏性技术对现有基础设施或新基础设施的需求产生不利影响。

这三种情况具有最强的破坏性效果。在两种维度的技术中存在两种破坏性效果。如果设立相关标准的话，就不会对市场产生任何破坏性影响。出于以下原因，金融科技成为金融服务体系中的一股破坏性力量[62]：
- 具有分化功能；
- 创造更好、更创新的产品和服务；
- 改善客户体验；
- 定价更合理；
- 瞄准空白市场；
- 使用创新解决方案。

颠覆性创新可能导致客户在全球范围内跨市场和跨类别地改变产品模式，选择新的解决方案并集体转向新的产品。这对那些没有时间转变传统业务流程或商业模式的企业来说是一种无法避免的结果。

随着市场和监管的变化，这一过程中的金融中介也不断地发展和创新。新的中介机构以新的过程和方法体现出了金融中介的创新本质。这些变化源自运营成本的效率：消费者对于特定体验的需求，如速度、简单性和易用性、竞争机制、金融、法律和数字技术的进步。金融创新也催生出了用户界面、自动取款机和网上银行等许多变化。投资者已经从传统面对面的投资咨询转向自动化咨询或机器人监听程序和在线应用程序。金融科技引领的新金融创新浪潮继续沿着金融中介演变的一些共同主题来发展。这两个主要主题是去中介化（和再中介化）和自动化[63]。

去中介化是指对现有中介的供需链末端的遗漏资产进行创新。弗兰奇（French）和雷尚（Leychon）[64]将其分为3个类型：第一类中介是使用工具进行证券交易，第二类中介是流动资产的转换，第三类中介是效率转换。例如，自20世纪80年代以来，信用卡公司一直在支付和消费贷款业务领域与银行竞争，目前则是由亚马逊、谷歌和阿里巴巴等金融科技公司开发的数字支付系统进行交易。去中介化有很多种解释。有些人认为，去中介化主要指的是从以银行为基础的金融公司转向以资本市场为基础的其他中介机构。另一些人则认为，去中介化是指以商业为导向，在没有上述三类中介的帮助下直接投资资本。另外，他们还认为区块链技术的出现会对金融投资交易造成真正的干扰。这是因为区块链技术，也就是分布式结算技术，允许资本与供需双方在网上交易，并将交易通过安全加密技术进行验证和密封。

人们在好奇心的驱使下想要了解人工智能的天花板在哪里，所以就催生出了自动化创新的概念。人工智能越来越多地被人们用来取代金融中介中的判定功能。其中两个主要的方面是机器人顾问和算法交易。机器人顾问现在已经成为金融服务市场中的小型投资者的得力助手。它们基于投资算法和资产配置模型为投资者提供自动化操作界面，可根据每个投资者的需求量身定制，提供投资咨询和按需投资管理服务而无需人工干预。机器人顾问将基于知识的自动化服务提升到了一个全新的水平。它们可以为投资产品提供大量风险分类和新信息，并将这些信息与提供的投资者信息相互映射[63]。算法交易可以通过计算机可编程算法自动实现购买。简单来说，这属于另一种技术进步，用比人类更快速、更持续的机器来取代人类。另外，通过更复杂的计算机进行更复杂的数据分析可以实现算法交易。

4.4 未来展望

金融科技领域在投资、劳动力和机构方面虽然增长较快，但尚未完全成熟。金融科技公司通过科技创新为客户的生活提供了便利，并凭借其提供的产品和服务获得了巨大的市场份额。另外，金融科技公司还从风投资本和企业投资者手里获得了大量投资。银行、保险公司和资产管理公司都面临着世界经济格局改变的风险。金融科技公司正在引领新一波的金融产品创新浪潮，目的是重塑用户和金融机构之间的沟通方式。马尼卡（Manyika）和崔（Cui）预测，到2025年，将要产生的颠覆性科技分别是自动化认知、物联网、先进机器人、自主和半自主设备、新一代遗传学、能源存储、可再生能源和基于数字模型的3D打印机。

随着科技的发展，预计未来将产生的服务如图4.5所示。

大多数金融科技机构都提供资产端的借贷和交易等行为。其对大多数国家的银行储蓄都不会产生任何影响。数字银行在一些国家产生了较好的效益，并增加了储蓄份额。金融科技公司不仅在信贷交易方面，而且在储蓄方面与银行产生了越来越激烈的竞争。消费者希望能够管理自己的存款以及了解传统银行机构中的债务问题，所以金融科技公司就可以充当消费者的数据和信息采集器。注重客户体验和创新的商业模式以及文化的变革至关重要。

金融科技公司应该多了解移动化的世界来抓住机遇。移动化服务正在从支付转向机器人顾问。因此，这一过程离不开人工智能、区块链以及大数据分析等技术的帮助。金融的未来是去中介化。金融科技的发展不仅会

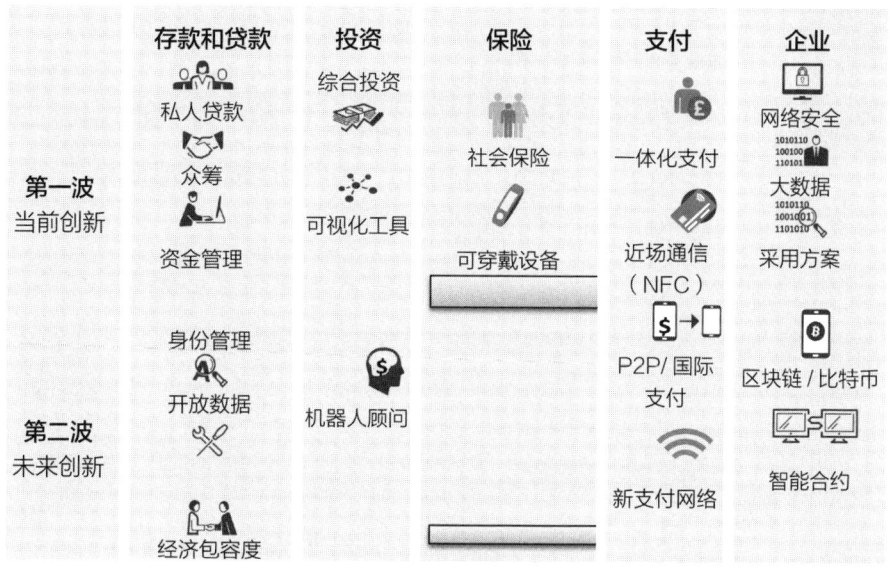

图 4.5 未来的颠覆性金融创新

资料来源：金融科技转型报告，转载自安永土耳其，2018。

影响银行和金融机构，也会影响到国家。金融科技注定引领未来。金融科技将在发现、去中介化和商业化之间保持平衡并继续发展。

由于消费者的喜好会随着科技的变化而变化，以及消费存在不确定性等因素，我们似乎无法提出一种有效的手段来明确解释颠覆性技术，或者在其出现后进行预防。大数据也对这种颠覆性技术和颠覆性创新做出了重大贡献。大数据的出现使金融机构具备了更强的竞争力。大数据除了能够帮助机构改进服务流程和结果，还能够将自身的产品和服务与竞争对手差异化。另外，数据驱动还可以用于创新、竞争和盈利。收集和分析的数据可以用于创新产品或创新服务。绝大多数的全球性企业都对大数据技术持有肯定的态度，并进行了中高水平的投资。最终，未来将是移动性和颠覆性的世界。

注释

1. 更多信息请见 Akkaya, M. (2018). Financial Innovation: Theories, Models, and Future. Handbook of Research on Managerial Thinking in Global Business Economics, IGI Global, 115-139。

参考文献

[1] OECD., et al., Oslo Manual: Guidelines for Collecting and Interpreting Innovation Data. 2005: Org. for Economic Cooperation & Development.

[2] Adams, D. and M. Hamm, Demystify Math, Science, and Technology: Creativity, Innovation, and Problem-Solving. 2010: R&L Education.

[3] Schumpeter, J. A., Capitalism, Socialism and Democracy. 2013: Routledge.

[4] Schumpeter, J., Capitalism, Socialism and Democracy. 1975, 1942: New York, Harper.

[5] Quinn, J.B., J.J. Baruch, and K.A. Zien, Innovation Explosion: Using Intellect and Software to Revolutionize Growth Strategies. 1997: Simon & Schuster, Inc.

[6] Van de Ven, A.H., Central Problems in the Management of Innovation. Management Science, 1986. 32(5): p. 590-607.

[7] Fisk, P., Creative Genius: An Innovation Guide for Business Leaders, Border Crossers and Game Changers. 2011: John Wiley & Sons.

[8] Christensen, C.M., The Ongoing Process of Building a Theory of Disruption. Journal of Product Innovation Management, 2006. 23(1): p. 39-55.

[9] Drucker, P.F., The Discipline of Innovation. Harvard Business Review, 1998. 76(6): p. 149-157.

[10] Engelen, E., et al., Reconceptualizing Financial Innovation: Frame, Conjuncture and Bricolage. Economy and Society, 2010. 39(1): p. 33-63.

[11] Van Horne, J.C., Of Financial Innovations and Excesses. The Journal of Finance, 1985. 40(3): p. 620-631.

[12] Błach, J., Financial Innovations and Their Role in the Modern Financial System- Identification and Systematization of the Problem. e-Finanse: Financial Internet Quarterly, 2011. 7(3): p. 13-26.

[13] Merton, R.C. and Z. Bodie, Design of Financial Systems: Towards a Synthesis of Function and Structure, in The World Of Risk Management. 2006, World Scientific. p. 1-27.

[14] Miller, M.H., Financial Innovation: The Last Twenty Years and the Next. Journal of Financial and Quantitative Analysis, 1986: p. 459-471.

[15] Akkaya, M., Financial Innovation: Theories, Models, and Future, in Handbook of Research on Managerial Thinking in Global Business Economics. 2019, IGI Global. p. 115-139.

[16] Tufano, P., Financial Innovation. Handbook of the Economics of Finance, 2003. 1: p. 307-335.

[17] Frame, W.S. and L.J. White, Empirical Studies of Financial Innovation: Lots of Talk, Little Action? Journal of Economic Literature, 2004. 42(1): p. 116-144.

[18] Ramsay, I., Financial Innovation and Regulation: The Case of Securitisation. Journal of Banking and Finance Law and Practice, 1993. 4(3).

[19] Levine, R., Financial Development and Economic Growth: Views and Agenda. Journal of Economic Literature, 1997. 35(2): p. 688-726.

[20] Anderloni, L., D.T. Llewellyn, and R.H. Schmidt, Financial Innovation in Retail and Corporate Banking. 2009: Edward Elgar Publishing.

[21] Lerner, J. and P. Tufano, The Consequences of Financial Innovation: A Counterfactual Research Agenda. Annu. Rev. Financ. Econ., 2011. 3(1): p. 41-85.

[22] Yawe, B. and J. Prabhu, Innovation and Financial Inclusion: A Review of the Literature. Journal of Payments Strategy & Systems, 2015. 9(3): p. 215-228.

[23] Pennacchi, G., Deposit Insurance, Bank Regulation, and Financial System Risks. Journal of Monetary Economics, 2006. 53(1): p. 1-30.

[24] Boot, A.W. and A.V. Thakor, The Many Faces of Information Disclosure. The Review of Financial Studies, 2001. 14(4): p. 1021-1057.

[25] Brummer, C. and D. Gorfine, FinTech: Building a 21st-Century

Regulator's Toolkit. Milken Institute, 2014. 5.

[26] Pollari, I., The Rise of Fintech: Opportunities and Challenges. AJAF, 2016(3): p. 15.

[27] Arner, D.W., J. Barberis, and R.P. Buckley, The Evolution of Fintech: A New Post-Crisis Paradigm. Geo. J. Int' l L., 2015. 47: p. 1271.

[28] Ozili, P.K., Impact of Digital Finance on Financial Inclusion and Stability. Borsa Istanbul Review, 2018. 18(4): p. 329-340.

[29] Gomber, P., J.-A. Koch, and M. Siering, Digital Finance and FinTech: Current Research and Future Research Directions. Journal of Business Economics, 2017. 87(5): p. 537-580.

[30] SHAKHAMURI, P.P.K., Wearable Devices in Banking. 2012: infosys.

[31] Guraău, C., Online Banking in Transition Economies: The Implementation and Development of Online Banking Systems in Romania. International Journal of Bank Marketing, 2002.

[32] Singh, A.M., Trends in South African Internet Banking, in Aslib Proceedings. 2004: Emerald Group Publishing Limited.

[33] FSB, J.F., et al., BigTech and the Changing Structure of Financial Intermediation. ABFER-BIS-CEPR workshop on Fintech and digital currencies, 26-27 September, Basel. https://pdfs.semanticscholar.org/153a/0928a187837472eedb24fe29db18d8d0 10e9.pdf

[34] De la Mano, M. and J. Padilla, Big Tech Banking. Journal of Competition Law & Economics, 2018. 14(4): p. 494-526.

[35] Schumpeter, J.A., The Future of Private Enterprise in the Face of Modern Socialistic Tendencies. Comment sauvegarder l' entreprise privée, 1946.

[36] Rogers, E.M., Diffusion of Innovations. 2010: Simon & Schuster.

[37] Simon, H., Neural Networks: A Comprehensive Foundation. 1999: Prentice Hall.

[38] Palit, A.K. and D. Popovic, Computational Intelligence in Time Series Forecasting: Theory and Engineering Applications. 2006: Springer Science & Business Media.

[39] Holland, J.H., Adaptation in Natural and Artificial Systems, University of Michigan Press. Ann Arbor, MI, 1975. 1(97): p. 5.

[40] Sakawa, M., Genetic Algorithms and Fuzzy Multiobjective Optimization, Vol. 14. 2012: Springer Science & Business Media.

[41] Golberg, D.E., Genetic Algorithms in Search, Optimization, and Machine Learning. Addion Wesley, 1989. 1989(102): p. 36.

[42] Portmann, M.-C. Genetic Algorithms and Scheduling: A State of the Art and Some Propositions, in Proceedings of the Workshop on Production Planning and Control, pages i-xxiv, Mons (Belgium). 1996.

[43] Nakamoto, S. and A. Bitcoin, A Peer-To-Peer Electronic Cash System. Bitcoin. URL: https://bitcoin.org/bitcoin.pdf, 2008. 4.

[44] Tian, F. An Agri-Food Supply Chain Traceability System for China Based on RFID & Blockchain Technology, in 2016 13th International Conference on Service Systems and Service Management (ICSSSM). 2016: IEEE.

[45] Lakhani, K.R. and M. Iansiti, The Truth About Blockchain. Harvard Business Review, 2017. 95(1): p. 119-127.

[46] Cox, M. and D. Ellsworth. Application-Controlled Demand Paging for Out-Of-Core Visualization. in Proceedings. Visualization'97 (Cat. No. 97CB36155). 1997: IEEE.

[47] Erl, T., W. Khattak, and P. Buhler, Big Data Fundamentals: Concepts, Drivers & Techniques, Vol. 1. 2016: Boston, Prentice Hall.

[48] Partners, N., Big Data Executive Survey: Creating a Big Data Environment to Accelerate Business Value. 2012: NewVantage Partners.

[49] NESSI, Cyber Physical Systems Opportunities and Challenges for Software, Services, Cloud and Data, N.E.S.a.S. 2015: Initiative, Editor.

[50] Gahi, Y., M. Guennoun, and H.T. Mouftah. Big Data Analytics: Security and Privacy Challenges, in 2016 IEEE Symposium on Computers and Communication (ISCC). 2016: IEEE.

[51] Court, D., Getting Big Impact From Big Data. McKinsey Quarterly, 2015. 1(1): p. 52-60.

[52] Golov, N. and L. Rönnbäck, Big Data Normalization for Massively Parallel Processing Databases. Computer Standards & Interfaces, 2017. 54: p. 86-93.

[53] Kathuria, A., Impact of Big Data Analytics on Banking Sector. Int. J. Sci. Eng. Technol. Res, 2016. 5(11): p. 3138-3141.

[54] McKinsey, G.I., Big Data: The Next Frontier for Innovation, Competition, and Productivity. McKinsey Global Institute, 2011: p. 1-6.

[55] Christensen, C.M., The Innovator's Dilemma: When New Technologies Cause Great Firms to Fail. 2013: Harvard Business Review Press.

[56] Christensen, C. and M. Raynor, The Innovator's Solution: Creating and Sustaining Successful Growth. 2013: Harvard Business Review Press.

[57] Christensen, C.M., S.D. Anthony, and E.A. Roth, Seeing What's Next: Using the Theories of Innovation to Predict Industry Change. 2004: Harvard Business Press.

[58] Bower, J.L. and C.M. Christensen, Disruptive Technologies: Catching the Wave. 199 Harward Business Review, January- February.

[59] Danneels, E., Disruptive Technology Reconsidered: A Critique and Research Agenda. Journal of Product Innovation Management, 2004. 21(4): p. 246-258.

[60] BİLGE, B., Yıkıcı teknolojilerin belirlenmesi. Savunma Bilimleri Dergisi, 2017. 16(1): p. 57-83.

[61] Hardman, S., R. Steinberger-Wilckens, and D. Van Der Horst, Disruptive Innovations: The Case for Hydrogen Fuel Cells and Battery Electric Vehicles. International Journal of Hydrogen Energy, 2013. 38(35): p. 15438-15451.

[62] Nicoletti, B., W. Nicoletti, and Weis, Future of FinTech. 2017: Springer.

[63] Chiu, I.H.-Y., Regulating Financial Benchmarks by "Proprietization": A Critical Discussion. Capital Markets Law Journal, 2016. 11(2): p. 191-227.

[64] French, S. and A. Leyshon, The New, New Financial System? Towards a Conceptualization of Financial Reintermediation. Review of International Political Economy, 2004. 11(2): p. 263-288.

第五章
CHAPTER 5

网络安全在金融机构绩效方面的优势

阿卜杜勒穆塔莱布·阿尔·萨塔维，安胡姆·拉扎克
阿赫利亚大学，巴林
马格达莱娜·卡罗拉克
扎耶德大学，阿联酋

第五章
网络安全在金融机构绩效方面的优势

🌐 5.1 简介

在 21 世纪，几乎所有的方面都离不开数字技术以及其搭载的实体设备[2]。它被广泛地用于创造利润以及扩大业务，并与现代商业形成共存关系。无论是机构、银行还是政府都通过数字化手段来完成交易。各国都在向着数字化商业的领域前进，而其中的核心就是数字化的数据，这也是为什么大多数机构都在改革制度以满足对人工智能的未来展望[12,42,53]。

当前正在发展的数字化时代也伴随着网络安全漏洞和网络攻击等风险，它们通常以敏感信息为目标，攻击企业的商业程序[7,19]。网络安全是用一组技术先进的信息或者数据，保护高度发展的数字化时代免受外部攻击、破坏或非法进入，或者用一种先发制人的程序，保护信息免受病毒、恶意程序和数字攻击等众多威胁的损害。因此，存储有敏感数据的公司会制定一系列网络安全策略来加强防范，由于这项工作面临着高风险[22,35]，所以还要指派首席安全官（CSO）等专人来专门负责。最常见的网络安全机制就是密码，个人用户经常使用密码来实现各种操作以及访问各种应用程序。因此，例如 Whatsapp、照片墙（Instagram）和脸书等常见的应用程序都采用双重身份验证机制来更好地保护敏感数据，因为这些应用程序都是用户众多并且能用于获取个人数据的知名平台[44]。

各大机构也都采取了各种网络安全机制，例如防火墙、杀毒软件、加密技术等。尽管如此，虽然上述机制已经悉数上阵并且用尽了所有必要的预防措施，网络攻击仍然屡屡发生[7,54]。2017 年 9 月发生的艾可飞（Equifax）数据泄露事件是全球最严重的数据泄露事件之一，仅美国就有 1.45 亿人遭受了威胁。艾可飞事件的规模和意义都十分重大，身份信息失窃可能会产生终身威胁[13,20]。《消费者报告》的首席执行官表示"大型企业的违规行为次数之多令人震惊"。随后，由于该事件对受害的相关方和机构造成了相当大的影响，所以各机构自行采取行动，以防此类事件再次发生。不幸的是，到2018年，仅在三个月内，受到影响的人数就增加到了7.65亿。据世界领先的国际安全公司Positive Technologies称，该漏洞造成的损失估计超过数千万美元[23,43]。

这就给我们提出了一个无法回避的问题：这一事件为什么能在一年内就造成两倍损失[11]？事实上，数字化、科技以及附属产品已经成了人类文明不可或缺的一部分。这是一个不断变化和进步的领域，它会将21世纪建设成为现代化的社会。由于科技被公认为是21世纪的最重大优势之一，所以它肩负着重大的责任。先进的数字化科技使其更容易受到进一步的破坏和网络攻击。迈克菲（McAfee）的消费者安全官证实，网络犯罪正在加剧，而且呈不断上升的趋势，"并没有放缓的迹象"。一家专门从事网络安全的顶级企业已经认识到了这一日益严重的威胁，由于各企业和机构较容易发生违规行为，所以该威胁会为他们敲响警钟[11]。

迄今为止，雅虎（Yahoo）也经历过了史上最大规模的一次网络攻击，全球约30亿用户受到影响。雅虎的首席安全官表示，这30亿用户都是因为一名雅虎员工的误操作而不幸被卷入其中。雅虎公司的一名员工在办公室收到了一封钓鱼电子邮件，其中包含了恶意软件，只要接收人点击链接，恶意软件就会立即感染网络。而恶意软件被下载到雅虎网络后，黑客就可以通过该软件创建后门，在系统中留下更多入口。这说明从匿名发送者收到的每一个链接或者每一封电子邮件都有可能威胁到数十亿用户，甚至破坏企业声誉。当时，威瑞森（Verizon）收购雅虎的行动即将完成。这次数据泄露事件导致威瑞森的收购价直接降至3.5亿美元。这说明在我们的现代数字化时代中，强大的网络安全是多么重要。

通过上述教训，各国正在采取应对措施，对这一现象进行改革，使其不再增加，也不再为数百万人带来更严重的影响。各国在国家层面推出和核准法律条文，明确规范数据保护措施以及个人数据和信息的安全。各国通过修订和颁布相关法律来规范这一情况，以适应数字化进程，请注意，科技处于永无止境的进步过程中[17,46]。

因此，欧盟在 2018 年推出了最新规定，明确了上述问题。《通用数据保护条例》（2016/679，GDPR）对欧盟范围内的数据保护和分支机构实行监管，目的是加强欧盟和欧洲经济区成员国内部的个人隐私和数据传输安全。该规定明确对违反《通用数据保护条例》规定的对象可以执行严格处罚[18]。

海合会（海湾阿拉伯国家合作委员会，GCC）也仿效《通用数据保护条例》颁布了相关法律，以尽可能地减少网络安全违规事件的发生。海合会《个人信息保护法》（Personal Data Protection Law）旨在规范个人数据的获取、处理和存储方式，同时制定保护数据和信息免受非法或未经授权的访问或威胁的措施。该项法律的实施充分表明了海合会实施以及达成其2030 年发展愿景、发展国内国际商业的目标[11,14]。

美国加州通过了一项旨在保护消费者以及加强加州居民隐私权保护的法案。《加州消费者隐私法案》于 2020 年 1 月 1 日生效。这是用于处理数据保护、信息安全及其分支机构的法案[45]。我们之所以强调这些法律法规的出台，是为了强调隐私安全的重要性。正如前文所述，无论这些法规多么全面，数字科技处于持续的进步过程中，每个月都会发生变化，因此，即使《加州消费者隐私法案》全面落地，新的问题也会产生，该法案在最初设计时并不一定能考虑到这些问题[14]。

由于数据泄露会造成严重损失，所以各国才会出台上述法规加以管控。企业或机构的数据安全受到威胁所产生的后果分为下列几方面：

一是财务方面。数据泄露会让企业缴纳监管机构开具的罚款和善后处理的费用，给企业造成损失。这也就是为什么当小型企业遭到攻击时，也就意味着这家企业将面临倒闭。小型企业无法负担安全漏洞产生的财务损失。在美国，商业实体发生数据泄露的平均处理成本约为392万美元。这一数额包含了企业根据各州或者国家制定的网络安全法规所应支付的罚款。数据泄露可能会造成个人数据受到威胁，例如信用卡信息。所以当这种情况发生的时候，企业可能会面临诉讼或者庭外和解的费用，所以相关法律费用也要考虑在内。客户也会重新选择其他企业来获取服务，所以收入损失是财务损失中最难以量化的部分[36,41]。

二是股价。对于一家上市公司来说，数据泄露会拉低公司股价。安全漏洞曝光之后，股价平均下跌幅度达5%[27]。

三是声誉和品牌形象。企业的声誉属于一种无形资产，往往不可估量。因此，全世界的企业和机构都努力表现出对不同利益方的吸引力。声誉差的企业往往会因为缺乏投资者的青睐或无法与大型机构开展业务而表现不佳。如果企业的安全遭到严重破坏，那么收益和客户都会因此流失。企业形象受损通常需要很长时间才能恢复，尤其是在遭到数据泄露时反应迟缓的情况下。成熟的大型企业通常会针对数据泄露制定一些预防机制以尽量减少损害影响，这会让其比小型企业更加快速地挽回和修复企业形象[42,50]。

在过去五年里，安全漏洞的发生频率逐步增加，受到安全漏洞影响的人数也在逐步增加。信息保护法的出台促进了数字化服务的发展，究其原因都是网络安全漏洞。现有文献中缺乏关于不同网络安全策略和数据泄露对企业财务情况影响的内容。因此，本文主要研究不同的网络安全策略是否会对企业的财务情况产生影响[11]。本研究旨在对现有文献进行补充并比较，以便制定理论模型，供海合会成员国的组织和监管机构在制定网络安全策略时参考[5,10,14,21]。

5.2 文献综述

在如今的数字化时代，网络安全比以往任何时候都重要。然而网络安全的概念并不是最新或者现代产物，它已经持续发展了大半个世纪[54]。1968年，西德就侦破了一起网络间谍活动，警方逮捕了一名东德间谍，这也是第一次有据可查的网络间谍案件[54]。

2007年，爱沙尼亚和俄罗斯之间因为发生了分歧而开展了一场网络战争。爱沙尼亚的银行、议会、报社和政府机关等都受到了攻击。此次网络战争使整个国家都陷入了一场严重的"国家安全危机[28]"。网络安全在如今的时代已经成了一个复杂的问题，众多关于这一全新话题的文献纷纷发表。这些文献涵盖了网络安全的所有方面，包括网络安全概念的形成、出台网络安全策略的重要性以及其他关于网络安全发展和演变的内容。这就回到了本文研究目的的背景。众多学者研究了网络安全对业务各种变量的影响。虽然其他文献对于该领域的研究理论甚广，但本文会侧重于网络安全对企业财务情况的影响。其中包括数据泄露对企业产生的后果、全局财务情况的影响、股东股份的影响以及在数据泄露后对企业形象和声誉的影响等方面的网络安全策略。另外，企业的网络安全策略会影响到个人对企业的信任程度[11,14]。

罗伊（Roy A，2018）[48]对网络安全与市场竞争强度的关系进行了研究。他通过对互联网补缺和发现漏洞来粗略评估网络安全。数据来自商业化安全漏洞市场的两大巨头iDefense的漏洞贡献者计划（VCP）和趋势科技（Trend Micro）的零日计划（ZDI）。另外，还有谷歌的Google Project Zero和美国的国家信息安全漏洞库（NVD）。文献[48]通过解读补丁上报的数据和供应商报告的漏洞来从时间上评估漏洞的修补成本。然而这些数据的来源始终对公众保密。研究人员创建了一个包含有521个观察结果的样本，并利用最小二乘法（OLS）线性回归模型来验证关系。罗伊[48]的研究结果证实了网络安全与市场竞争强度的关系为负相关。换句话说，市场竞争越激烈，企业就越不可能在网络安全上花费时间。

对信息安全开展的几项实证研究中，有许多项都采取了技术接受模型（TAM），例如文献[52]。从中得出的证据描绘了绝大部分终端用户以及安全相关的行为[36]。文献[52]中的技术接受模型通过两个主要因素来评估个体行为：易用性的理解，指的是个体在尝试时的自由度；有效性的理解，指的是从技术或者系统中的获益程度。除此之外，该模型还引入了一些不同变量作为中介。例如企业规模、信任度、IT预算、性别等因素都会影响终端用户对网络安全的认知和行为[11,14]。用于分析用户行为的模型由许多交互操作和标准化潜在变量组成。因此，因此，偏最小二乘（PLS）分析是解释复杂结构之间相互作用和测试潜在效应之间关系的最佳方法[37]。

根据文献[39]可知，在网络安全方面，从终端用户采集的大多数数据都是定量数据和调查问卷数据。各文献中采用的大多数调查样本包括计算机用户、员工、互联网用户、大学生、客户和专业人士，如银行经理、会员、公司和高管[39]。与文献[24,31,47]一样，该研究还探讨了性别因素在影响员工网络安全行为和看法中的作用程度。因此，该研究通过对不同领域的机构进行调查来收集数据，并利用结构方程模型来评估性别作为主动报告的网络安全行为与心理因素之间关系的中介变量的影响。卡罗拉克、拉扎克（1971年）和罗萨蒂等（Rosati, 2017）[31,47]得出的结论是性别会对计算机技能、行为标准、主动报告的网络安全行为和主动安全效率产生影响。

见文献[35]从影响中小型企业管理者采购反黑软件的决定性因素的角度对网络安全进行了测试。这些数据都是通过问卷形式进行实地调研获取的。该项调研收到了全美239名中小型企业主的反馈，然后通过偏最小二乘对手机的数据进行建模。研究人员利用健康心理学中的保护动机理论开发出了相应方案，并对其进行了扩展。李和拉尔森（Lee 和 Larsen，2009）[35]表示，对威胁和响应进行评估成功地预测了中小型企业主采购反黑软件的意向，从而促使中小型企业实际采用了反黑软件。

中小型企业高管采纳水平和采纳意愿的显著性差异与特定变量的社会影响、供应商支持、信息技术预算以及重要利益相关者有关。李和拉尔森（2009）[35]根据信息安全和行业类型测试了模型的推广性，得出的结论是非信息技术诱因行业和非信息技术专家的采纳意愿会明显受到 IT 预算和应对策略的影响；同时，信息技术密集行业和信息安全专家也会受到威胁评估和社会影响的影响。研究结果还表明，在非信息技术诱因行业和非信息技术专家的组别中，信息技术方面的预算也是一个重要的影响因素。此外，供应商会对信息技术诱因行业和信息技术专家更加青睐。

阿克塔和甘谷利（Akhtar 和 Ganguli，2020）[1]研究了行为理论的其他基本因素：信任和习惯。由于安全识别在很大程度上取决于客户的经验，所以作者认为我们有必要制定公认的安全标准体系，以详细说明其对安全的影响。正如文献[49]所述，由于居住地也是信息技术持续使用的一个行为因素并有可能导致网络安全问题，所以这些因素会在某种程度上影响到最终用户的特定行为。例如，在用户经历过几次网络安全问题之后，他们可能就会习惯性地忽略或者减少查看警告消息的次数。

特温内博阿·库杜阿（Tweneboah Kodua）、阿特苏（Atsu）和布坎南（Buchanan）（2018）[51]通过最新的软件即服务（SaaS）满意度模型涵盖了公认值和安全性，并对 135 个 SaaS 终端进行了检查。他们发现，当公认值介入时，满意度和安全感之间明显为正相关的关系。巴克（Bakker）[19]从文本报告中提取次级定性数据，然后将其进行广义分类并转化为定量数据。文献[19]从美国证券交易委员会（SEC）收集到了时间序列数据，并以2007年至2014年间美国的30家大型商业银行为样本，得出结论：企业的赢利能力与信息安全风险报告的准确性之间存在关系，并且有两个因素会影响到信息安全报告的准确性——成熟度和指导。成熟度指的是通过企业出具风险报告来指向企业风险报告的准确性；指导指的是帮助企业提高准确性，尤其是在美国证券交易委员会发布指导性文件时。

奥格巴努夫和金（Ogbanufe和Kim，2015）[41]对信任度和熟悉度在网络安全问题方面的影响进行了研究，他们通过向大学生发放有关这两方面因素的调查问卷来收集数据。该研究得出的结论是，信任度和熟悉度对个体访问网络恶意软件的意图有着显著影响。文献[53]也进行了类似研究，重点是企业层面的信任度。此项研究发现了企业领导层对网络安全担忧的细节。该研究对美国中西部地区的信息主管们（CIO）都进行了半结构化访谈，从中收集来的定性数据可以通过各种案例研究应用到技术、组织、环境模型（TOE）。该项研究尚在进行当中。

数据泄露公告可以通过交易额和买卖差价影响市场行为[47]。他们对2005年至2014年收集自隐私权信息交换中心的74份数据泄露公告样本进行了研究。他们用于量化市场效率的因变量是公告日（数据泄露公告日）中的异常买卖差价和异常交易额。自变量是收盘价的自然对数、存货周转成本和股价的日波动率。控制变量是市值、CEO的持股比例、账面市盈率以及记录数据泄露数量的自然对数等。最终得出的结论是数据泄露公告与市场效率之间具有显著的短暂正相关。然而，只有数据泄露公告发布的第一天才会出现这样的效果，之后，市场会迅速恢复正常。在数据泄露公告发布之前，并不会出现异常交易活动的迹象。对于大规模泄露事件，尤其是涉及设备丢失的情况，公告日的影响程度更为严重。

达顿和克瑞斯（Dutton，Creese）[21]为国家网络安全能力提出了横断证明。他们从世界银行、微软、世界经济论坛网络状态指数（world economic forum network readiness index）和全球互联网统计信息中收集了 120 个国家的网络安全能力数据。经过多元分析发现的结果表明，网络安全具有投资价值，然而这可能会因为各国要保持建立强大网络安全的能力以及研究网络安全对股价的影响而引发各国发展不平等的问题。他们收集了 2013 年至 2017 年间标普 500 指数（S&P 500）上的 96 家企业的网络安全公告数据，并进行了纵向和横向分析。分析结果表明，网络安全不会对市场产生重大影响。一项针对行业层面的研究揭示了两个主要发现。首先，从短期来看，网络安全对金融业会产生强烈影响，但从长期来看，这种影响不会持续很久。其次，网络安全会对零售业产生长期影响，但对工业、卫生和 IT 行业产生的短期和长期影响都十分有限[51]。

科比和杜兰特斯（Kobe，Durantes）[34] 利用比较研究法探寻了数据泄露对企业绩效产生的影响。他们使用了匹配样本进行比较分析。样本分为两组，共 12 个数据泄露案例，分别为干预组和对照组。干预组中包含具有网络安全经验的公司，而对照组中则是不具有网络安全经验的公司。这两组样本的规模和行业相同。作者首先研究了数据泄露对每季度的影响，得出结果后，再将每组的结果进行对比以确定数据泄露是否会降低企业绩效。研究结果表明，发生数据泄露的公司在事发后的一个季度并不会在销售和营收方面产生损失。然而，其第三季度的资产收益有所下降。另外，对照组的财务业绩要比干预组更为乐观。尽管如此，与对照组相比，干预组中样本的销售额在上一季度明显上升。

阿尔哈基米和伊斯马尔（Alhakimi，Esmail）[2,5,14] 对互为竞争对手的 IT 公司之间共享 IT 安全信息如何对其财务业绩产生影响。他们对匹配样本进行比较测试。他们首先将这些公司分为两组，分别为干预组和对照组。干预组中包含具有网络安全经验的公司，而对照组中则是不具有网络安全经验的公司。这两组样本的规模和行业相同。为了检测公司的效益，他们采用了将收益率和成本率组合的方式。其中收益率包含 ROA、ROS、OI/A、OI/S、OI/E，成本率包含 COGS、SGA/S、OPEX/S。为了分析这些数据，他们采用了 SAS❶、Wilcoxon 秩和检验（wilcoxon rank sum test）以及双样本 T 检验（two-sample t-test）。该测试通过比较干预组和对照组样本的财务情况来进行。测试结果表明，与同类企业相比，能够共享 IT 安全策略的公司表现更佳。这类公司在短期和长期以及跨行业方面的盈利能力和成本表现均属上乘。这些发现表明，随着时间的推移，共享 IT 安全策略的公司在一到三年内都可以享受该行为带来的收益[8,9]。

埃雷蒙和哈米德（Allaymon, Hamid）[3,26]对数据泄露产生的财务后果进行了研究。该研究的重点是医疗保健行业中的网络攻击。该行业中的众多公司拥有大量人员和客户的数据和信息，所以极易受到攻击。该研究旨在分析医疗保健机构数据泄露的后果以及在财务方面受到的影响。该研究将波兰卫生部门与全球卫生部门进行客观对比。其研究方法只面向二级数据，包括国际文献、报告、案例研究还有波兰乃至全球医疗部门遭到泄露的数据。他们对这些已有数据进行分析以便确定数据泄露对公司产生的影响。阿尔纳索和塔亚（Alnsourm, Tayeh）[4,29]发现，几乎所有公司在数据泄露情况下产生的财务后果将包括以下方面：法院调查、数据泄露公告、数据泄露后的患者保护、律师费和诉讼费、遵从监管、完善网络安全、声誉损失、患者流失以及其他潜在方面。调查结果表明，我们很难估计数据泄露会给各机构带来哪些损失，因为众多报告和分析存在很大差异，并不统一。评估的障碍主要是不同的公司采用不同的评估方法，而有些公司并不会公布足够或者查实的网络安全事件[30]。

乔（Jo）[38]研究了病毒攻击声明对公司的影响。在攻击发生后的前五

---

❶ 是一个模块化、集成化的大型应用软件系统。——编者注

天，并不会对公司产生明显影响。样本公司的市值在声明发出的几天内并无明显变化，而在接下来的 20 天内则会出现变化。结果显示，在病毒攻击声明发布 25 天后，超过一半的样本公司出现了负收益。

格鲁特（Groot）[25]对拒绝服务攻击（DDOS）对资本市场的影响进行了研究。研究结果表明，拒绝服务攻击对资本市场没有明显影响。但同时这些结果又表明，在"特定互联网"行业内的公司会受到影响。此类公司由于受到了攻击，所以财务业绩受到了严重的负面影响。文献 [15,32] 指出，公司在受到安全威胁或网络攻击后明显增加了现金持有量。另外该研究还发现了一种溢出效应，即尚未发生信息泄露的公司甚至会提高现金持有量。现有证据表明，企业目前和未来的财务政策都取决于网络攻击。因此，各公司都在增加 IT 方面的支出来预防网络攻击。然而，这项研究表明，通常情况下，某家公司在被黑客攻击或破坏后，就会增加其现金持有量，而其他同行公司则不会。

5.3 理论框架

根据以往的文献，为了实现当前的研究目的，研究人员采用了以下网络安全模型来衡量产生的影响和应用途径（见图 5.1）。该模型主要用于促进金融机构采用网络安全策略和法律法规。

5.4 结论和建议

目前，网络安全已经成为一个流行话题。本研究旨在通过对本专业文献进行解读来探究网络安全对海合会成员国的上市银行财务业绩的影响。文献中包含对网络安全事件的各种分析。现有部分文献表明，网络安全水

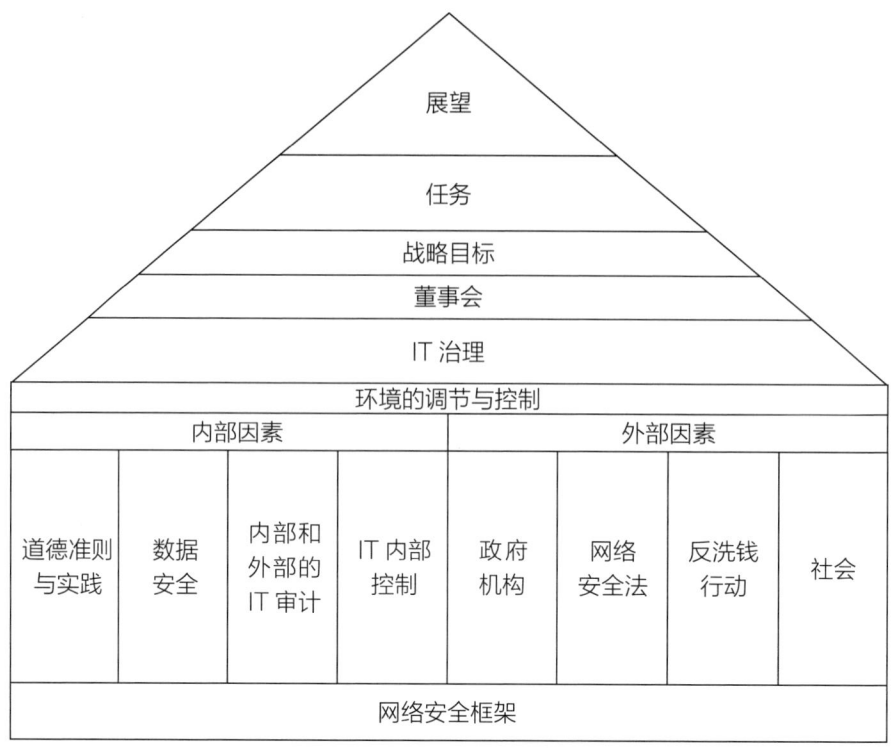

图 5.1 网络安全框架

平与金融机构的业绩之间没有明显关系。文献 [40] 的研究表明网络安全与市场竞争之间存在负面关系：市场竞争愈加激烈，公司在网络安全方面的支出就会越少。文献 [14,33] 对信任度和熟悉度两个变量进行了研究，结论是终端用户在网络安全面前可以不再考虑信任度和熟悉度的问题。这代表着当用户认识到积极干预时，其满意度和安全感之间存在正相关。在数据泄露效应中，现有文献证实了市场效率会与其发生短期正相关[34,37,51]，然而数据泄露会在第三季度对涉事公司的资产回报产生负面影响。另外，共享 IT 安全策略的公司在盈利方面的财务表现明显更佳[16,33]。

本研究表明，金融机构可以通过实用性和理论性兼备的框架来制定网络安全策略，保护资产和数据免遭网络攻击并实现企业目标以及提高财务水平。在接下来的研究中，我们可以考虑采用实例数据来评估本框架的可行性，以便测试内部和外部监管对金融机构财务业绩的影响。另外，根据文献 [6]，我们还可以通过添加公开财务报表、股权结构、董事会状况等一些子因素对其进行扩展，以便衡量该框架对网络安全策略和金融机构财务业绩的影响。

参考文献

[1] Akhtar, S., & Ganguli, S. (2020). An Empirical Analysis of the Sustainability of Meeting the Convergence Criteria for Turkey's Accession to the European Monetary System. International Journal of Electronic Banking, 2(2), 118–137.

[2] Alhakimi, W., & Esmail, J. (2020). The Factors Influencing the Adoption of Internet Banking in Yemen. International Journal of Electronic Banking, 2(2), 97–117.

[3] Allaymoun, M. H., & Hamid, O. A. H. (2020). Proposed Mobile Trade Application: A New Approach for Sharia Compliant credit Card. International Journal of Electronic Banking, 2(2), 138–153.

[4] Alnsour, M., & Tayeh, Z. A. (2019). Impact of Social Media Use on Brand Awareness: An Applied Study on Jordanian Banks That Uses Facebook. International Journal of Electronic Banking, 1(4), 341–357.

[5] Al-Sartawi, A. (2015), The Effect of Corporate Governance on the Performance of the Listed Companies in the Gulf Cooperation Council Countries, Jordan Journal of Business Administration, 11(3), 705–725.

[6] Al-Sartawi, A. (2018) Ownership Structure and Intellectual Capital: Evidence From the GCC Countries, International Journal of Learning and Intellectual Capital, 15(3), 277–291. https://www.inderscienceonline.com/doi/abs/10.1504/IJLIC.2018.094716.

[7] Al-Sartawi, A. (2020), Does It Pay to Be Socially Responsible? Empirical Evidence From the GCC countries. International Journal of Law and Management, 62(5), 381–394.

[8] Al-Sartawi, A. (2020), Shariah Disclosure and the Performance of Islamic

Financial Institutions. Asian Journal of Business and Accounting, 13(1), 133-160.

[9] Al-Sartawi, A. (2020), Social Media Disclosure of Intellectual Capital and Firm Value. International Journal of Learning and Intellectual Capital, 17(3), Accepted article.

[10] Al-Sartawi, A. M. M., Alrawahi, F., & Sanad, Z. (2017). Board Characteristics and the Level of Compliance With IAS 1 in Bahrain. International Journal of Managerial and Financial Accounting, 9(4), 303-321.

[11] Al-Sartawi, A., & Razzaque, A. (2019). Cyber Security, IT Governance, and Performance: A Review of the Current Literature. In Y.A. Albastaki, & W. Awad, Implementing Computational Intelligence Techniques for Security Systems Design. IGI Global. doi:10.4018/978-1-7998-2418-3.ch014.

[12] Al-Sartawi, A., (2019), Assessing the Relationship Between Information Transparency Through Social Media Disclosure and Firm Value, Management & Accounting Review, 18(2), 1-20.

[13] Al-Sartawi, A., (2019), Performance of Islamic Banks Do the Frequency of Shari'ah Supervisory Board Meetings and Independence Matter? ISRA International Journal of Islamic Finance, 11(2), 303-321.

[14] Al-Sartawi, A., (2020), Information Technology Governance and Cybersecurity at the Board Level, International Journal of Critical Infrastructures, 16(2), 150-161.

[15] Al-Sartawi, A., and Reyad, S., (2019), The Relationship Between the Extent of Online Financial Disclosure and Profitability of Islamic Banks, Journal of Financial Reporting and Accounting, 17(2), 127-136.

[16] Al-Sartawi, A., and Sanad, Z., (2019), Institutional Ownership and Corporate Governance: Evidence From Bahrain, Afro-Asian Journal of Finance and Accounting, 9(1), 101-115.

[17] Ansari, M., Razzaque, A., & Benhamed, A. (2019). E-Learning and Students' Performance: Gender Perspective. 13th International Conference on e-Learning— MCCSIS 2019. Porto, Portugal: MCCSIS 2019.

[18] Aravind, M., & Nair, V. K. (2020). Customer's Operational Risk Towards Electronic Banking products and Its Mitigation: A Covariance-Based Structural Equation Modelling Approach. International Journal of Electronic

Banking, 2(1), 38-54.

[19] Bakker, T., & Streff, K. (2016). Accuracy of Self Disclosed Cybersecurity Risks of Large U.S. Banks [Ebook] (3rd ed.). Journal of Applied Business and Economics. Retrieved from http://www.na-businesspress.com/JABE/BakkerTG_Web18_3_.pdf.

[20] Cost of a Data Breach Study. (2019). Retrieved 29 October 2019, from https://www.ibm. com/security/data-breach

[21] Dutton, W., Creese, S., Shillair, R., Bada, M., & Roberts, T. (2017). Cyber Security Capacity: Does It Matter? SSRN Electronic Journal. doi: 10.2139/ssrn.2938078

[22] Federal Commnuications Commission. (2013). Cyber Security Planning Guide. Retrieved July 26, 2019, from https://transition.fcc.gov/cyber/cyberplanner.pdf

[23] Garg P. Cybersecurity Breaches and Cash Holdings: Spillover Effect. Financial Management. 2019;1-17. https://doi.org/10.1111/fima.12274

[24] Goode, S., Lin, C., Tsai, J., & Jiang, J. (2015). Rethinking the Role of Security in Client Satisfaction With Software-as-a-Service (SaaS) Providers. Decision Support Systems, 70, 73-85. doi: 10.1016/j.dss.2014.12.005

[25] Groot, J. (2019). What Is the California Consumer Privacy Act? Retrieved October 30, 2019, from https://digitalguardian.com/blog/what-california-data-privacy-protection-act

[26] Gupta, M., & Sikarwar, T. S. (2020). Modelling Credit Risk Management and Bank's Profitability. International Journal of Electronic Banking, 2(2), 170-183.

[27] Hamid, O. A. H. (2019). The Impact of Blockchain on Risk Mitigation in Islamic Finance: A New Mechanism to Mitigate Gharar Risks. International Journal of Electronic Banking, 1(4), 329-340.

[28] Hansen, L. and Niessanbaum, H. (2009.) Digital Disaster, Cyber Security, and the Copenhagen School. International Studies Quarterly, 53, p. 1155-1175.

[29] Hovav, A. and D'Arcy, J. The Impact of Denial-of-Service Attack Announcements on the Market Value of Firms. Risk Management and Insurance Review, 6(2), 2003, 97-121.

[30] Hovav, A. and D'Arcy, J. (2004) The Impact of Virus Attack Announcements on the Market Value of Firms. Information Systems Security, 12(2), 32-40.

[31] Karolak, M., & Razzaque, A. (2010). Marginalizing or Blending of Transnational Workers: Case of the Kingdom of Bahrain. International Conference on Language, Society and Culture in Asian Contexts (LSCAS 2010). Maha Sarkham University, Thailand.

[32] Karolak, M., & Razzaque, A. (2012). Bahraini Government and the e-Government Initiative: An Assessment. 2012 Annual Conference of Asian Group for Public Administration (AGPA). Bandos Island Resport, Maldives.

[33] Karolak, M., & Razzaque, A. (2013). Virtual Communities: New Perspectives on Collaboration. Studia Sociologica UP, 5(1), 29-40.

[34] Ko, M., & Dorantes, C. (2006). The Impact of Information Security Breaches on Financial Performance of the Breached Firms: An Empirical Investigation. Journal of Information Technology Management, XVII(2). Retrieved from http://hadjarian. com/e_IT_Management/article16.pdf

[35] Lee, Y., & Larsen, K. (2009). Threat or Coping Appraisal: Determinants of SMB Executives' Decision to Adopt Anti-Malware Software. Retrieved 12 November 2019, from https://www.researchgate.net/publication/220393261_Threat_or_coping_appraisal_ Determinants_of_ SMB_executives'_decision_to_adopt_anti-malware_software

[36] Lu, Y. (2018). Cybersecurity Research: A Review of Current Research Topics. Journal of Industrial Integration And Management, 03(04). doi: 10.1142/s2424862218500148

[37] Lunden, I. (2017). After Data Breaches, Verizon Knocks $350M off Yahoo Sale, Now Valued at $4.48B. TechCrunch. Retrieved 21 October 2019, from https://techcrunch. com/2017/02/21/verizon-knocks-350m-off-yahoo-sale-after-data-breaches-now-valued-at-4-48b/

[38] Marie Jo, A. (2017). The Effect of Competition Intensity on Software Security—An Empirical Analysis of Security Patch Release on the Web Browser Market [Ebook]. Retrieved from https://pdfs.semanticscholar.org/7e7c/7825f7f8f7ac558e1478c56c003ed3da2a44.pdf

[39] Meisner, M. (2017). Financial Consequences of Cyber-Attacks Leading to Data Breaches in Health-Care Sector. Copernican Journal of Finance & Accounting, 6(3), 63-73.

[40] Naidu, A., & Sainy, R. (2018). Does Technology Readiness Predict Banking Self Service Technologies Usage in India? International Journal of Electronic Banking, 1(2), 129-149.

[41] Ogbanufe, O., & Kim, D. (2015). The Role of Trust and Familiarity in Click-Through Intention: A Perception Transfer Theory in a Cybersecurity Context [Ebook]. Association for Information Systems AIS Electronic Library. Retrieved from https:// pdfs.semanticscholar.org/5e65/d3e574ac790e1f70280a959ddeb109137cb8.pdf

[42] Razzaque, A. (2019). Collaborative Innovation Aids Medical Decisions in Virtual Community: A Review of Literature, in A. Al-Sartawi, K. Hussani, A. Hannon, & A. Hamdan, Global Approaches to Sustainability Through Learning and Education. IGI Global Publications.

[43] Razzaque, A. (2019). Knowledge Management Infrastructure for the Success of Electronic Health Records, in A. Al-Sartawi, K. Hussani, A. Hannon, & A. Hamdan, Global Approaches to Sustainability Through Learning and Education. IGI Global Publications.

[44] Razzaque, A. (2019). Organizational Learning Through Knowledge Sharing in Virtual Communities Through Learner Readiness and Their Social Capital, in Y. Albastak, A. Al-Alawi, & S. Al-Bassam, Implementing Knowledge Management Strategy in the Public Sector. IGI Global Publications.

[45] Razzaque, A. (2020). Virtual Learning Enriched by Social Capital and Shared Knowledge, When Moderated by Positive Emotions. International Journal of Electronic Banking, 2(1), 77-95.

[46] Razzaque, A., & Karolak, M. (2013). Trends and Future Research in Innovative and Collaborative e-Health. 2013 IIAS-IASIA Joint Congress. Manama, Bahrain: IIAS-IASIA.

[47] Rosati, P., Cummins, M., Deeney, P., Gogolin, F., van der Werff, L., & Lynn, T. (2017). The Effect of Data Breach Announcements Beyond the Stock Price: Empirical Evidence on Market Activity. International Review of Financial Analysis, 49, 146-154. doi: 10.1016/j.irfa.2017.01.001

[48] Roy, A. (2018). Business Impacts of Electronic Banking Technologies. International Journal of Electronic Banking, 1(2), 113-128.

[49] Sanad, Z. R., Al-Sartawi, A., & Musleh, M. A. (2016). Investigating the Relationship Between Corporate Governance and Internet Financial Reporting (IFR): Evidence from Bahrain Bourse. Jordan Journal of Business Administration, 12(1), 239-269.

[50] oorani, M. (2018). Bahrain Publishes Personal Data Protection Law | Insights | DLA Piper Global Law Firm. Retrieved October 29, 2019, from https://www.dlapiper.com/en/ qatar/insights/publications/2018/09/bahrain-publishes-personal-data-protection-law/

[51] Tweneboah-Kodua, S., Atsu, F., & Buchanan, W. (2018). Impact of Cyberattacks on Stock performance: a comparative study. Information and Computer Security, 26(5), 637-652. doi: 10.1108/ics-05-2018-0060

[52] Venkatesh, V., & Davis, F. (2000). A Theoretical Extension of the Technology Acceptance Model: Four Longitudinal Field Studies, Management Science, 46(2), 186-204. https://pubsonline.informs.org/doi/pdf/10.1287/mnsc.46.2.186.11926

[53] Wallace S. A. & Greem K. Y (2018). Fear and Loathing of Cybersecurity: What Keeps IT Executives Awake at Night Association for Information Systems AIS Electronic Library. Retrieved https://pdfs.semanticscholar.org/55c6/7e50577b0f54b38b6fbeee60b75def4be988.pdf

[54] Warner, M. (2012.) Cybersecurity: A Pre-History. Intelligence and National Security, 27(5), 781-799.

第六章
CHAPTER 6

面向可持续发展的成本管理工具和大数据分析——用于加强可持续发展决策的组织框架

穆罕默德·阿卜杜勒穆尼姆·塞拉格
哈立德国王大学，沙特阿拉伯

6.1 简介

如今，可持续发展会计的重要程度与日俱增，其中可持续发展成本管理（SCM）最受关注。可持续发展成本管理是几种仪表板工具的统称，用于加强可持续性发展决策。可持续发展成本管理工具的目标是通过所有涉及决策的内部和外部信息来跟踪机会成本和影子成本。

过去的25年已经诞生了数种能够精确匹配可持续发展挑战的成本管理工具，可持续发展平衡积分卡（SBSC）就是一种高效的业绩评价系统。它将可持续发展的概念整合进企业的政策和业务中，是可持续发展成本管理研究的关键信息来源之一[1-4]。其他可持续发展成本管理研究流程为利益相关者开发出了很多社会价值模型[5]。就非财务业绩评价系统来说，高级文献理论工具的两个代表性例子是物质流/生态平衡分析以及生态效率指标[6]。

环境管理会计（EMA）也是用于可持续发展成本管理的传统研究方法。第一，它介绍了环境管理会计的理论框架[7]。第二，它制定了生态预算[8]。

近年来，许多成本以及业绩管理技术层出不穷。与其他成本估算或者外部社会与公共支出的计算方式不同，诸如基于行为的成本会计、质量成本会计和产品服务成本会计等常见手段似乎更集中于企业内部和私人成本[9]。从更大的角度来看，企业的生态影响面临着真正的挑战。企业将与影响所有利益相关者的外部因素做斗争。研究人员和会计人员为此开发了更加全面的成本会计方法，例如成本效益分析、全成本会计和基于生命周期的产品可持续性评估等[10]。

企业管理层现在已经认识到推出用于减少温室气体的环保产品（项

目）对全球环境保护至关重要。他们需要对资源进行大量投资并且还要面临巨大的技术和市场的不确定性。因此，一些文献就提出了企业在环境可持续发展方面进行资本投资的方法，允许企业在具有高度不确定性的情况下适当地做出管理决策，同时为商业环境负起责任（日本经济产业省，2002[11]）。

对可持续发展供应链管理需求的增长是那些渴望采用可持续性创新的企业面临的重大挑战。企业需要新的环境和社会影响信息系统来评价供应链中的生态效率、生态效应和生态公平，以应对这个挑战[12,13]。

与会计专业文献中的可持续发展成本管理工具同时存在的另一种蓬勃发展的研究领域是大数据分析。大数据分析指的是商业职能和分析技术[14]，工业4.0就涉及这一范畴。大数据分析基于工业物联网组件，使用大数据、人工智能和云生产来实时收集数据和分析预测[15]。该领域可能会对社会和环境可持续发展能力的增长产生显著影响。

由于特殊的技术将对工业和可持续发展产生不确定影响，所以我们就要对每项技术进行仔细评估以便引入工业4.0技术来强化可持续发展[16]。

如今，许多寻求可持续发展的企业都为其决策做了大量准备来收集和利用大数据[1]。可持续发展成本管理系统（SCMS）的主要优势之一是，它能够为企业提供资源以便开发各种备选战略方案来组合、评估和使用大数据分析。企业需要熟练地将数据转化为知识，以便用更长远的眼光解决可持续发展挑战[17]。

掌控企业的社会和环境状况产生经济影响的边界知识可以更全面地了解其成本结构决策、生态效率决策、风险管理和可持续发展投资决策。公告政策和投资决策也将受到影响。理想状态下，可持续发展成本管理系统可以成为基于大数据的可持续发展决策的重要组成部分。

因此，在为任何特定企业的可持续发展决策制定合适的供应链管理工具时，基于大数据的可持续发展决策理论框架变得日益重要。

据我们了解，该理论框架并无先例，任何文献都没有记载。在管理层进行可持续发展决策中采取该理论框架的优势分为两个方面：第一，用于计算资源和能源流动以及全面成本会计的可持续发展平衡积分卡是一种数据密集型工具，虽然能够收集大量信息，但信息之间并无联系。工业物联网可以用于可持续发展管理领域，通过大数据系统和人工智能提供可持续发展决策所需的数据[15]。第二，该理论可以将大数据分析和可持续发展成本管理工具整合为一体，共同执行两个决策功能[18]——决策影响信息和决策促进信息。

决策促进信息应减少决策者在做出决策前面临的不确定因素，增加对企业可持续发展的预期效果做出进一步可持续发展决策的可能性。决策影响信息应对个人（其他）行为和管理可持续发展决策产生明显影响。

本文分为四个主要部分。简介之后的第一部分主要是供应链管理、可持续发展决策和大数据之间的关系。第二部分主要是供应链管理工具与大数据分析之间的关系。以上两部分都是本文所提出的理论基础框架的基本组成部分以及基本概念。第三部分是为强化可持续发展决策提出的一个建议组织框架。最后一部分是结论。

6.2 供应链管理、可持续发展决策和大数据

如今的企业可持续发展展望是面向经济、环境和社会特征的一体化背景的新视角。令人惊讶的是，启发式多重标准的三角构型寻求与企业管理中的经济、社会和环境方面结合为一体，成为企业可持续发展中最出名的会计组件[19]。图 6.1 所示为可持续发展三角构型，列出了企业可持续发展的基本决定性因素。

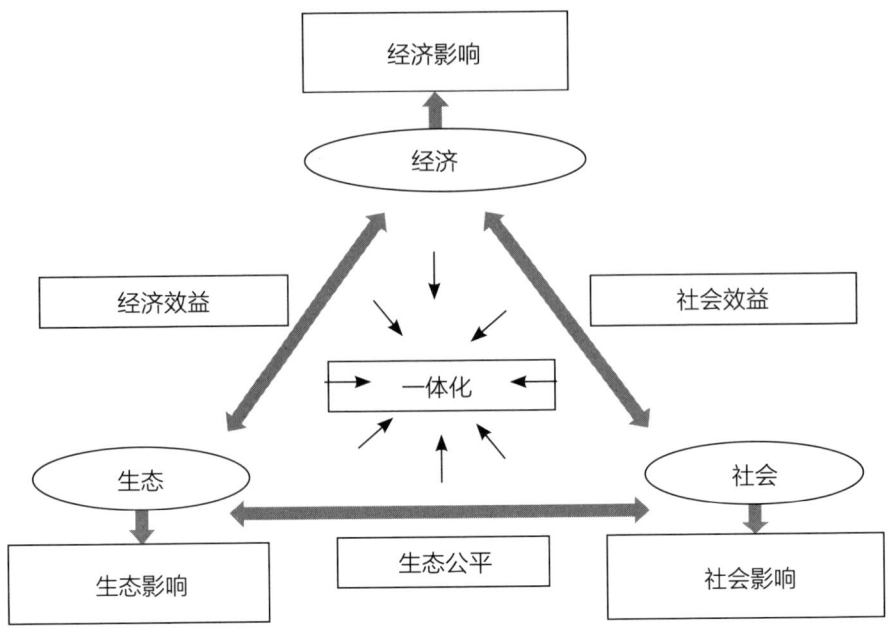

图 6.1 供应链管理系统的三角构型

资料来源：转载自文献 [19]。

可持续发展三角构型是通过一个三角来表达生态、社会和经济目标，并通过三个轴将这三点相连，使其可视化。有效性和效率之间的差异可以用于可持续三角构型中各个角之间的连线的对比。企业管理层在尝试强化可持续发展三角构型的某一个特定方面时就可以以业绩作为目标。该构型可以用于计算经济、环境或社会属性是指标还是统计数据。比较之下，不同维度之间的关系，例如生态效率的生态和经济维度可以通过效率来表达。因此，指标或者比例都可以计算出效率。除非所有效率分析维度都以货币形式计算，否则效率指的就是两个不同维度的交叉指标。

业绩指标的字面意思十分关键，这样计算出的经济、环境和社会维度都具有可比性，并且可以集中于利益相关者感兴趣的行为[20]。

供应链管理的目标是通过处理生态、社会和经济问题来促进企业的可持续发展：经济效率、社会效率、生态公平和一体化挑战。在可持续发展的决策制定方法中，大数据提供了一个机会，可以让我们更深入详细地分析可持续发展三角构型并充分考虑环境、社会和经济等数据。表 6.1 所示是对此类决策的范围和信息进行抽样。大数据[2]还可以收集、分析和显示出处理完毕的数据，并将供应链管理系统从一个涵盖各种工具和模型的伞式系统转换为一个具有丰富知识的智能框架，用于强化可持续发展决策，也就是基于数据的可持续发展决策。

表 6.1 可持续发展决策范围和所需信息

决策范围	所需信息
污染控制和法规遵从性	
自觉守法、主动守约以及遵从以控制污染为重点的一般行为准则	• 有害物质和废弃物以及违法行为 • 员工培训 • 支付排污费和税费 • 买卖可交易排放许可证
生态效益	
通过调整资本密集度、最小化制造业和产品/服务产生的环境影响、不断改进来促进价值展开	• 不同材料的成本 • 材料替代品，能源投入 • 垃圾和污染物的产生水平 • 垃圾管理和回收
产品的设计、组合和定价	
对商品和服务进行彻底的环境性改变来制定对环境产生最小影响的决策	• 备选设计的相对可持续发展情况 • 生产涉及的全部成本，包括相关的环境和安全成本
风险管理	
考虑到人类健康和生态系统遭受不利影响带来的财务风险，所以需要将物理风险特征转化为财务风险来进行评估	• 安全隐患对员工和整个社会的潜在威胁 • 可控和非可控的污染物和危险品排放造成的健康和环境风险 • 产品安全问题

续表

决策范围	所需信息
资本投资决策	
对创新环保项目产生的经济效益进行评估	• 对于酸雨、氮氧化物（NO_x）和二氧化碳（CO_2）等每种形式的影响，其总量即为社会经济影响 • 有害物质总量
社会效益和成本分析决策	
衡量企业为利益相关者和非利益相关者带来的经济、社会和环境效益	• 为利益相关者产生和分配的价值 • 通过资源共享和风险分担来创造价值

在这种情况下，大数据可以通过改进可持续发展决策来强化供应链管理系统，也就是3个维度[3]，如表6.2所示。

表6.2 三维度对可持续发展领域中的成本管理的影响

大数据的三维度	经济效益	社会效益	生态公平
总量（可用数据）	使物理材料、废弃物和能源的流入流出更加精确	货币、非货币、社会和环境实践与经济效益之间的关系更加顺畅	全面审查了企业对利益相关者和竞争对手的经济、社会和环境承诺
多样性（各种类型的可用数据，例如结构化数据、非结构化数据）	对环境机会成本的计算更加全面、更广泛：未实现的最优排放成本 追踪货物对环境的直接贡献和间接贡献，并涵盖废弃物管理成本、许可证和费用、回收计划以及所有环境生命周期评估指标	做到了传统管理信息系统（MIS）和社会生命周期评估指标无法实现的社会和环境实践的成本和效益可见性	对不同利益相关者或特殊群体产生有形成本和无形成本以及其他形式的影响

续表

大数据的三维度	经济效益	社会效益	生态公平
速度（收集、处理和分发数据的速度）	快速、及时地输入关键因素和步骤作为监测可持续发展的环境效益基准	快速、及时地为每个利益相关者产生和分配收益，同时共享资源和共担风险	消费者、卖家、员工、团体以及其他利益相关者之间可以高效互动

6.3 可持续及导向型成本管理工具和大数据分析

通过存储、准备、调整和分析数据来获取信息、解决问题的学科就是数据分析。这是一种统计学、数学和编程等学科的组合体[21]。企业采取描述性分析、诊断性分析、预测性分析和规定性分析四种分析手段，通过可持续发展成本管理框架产生的数据来获得越来越准确的总结能力、执行能力和规划能力[22]。表 6.3 中列出了四种大数据分析手段之间的基本差异以及它们对供应链管理方案产生的不同结果。

表 6.3 四种大数据分析手段及其对应供应链管理方案之间的主要差异

描述性分析	诊断性分析	预测性分析	规定性分析
面向过往	面向过往	面向未来	面向未来
基于规则	基于概率	基于概率	基于规则
大量、可靠以及强大的可视化实时数据	找出根本原因，删除冲突的信息	使用算法根据历史模型来预测复杂结果	运用复杂的分析提出精准建议
可持续发展环境成本管理	可持续发展效益管理	可持续发展投资决策和基于生命周期的产品可持续发展评估	可持续发展供应链

续表

描述性分析	诊断性分析	预测性分析	规定性分析
概率测度	多元回溯	时间序列分析	灵活性和环境分析
多样性	自组织映射	决策树	
偏离正态	聚类分析和因子分析	线性逻辑回归	线性和非线性程序
图形表示	贝叶斯聚类	人工神经网络	蒙特卡罗模拟
	主成分分析	机器学习	

资料来源：转载自文献[21]，研究者版本。

6.3.1 描述性分析

描述性分析主要是对已产生的数据进行总结，并分析出发展趋势。这就允许系统性分析能够回答"之前发生了什么？"和"现在发生了什么"之类的问题。描述性分析主要用于总结过去事件中的不利因素。来自数据的描述性分析如下：

- 结果的详细确定性及不确定性。
- 不可预测的趋势。
- 预测和总结以及它们在图表、记录和表格中的组织结构。
- 系统性研究得出的重要结论。

可持续发展环境成本管理工具（全面成本会计和碳足迹评估）就属于描述性分析。

6.3.2 诊断性分析

诊断性分析是一种通过分析知识来解决"为什么会发生这种情况？"的实证方法。该方法主要针对主要因素，侧重于产生机制、触发因素和基本变量等方面，对主要结果的各种变量进行因果关系推理和比较。虽然诊断和分析的过程也对数据特征进行了大量解读，但其主要用途还是深入了解过去事件和状态的顺序和比较结果。将可持续性概念纳入公司政策和业务流程的可持续发展业绩管理框架是最重要的诊断性分析应用程序之一。

诊断性分析的目的是收集和提供关于生态干预和社会干预的因果关系和企业经济增长的实时数据，解读外部环境和社会资本以及企业内部资源及流程，并促进组织价值的生产和输出。

6.3.3 预测性分析

预测性分析是指通过已发生事件的数据模型、市场预期和模拟来做出准确预测，其主要讨论的是"将来会发生什么？""为什么会发生？"。面向可持续发展成本管理的预测分析主要包括基于生命周期和可持续投资决策的可持续发展产品评估。

6.3.4 规定性分析

规定性分析主要是研究如何采取行动来扭转负面趋势。规定性分析可以用于指导最佳决策规划，并解决未来"我们打算做什么？""我们为什么这么计划？"等问题。规定性分析的重点是：

- 优化最佳方案。
- 为了做出更好的选择并产生最佳结果，随机优化有助于了解如何确定数据的不确定性。

规定性分析属于数据、性能指标和分析方法（优化和模拟）的组合。可持续供应链管理就属于规定性分析。

6.4 用于加强可持续发展决策的组织框架

我们提出了一个由大数据驱动的可持续决策的概念框架，该框架由两大部分组成。第一部分包括三种不同的可持续发展选项，可以分别对利益相关者的诉求（监管的合理性和生态效率决策、风险管理和可持续发展投资决策以及社会效益或成本分析）产生影响。第二部分是出自文献[19]的可持续发展三角构型。该构型通过将三个特征（经济、社会和生态）背景整合为一体，再加上同步核算，一起对三个可持续发展领域（经济效益、社会效益和生态公平）进行改善。基于生态和社会效应以及生态和社会效率的系统性举措能够满足上述三个可持续发展领域的要求。

将两部分组合可以得到一个 3×3 的矩阵，其中包含三个可持续发展决策和三个可持续发展领域。因此，供应链管理工具能够支持的不同类型的可持续发展选项和可持续发展成本管理标准共占据九个单元格，如图 6.2 所示。

接下来，我们将梳理出每个单元格中所列的类型和供应链管理工具，以及如何利用大数据对其进行分析。我们将展示每种工具的发展状态。[4]

6.4.1 可持续发展环境成本管理

根据贝宾顿（Bebbington）和拉里纳加（Larrinaga）的研究[23]，可持续发展会计指的是一种政策以及一种稍显不同的会计法，也就是环境和社会会计。本节主要尝试参考两种可持续发展环境成本管理工具来构建案例，这两种工具都可以作为成本会计发展的例证。首先，我们采用与可持续发展（如外部定义）有关的成本管理工具（全面成本会计）。其次，再通过第二个工具论证可持续发展的相关性（如碳足迹核算）。从中我们可以看出，通过调整碳排放法的社会成本，温室气体排放（GHG）对环境的影响

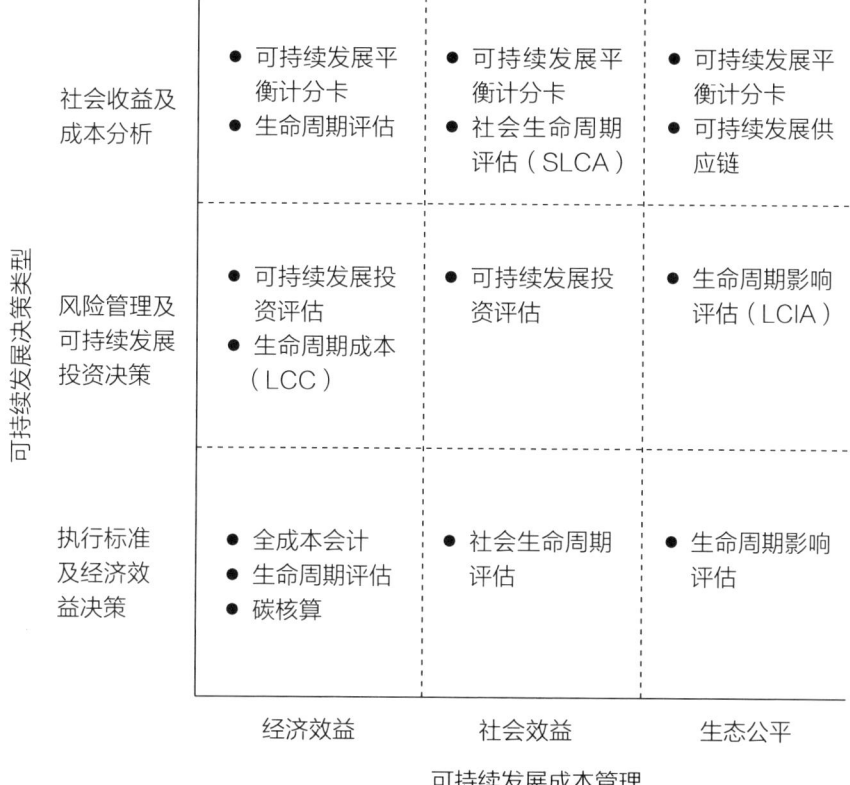

图 6.2 加强可持续发展决策制定的组织框架

可以转换为货币价值。这两种工具都使用了前文所述的可持续发展三角构型。该研究通过对集合多方面和多学科的共同作用来寻求实现社会公正和生态可持续发展等具体问题的关注，对相关的生态和社会互动领域进行了探索。

6.4.1.1 全成本会计

文献 [24] 提出了用于将环境问题纳入会计的两个最重要的可持续环境成本管理决策工具，就是生态效益分析和成本效益扩展分析。这两种工具旨在阐述环境和外部社会等方面：收集实体以外能够对上述方面产生影响的数据。这两种工具的主要区别是，在描述性分析中，对环境影响的分析能够反映到生态和社会层面，其中信息以非货币化形式体现。对扩展性成本效益研究旨在计算已知影响[25]。

文献[10]提出引入全成本会计方法来替代成本效益分析。全成本会计方案主要将外部成本作为主要决策依据，并且详细说明了组织架构与可持续发展之间的关系。

文献[23]提出，全成本会计有可能会成为未来可持续发展的最佳方案，从会计角度来说，全成本会计已经与现有理念完全融为一体。全成本会计的重点在于，为了更加有效地提供产品和服务，就必须考虑生产系统的可持续发展，为环境的利用指定价值以及以不同的方式免费提供公共服务。

近年来，环境全成本会计被公认为一种实用性解决方案。根据文献[26]所述，该方案可以被看作是用于反映企业与自然环境之间的互动，主要是确定企业的财务利润。一个注重环境全成本会计的税收制度会对财会收入产生实际影响。简单来说，立法机构应该建立一项与恢复企业对环境产生损害的成本相匹配的企业税收项目。

尽管全成本会计表现出了光明的前景，但它同样也有成本效益分析方面的局限性。这些局限性与外部性的程度有关，因此不适用于生态、社会或经济模型[27]。

除了以上的局限性以外，全成本会计还具有信息模糊的特点，因为环境和社会价值并没有完全转化为经济价值，所以就会不可避免地产生一些不确定信息。该特点使得任何全成本会计行为都可能存在问题。这些生态过程的社会经济子系统会受到影响，从而产生额外的复杂性。以上价值可以将物理方面转换为经济过程，从而应用在全成本会计中[27]。

企业采用的全成本会计质量能够解决这一问题。准确计算价值并不是为了确定质量，而是为了形成一个环境，以使利益相关者从中创建账户并对其进行检查[10]。

全成本会计的有效性与测试结果的一致性，而非具体结论有关。在这种情况下，用质量来替代有效性十分重要。因此，全成本会计核算的质量能够保证不确定性数据和局部数据不会"隐藏于大量的超精确数据中，并且还能够得到高级核算模型的支持[28]"。

可持续发展全成本会计对于高质量的追求也产生了各种挑战，如代表性的利益相关者、除货币评估以外实现不同评估的必要性以及将全成本会计尝试与成本效益联系起来的实用性[29-31]。

因此，全成本会计是一种可用于大数据分析领域环境评审模型的可持续发展成本管理开发工具[32-34]。大数据分析的引入允许在除货币评估之外采用各种其他类型评估，并能够克服因无法将各种（环境和社会）价值转化为经济和金融价值而导致的竞争限制。

6.4.1.2 碳足迹核算

碳足迹核算由莱特等人（2014年）提出，主要用于对碳气候变化（IPCC）和《联合国气候变化框架公约》（UNFCCC）中累计碳排放量的计算。

《联合国气候变化框架公约》提出，要对温室气体进行控制[35]。这也符合国际公约的精神，如1992年的《京都议定书》（Kyoto Protocol）、2007年的《巴厘岛路线图》（Bali Roadmap）和2009年的《哥本哈根协定》（Copenhagen Agreement）等公约都致力于通过减少污染和采取措施来实现环境的可持续发展[36]。

然而，文献[37]提出建立全球温室气体排放报告机制以及将所有污染行为转化为相应排放的协议。该文作者认为，通约的重点应该集中于建立标准化信息披露机制。

通约是指将特定度量的定性关系转换为定量关系。一般来说，通约分为三个过程——技术逻辑、价值和认知。通约可以应用于气候变化问题。首先，财务报告会将企业的经营行为以标准货币来衡量，从技术角度来说，碳排放报告是用标准碳排放量来代表多种气体以及排放行为。碳排放量用以吨为单位的二氧化碳表达。其次，可以用价值通约来提高价格，减少温室气体排放。最后，必须从认知的角度对污染的本质、污染者的特征以及企业对污染的处理进行总体了解。

文献 [38] 提出了一个面向全球变暖的风险框架。作者们认为，通过诸如温室气体排放量等金融和非金融信息以及由此产生的对全球气候变化风险的理解与全球变暖相关。他们还表示，温室气体核算体系（GHG protocols）迈出了衡量温室气体排放量标准体系的第一步。这一标准可以作为业内最佳方案被企业所接受。温室气体核算体系在 2001 年首次发布[39]就被各机构和政府采用为行动指南，例如全球报告倡议组织（GRI）。

文献 [40] 将温室气体核算体系中的企业标准定义为一种轻量化会计标准，用于指导企业编制温室气体排放档案。另外，企业也在开发温室气体排放核算能力，以便确定污染标准、计算当前排放量以及购买或销售预期排放限额的预算。文献 [40] 的结论是，如果碳排放核算没有将企业排放、影响、反应和废弃物排放等列入识别和对比列表，那么社会将由此失去避免或减少全球变暖造成危害的机会。

文献 [41] 认为，要想实现碳排放核算体系的进步，就必须采取以下三个方面的措施：

确保碳污染可识别；

利用用于收集和记录碳排放的专业核算法，大数据分析在计算、收集和比较二氧化碳（CO_2）排放数据方面发挥着关键作用；

制定有关使用和对比碳排放数据的计量制度。

6.4.2 可持续发展业绩管理系统

对企业可持续发展的理解包括将可持续发展成就的评价系统整合到面

向业绩管理的结构性可持续发展法当中。可持续发展业绩管理系统有两种构建方法[20]：第一种是以方法和核算为准的可持续发展报告（由内向外）。第二种是以报告为准的可持续发展会计（由外向内）。

两种方法用以战略和会计为准的可持续发展报告组成了关键性成功因素（CSF）以及指标，并从业绩管理的角度对会计方法和可持续发展报告内容进行了定义。以报告为准的可持续发展会计视角、外部诉求、评价和评估系统共同定义了会计流程和管理信息系统的信息标准和指标。尽管两种方法的角度各有优劣，但将它们合为一体会有奇效。虽然不能排除其他漏洞的存在，但我们可以从可持续发展绩效管理系统（SPMS）文献中可以发现下列三个空白研究领域。

- 空白领域1：现有的业绩评估框架主要侧重于财务业绩，较少关注包括社会、经济和环境业绩在内的综合"可持续发展"目标。积分卡一体化机制似乎是将生态管理和社会管理结合起来的一种有效方案。在平衡计分卡（BSC）中，有三种方式可以整合环境和社会。第一，可以将环境因素和社会因素纳入当前的四个普遍性观点；第二，为了纳入环境因素和社会因素，可以另外增加一个角度；第三，可以设计新的环境和社会积分卡[2,3]。

- 空白领域2：在现有文献中，有关企业环境和社会业绩与经济业绩之间关系的研究主要集中于经验主义的关系，而不是所采取的环境和社会举措与相关企业经济成果之间的因果关系。开发可持续发展战略路线图是可视化和解读外部环境和社会资本资源与企业内部资源和流程之间的因果关系的关键性一步，这些资源和流程有助于推动企业价值的创造和产出。上述方案还有助于我们了解环境和社会服务如何受到不同决策和管理程序的影响，从而促进其长期成功。可持续发展平衡计分卡还有助于建立可持续发展战略的业绩指标[42]。

- 空白领域 3：通过采用自下而上的、战略性的、以决策为中心的可持续发展绩效管理系统设计，企业可以从自上而下的外部报告开始，而不必等待自然实践的发展。将可持续发展纳入决策参考项目，可以用基本性的战略假设来提高竞争力并实现长期股东利益。可持续发展绩效管理系统的最终目标是通过将可持续发展因素纳入日常决策来帮助企业持续创造价值[42]。

以此，我们需要提出一种用于评估和检测可持续发展成功性的新方案。可持续发展绩效管理系统的模型如图 6.3 所示，该模型体现了现有绩效评估系统文献中的三个"空白领域"。可持续发展绩效管理系统中的一些要素主要基于差距分析。然而，我们依旧缺乏一个能够将任何因素整合为一体的有机系统。现在我们已经有了用于将可持续发展任务和战略量化为具体目标和行动的平衡积分卡和新的可持续发展平衡计分卡模型。另外，我们还可以定义一些关键因素和措施作为检测可持续发展效率的指标。所有涉及决策的内部和外部信息都可以通过大数据分析来生成，同时还可以监测机会成本和影子成本。

大数据分析可以成为可持续发展绩效管理系统的一个组成部分，为上级决策提供及时可靠的数据。同时，将环境和社会成本系统地纳入决策将在避免监管执行、降低成本、提高质量、产品组合和定价决策、风险管理和产品设计等方面的决策发挥重要作用，并允许企业细分产品市场。因此，我们可以根据可持续发展平衡计分卡方法和大数据分析构建一个涵盖社会、经济和环境等多个方面的新可持续发展绩效管理系统模型。

6.4.3 可持续发展投资决策

企业管理层已经认识到面向减少温室气体排放的创新环保项目（产品）是全球环境保护的必要条件。因其需要大量资本投资，同时还面临巨

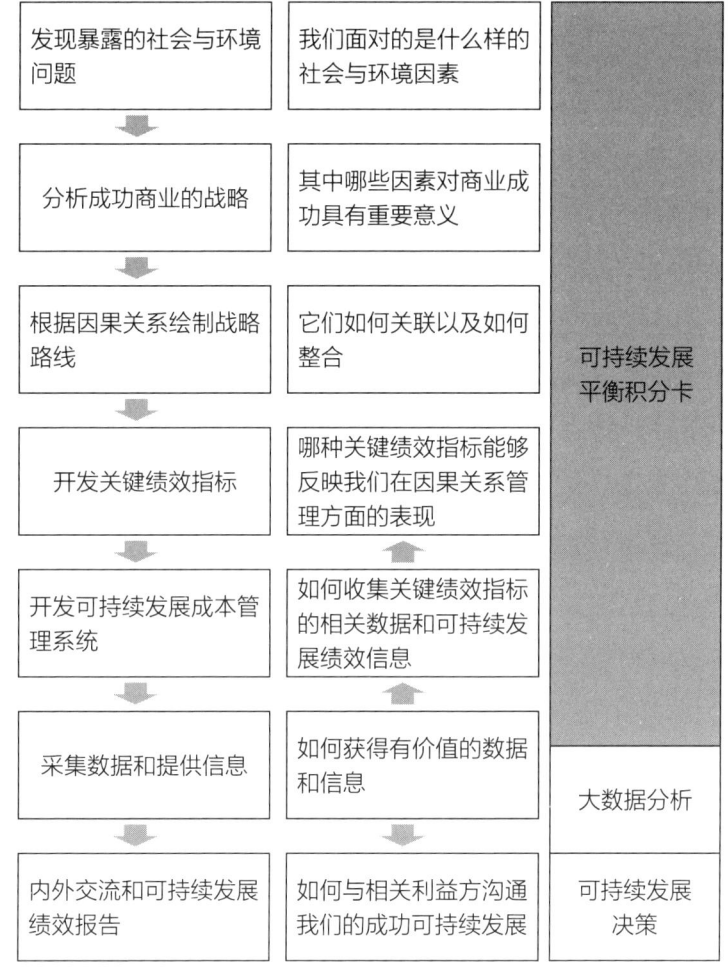

图 6.3 将可持续发展平衡计分卡、大数据分析和可持续发展决策融合为一体来衡量和管理可持续发展绩效的一体化模型

大的不确定性以及技术和业务延误，企业管理层必须正确评估创新环保项目带来的经济价值。然而，在实际项目投资中，用于计算可持续发展的定量方法却很有限。

一个根据《京都议定书》制定的市场交易机制正在浮出水面，其目的是减少地区范围内的温室气体排放。企业考虑的是减排投资的成本能否产生利益。我们可以找到一种能够抵消可持续发展投资成本的节能方案。所以，文献[43]提出了一种可持续发展投资决策模型，该模型通过动态规划来实现投资成本最小化，同时通过有效投资节能产业、高效率的生产设施和产能，调整市场交易利率、政府信贷或温室气体排放限额，降低库存成本和生产成本等方法来减少生产过程中产生的排放。

另外，文献[44]还提出了一种新的综合优化方案，主要是将可持续发展成本进行量化并采取再投资策略。该方案既可以避免环境污染，同时还能够有效分配预算并增加投资者的收入，实现双赢。我们将通过一个案例来说明该方案的实用性以及可持续发展方法对项目选择决策过程中实施的再投资战略的影响。

关于选择组合项目的预算和资源限制方面，现在普遍认为项目不可以中断，只能在各项目已分配完毕的循环周期内进行处理。文献[45]为之引入了用于可持续发展项目组合的多线程和多目标方案，该方案可以在资源和预算正在消耗时中断或推迟项目，以便另选时间重新运行。鉴于可持续发展在项目中的重要性，该模型还可以根据平衡积分卡的可持续性、时间性、资源和预算限额等参数来选择和规划项目。因此，我们可以采用混合型的多标准决策方案对可持续发展项目进行排序、打分和评估，然后将模型定义为多目标优化问题，将项目总效益和实用性定为最大。在执行所选项目时，尽可能地减少外来干预。

日本经济产业省（2002年）制定了一项将资源投入到环境可持续发展项目中来确定环境投资的经济效益的方法。该方法通过表格来比较各个项目，包括净现值（NPV）经济评估以及消除温室气体排放（有害化学物）等对环境产生不利影响的行为的优势。企业会根据财务情况和实物价值做出决定。

美国环境保护署（EPA，1992年）采用了总成本评估（TCA）来对一种或者多种污染预防项目的当前状态进行成本比较,并将成本结构分为四个层次:普通成本、隐性成本、债务成本和少量有形成本[11]。该方案的优势在于环境资本投资的价值水平较高,需求范围适用于对环境资本投资的评估。然而,该方案仅能够涵盖直接影响企业利润的内部成本,并没有考虑到企业环境活动中的竞争作用(如销售额和绿色消费者的增加以及投资者的吸引力发展潜力)。

文献[11]提出了一种环境友好型企业支出的决策方法,该方法允许企业在不确定的条件下做出合理的管理决策,同时还能保证环境管理的完善性。使用投资评估模型建立环境友好型项目的决策过程存在两个问题。第一个问题是通过减少对环境的影响来提高企业价值,将通过环境投资提高的社会和环境价值转化为企业的经济价值,也就是减少企业对环境的负面影响。对应的评估方法是基于端点建模(LIME)的生命周期影响评估方案。LIME可以通过降低环境影响来评估经济价值。作为日本国家计划的一部分,该评估方案从1998年一直持续到2003年。因此,就算没有相关专家介入,该方案也能够评估环境中的危险化学品对社会和经济的影响。

LIME的公式如式(6.1)。

$$SI = \sum_{Is}\sum_{S} IF_{S \cdot Is} \times INV_s \quad (6.1)$$

其中:

SI 代表危害环境的危险化学品对社会和经济的影响。

IF 代表每种影响(有害物质、社会、经济等影响)的权重。

INV 代表有害物质的总量。

Is 代表温室气体和酸雨等各种影响。

S 代表二氧化碳(CO_2)和氮氧化物(NO_X)等有害物质。

第二个问题是将管理决策的灵活性整合到评估使用实物期权进行的环

境投资当中。期权定价法有助于评估管理层调整计划的意愿，以便充分利用投资机会或者通过减少损失来应对竞争中的不利变化[46]。

环境友好型项目的总经济价值包含了标准净现值、环境影响减少值和管理灵活值。公式如式（6.2）。

总经济价值 = 标准净现值 + 环境影响减少值 + 管理灵活值　　（6.2）

专属经济效益是一种用于环境友好型项目支出决策的指标。即使某个项目的标准净现值为负，但如果总体经济情况良好的话，企业仍然可以支持绿色环保项目。

大数据分析技术可以让我们比以往任何时候都能够更加深入、准确地做出可持续发展投资决策。这意味着什么呢？首先，大数据有助于我们从以假设为依据的分析转向为以事实为依据的分析。这就为环境可持续发展项目的评估和评价方法提供了一个参考标准。其次，在两个无法预测的市场环境中，世界对企业的影响的单方面看法可能会是一个挑战。在应用场景方面做好准备能够使企业自由应对未来的变化。这里并不是说企业能够准确预测到危险或者机遇，而是如果他们能够从多个角度思考，就更有能力掌控未来。大数据分析能够更快、更及时、更详细地对未来应用场景进行规划。最后，通过蒙特卡罗模型，大数据分析更有助于评估与特定场景相关的风险。企业管理者可以通过在风险层级中构建风险事件并进行蒙特卡罗模拟来从可能性和影响程度方面评估绝对风险。

6.4.4　基于生命周期的产品可持续发展评估

众所周知，根据布伦特兰研究院对初始概念的解读，可持续发展包括三个方面：环境、经济和社会（世界环境与发展委员会，1987年）。如果要创建新产品或者改变现有产品，就必须充分评估和平衡可持续发展要素。

现在有一种全球化的标准方案——用于环境组成部分的生命周期评

估。其中生命周期成本在经济评估方面对应的是逻辑性生命周期评估。生命周期成本主要参考产品的使用期、寿命终止期以及隐性成本，所以要优于标准成本估算。如今生命周期成本的操作指南正在编制当中［国际环境毒理学与环境化学学会（SETAC），1993］。对于可持续发展评估的明确界定（包括社会生命周期评估）必须用于各种生命周期评估法当中[47]。社会生命周期评估目前尚不成熟，还有一些重大问题没有解决，所以仍然在开发中。其主要问题似乎集中于社会指标（社会影响评估）如何能够与产品系统的功能单元产生量化关联。

6.4.4.1 生命周期评估

库存和能源流成本会计的逻辑扩展可以超出当前业务范围，将整个供应链（包括消费者满意度和商品处置）包含其中。生命周期评估能够在对货物、资源和方法等进行环境评估时推动这一系统性理念。

生命周期评估还有助于确定由于产品制造商的生态责任和未来法律条款导致的供应链不稳定风险。对消费者面临的产品使用过程和产品生命末期对环境带来负担的估算也有助于企业生产出更好的产品。ISO 14040 列出了生命周期评估的原则和架构，包括生命周期评估属性和范围的定义、生命周期影响评估流程、生命周期流程的解读以及对其关键性和局限性的分析[48,49]。

在 ISO 14040 标准执行期间[49]，生命周期评估主要依据产品生命周期内在生产、利用和回收（从诞生到结束）过程中进行的资源采购中所涉及的环境因素和隐性影响（如资源的利用和释放对环境的影响）。该标准将生命周期评估定义为评估和选择商品在其生命周期内的输入、输出和影响[48-50]。生命周期评估是目前全球唯一的标准化环境评估方法[48,51,52]。

生命周期评估区分于其他环境评估法的基本原则是[47]：

（1）生命周期评估贯穿产品的生命期；

（2）生命周期评估将所有质量和能量变化、资源和土地的使用以及所有与干预行为有关的影响作为系统的定量标准；

（3）本质上讲，生命周期评估（将当前状态与未来状态比较）是一种比较法。

6.4.4.2 生命周期的成本计算

生命周期评估对应的经济项目可以分为很多种，如生命周期成本、全成本会计和总成本评估[53-55]。生命周期成本的推出时间早于生命周期评估，但尚未标准化。在可持续发展的评估方面，它具有扩大生命周期评估范围的巨大潜力[54,56,57]。另外要注意，生命周期成本需要覆盖产品的使用和结束阶段（从诞生到结束，即生命周期评估），因此其价格不能与总成本相同（从生产线到工厂大门或到销售终端）。因此，生命周期成本的优势是可以计算出产品的总成本。

由于原材料和中间材料的价格都包含在产品成本估算中，所以标准的成本会计需要覆盖产品的整个生命周期。然而，涉及材料使用和废物处理或回收的成本通常没有包含在内（例外情况是，特殊情况下，制造商可能会回收产品或支付废物处理的费用，如德国的绿点包装回收计划）。对隐形或无形产品生命周期成本的核算是标准核算与生命周期成本会计之间的另一个重要区别[53,55]。在合法的成本会计中，上述成本主要属于运营费用的范畴，并未指定为产品范畴。生命周期评估直接归属于生产系统对于量化产品（系统）的实际成本（生命周期成本）或者环境干预（生命周期评估）至关重要，这样就能够与其他具有相同功能或相同优势的产品作比较。

文献[53]提出，总成本计算应包括企业减排计划和其他环境项目产生的长期和广泛的全部内部成本。由于根本无法确定产品方案会导致或可能导致哪些损耗，所以这些成本很难计算。如果能够建立一个明确的因果关系，那么短期损耗就可以立刻计算出来。

6.4.4.3 社会生命周期评估

社会生命周期评估并不是一个新概念，但目前仍处于起步阶段[58]。社会生命周期评估属于生命周期评估的一种，具有特定的预测因子，其中关键影响性群组"生物多样性"较难以量化。入侵物种也是一样，它们对栖息地的威胁可能比化学污染更大。最后，工作场地相关指标（包括农业用地和其他露天场地）要比地区指标或者全球政策更受关注。

6.4.4.4 对生命周期进行一次还是三次评估？

有两种方法可以将社会维度纳入其中[56]。第一种方法如式（6.3），该公式需要执行3个不同的生命周期一致性测试，以达到设备极限为佳。

$$SustAss=LCA+LCC+SLCA \tag{6.3}$$

其中：

LCA 代表环境生命周期评估。

LCC 代表生命周期评估中的生命周期成本计算。

SLCA 代表社会生命周期评估。

该公式虽然具有可行性，但不应在公式三个部分间做系统性平衡。该公式的主要优势是非常透明。三个部分之间不存在任何互补关系。因此，在环境生命周期评估和社会生命周期评估中，商品的预期经济生命周期成本计算结果并不会低于预期或者发生错误。对于商品的过度平衡将使不可持续发展现状加剧。

我们再来看看第二种方法，如式（6.4）。

$$success = LCA（new） \tag{6.4}$$

第二种方法的意思是每一次生命周期影响评估都要执行三次影响评估，其中包括所研究产品系统的每个功能单元的潜在环境、经济和社会影响。该方法的优势在于三次影响评估都必须遵守相同的生命周期影响评估来解决设备不一致问题。该方法似乎比较受欢迎[59]。

至于社会生命周期评估,新的指标尚需实践,尤其是以最优方法将其与产品的功能单元明确关联时。无论是第一种还是第二种方法,最关键的就是收集和评估每个有效单位中相关度最高的指标。

追踪和计算商品全生命周期中的环境和社会成本,可以更清晰地得出经济结论,从而核算资本和服务。该方法的执行费用过高以及成本计算困难,所以并未得到广泛使用。企业在收集数据以及花费时间向管理人员报告所选方案时,就会产生管理成本。大数据可以收集数据并自动将其纳入管理控制系统。

6.4.5 可持续供应链管理

在供应链中越来越强调可持续性主要是源自某些关键性因素,包括潜在环境和社会业绩较差、供应链中断导致的风险日益增加、监管机构的要求越来越严格、外购、提高消费者对环境质量的感知以及与商品和产品相关的社会因素等。可持续供应链指的是企业在系统性关键业务流程中实现社会、环境和经济目标的战略、一致性以及成就,以改善企业长期经济效益供应链[60]。因此企业需要引入可持续供应链管理(SSCM)来确保可持续发展的概念能够通过将所有行业参与者纳入其中而得到广泛应用。

另外,可持续供应链管理能够通过消除和简化重复性的业务流程为企业自身提高价值并为利益相关者(供应链相关个人和企业)产生利益来解决企业内部的业务风险(上下游供应链的风险)(特许专业会计师公会,2011年)。由于可持续供应链管理存在众多潜在优势,所以企业需要建立有关供应链产生的环境和社会影响的新信息体系。不同的参与者(合作伙伴)在不同的文化背景下收集数据会无法保证决策的可靠性。而让利益相关者提供信息、审计和担保,建立信任以及了解供应链为何要考虑社会和环境因素也是其中的困难[13]。

然而，当企业面临来自内部和外部利益相关者互相冲突的利益诉求时，提供全面的可持续供应链管理信息就变得至关重要。如果企业尝试在一个多层次、分散且处于不同地理位置的供应链中收集更多的高质量、详细的可靠数据时，就会面临着很多障碍[61]。我们可以将大数据作为可持续供应链管理的先决条件。

现有会计专业文献中并没有提出用于评估可持续发展相关业绩的成熟指标，这也是目前为何缺少清晰且独立的可持续发展业绩背后的关键因素。可持续供应链中的关键问题是：如何通过经济效益、生态效益和生态公平来整合和计算可持续供应链管理模型？这里就可以利用大数据分析决策辅助系统来提供具体策略，以便改进和评估三个可持续发展目标的效率以及可持续供应链管理的合理性[62]。

6.5 总结和归纳

过去的十年中，企业的可持续发展会计在实践中越来越重要，其中可持续发展成本管理为重中之重。本章为可持续发展成本管理工具提供了一个推动企业管理层将可持续发展问题纳入决策的组织框架。这些工具的多样性为可持续发展成本管理的环境方面决策以及促使企业参与可持续发展事物的主要原因提出了广泛的理由。其中一些工具能够使企业遵守法律法规，另一些工具则能够评估企业竞争力和风险管理的强度，还有一些工具则能够减轻由企业行为造成的环境和社会的负面影响（社会效益和成本分析）。同时，这三类工具中的每一种都能够与三种可持续发展成本管理方案匹配（经济效益、社会效益和生态公平）。

从本章可以得出，设计出面向可持续发展决策的大数据分析和技术是一项急需解决的挑战。因此，本章提出的面向可持续发展成本管理工具和大数据分析的大数据驱动型可持续发展决策平台能够生成高质量的数据，支持企业内部可持续发展决策。

但是，本章并未提及可持续发展成本管理工具的关联性和依赖性。因此，为了最大限度地提高效率并长期产生企业价值，我们在未来可以着重研究两个关键问题：为工业 4.0 中的竞争性成本管理建立清晰的框架；在工业 4.0 中，对企业可持续发展效率方面的可持续发展成本管理框架的内部评估进行有限的实例分析。

注释

1. 对于预测性机器学习和数据挖掘工具，现在已有各种开源和商业工具用于分类、聚类和异常检测计算［阿莫亚（Amoah）和阿多马科（Adomako），2019］。

2. 在计算机科学、数学和工业领域，已经出现了有关大数据的概念。这些概念的根本是通过对最终决策数据库的评估来获取信息和有效知识（普拉扎·马丁等，2017）。

3. 最初，道格·兰尼（Doug Laney）的聚合群落（META community）概念研究主题为"三维数据管理：容量、速度和多样性"，与 2001 年提出的"大数据"概念比较相似。经过进一步的研究和创新，现在用"5V"来表示大数据的概念：容量（数据量）、多样性（不同类别的数据）、速度（新数据的生成速度）、准确性（数据质量）和价值（在数据内部）（雷曼等，2017）。

4. 上述工具都有大量文献依据做支撑，对这些文献进行不必要的分析会导致本文无法突出重点。

参考文献

[1] Dias-Sardinha, I., L. Reijnders, and P. Antunes, From Environmental Performance Evaluation to Eco-Efficiency and Sustainability Balanced Scorecards. Environmental Quality Management, 2002. 12(2): p. 51.

[2] Epstein, M.J. and P.S. Wisner, Using a Balanced Scorecard to Implement Sustainability. Environmental Quality Management, 2001. 11(2): p. 1-10.

[3] Figge, F., et al., The Sustainability Balanced Scorecard-Linking Sustainability Management to Business Strategy. Business Strategy and the Environment, 2002. 11(5): p. 269-284.

[4] Hubbard, G., Measuring Organizational Performance: Beyond the Triple Bottom Line. Business Strategy and the Environment, 2009. 18(3): p. 177-191.

[5] Retolaza, J.L., L. San-Jose, and M. Ruíz-Roqueñi, Social Accounting for Sustainability: Monetizing the Social Value. 2016: Springer.

[6] Schaltegger, S. and M. Wagner, Current Trends in Environmental Cost Accounting— and Its Interaction With Ecoefficiency Performance Measurement and Indicators, in Implementing Environmental Management Accounting: Status and Challenges. 2005: Springer. p. 45-62.

[7] Burritt, R.L., T. Hahn, and S. Schaltegger, Towards a Comprehensive Framework for Environmental Management Accounting—Links Between Business Actors and Environmental Management Accounting Tools. Australian Accounting Review, 2002. 12(27): p. 39-50.

[8] Ito, Y., H. Yagi, and A. Omori, The Green-Budget Matrix Model. Theory and Cases in Japanese Companies, in Sustainability Accounting and Reporting. 2006: Springer. p. 355-372.

[9] Buhr, N. and R. Gray, Environmental Management, Measurement, and Accounting: Information for Decision and Control?, in The Oxford Handbook of Business and the Natural Environment. 2012.

[10] Bebbington, J., J. Brown, and B. Frame, Accounting Technologies and Sustainability Assessment Models. Ecological Economics, 2007. 61(2-3): p. 224-236.

[11] Minato, N., New Decision Method for Environmental Capital Investment, in Environmental Management Accounting and Supply Chain Management. 2011: Springer. p. 205-229.

[12] Seuring, S. and M. Müller, From a Literature Review to a Conceptual Framework for Sustainable Supply Chain Management. Journal of Cleaner Production, 2008. 16(15): p. 1699-1710.

[13] Burritt, R.L., et al., Sustainable Supply Chain Management and Environmental Management Accounting, in Environmental Management Accounting and Supply Chain Management. 2011: Springer. p. 3-20.

[14] Amankwah-Amoah, J. and S. Adomako, Big Data Analytics and Business Failures in Data-Rich Environments: An Organizing Framework. Computers in Industry, 2019. 105: p. 204-212.

[15] Tiwari, K. and M.S. Khan, Sustainability Accounting and Reporting in the Industry 4.0. Journal of Cleaner Production, 2020. 258: p. 120783.

[16] Bai, C., et al., Industry 4.0 Technologies Assessment: A Sustainability Perspective. International Journal of Production Economics, 2020. 229: p. 107776.

[17] Schneider, G. P., et al., Infer, Predict, and Assure: Accounting Opportunities in Data Analytics. Accounting Horizons, 2015. 29(3): p. 719-742.

[18] Demski, J.S. and G.A. Feltham, Cost Determination: A Conceptual Approach. 1976: Iowa State Press.

[19] Schaltegger, S. and R. Burritt, Corporate Sustainability Accounting. A Catchphrase for Compliant Corporations or a Business Decision Support for Sustainability Leaders?, in Sustainability Accounting and Reporting. 2006: Springer. p. 37-59.

[20] Schaltegger, S. and M. Wagner, Integrative Management of Sustainability Performance, Measurement and Reporting. International Journal of Accounting, Auditing and Performance Evaluation, 2006. 3(1): p. 1-19.

[21] Prabhu, C., et al., Big Data Analytics, in Big Data Analytics: Systems, Algorithms, Applications. 2019: Springer. p. 1-23.

[22] Vlamis, T. The Four Realms of Analytics. 2015; Available from: https://vlamis.com/ 2015-6-4-the-four-realms-of-analytics-html/.

[23] Bebbington, J. and C. Larrinaga, Accounting and Sustainable Development: An Exploration. Accounting, Organizations and Society, 2014. 39(6): p. 395-413.

[24] Milne, M. J., On Sustainability; the Environment and Management

Accounting. Management Accounting Research, 1996. 7(1): p. 135-161.

[25] Brunelli, S., Accounting and Accountability Tools and Practices for Environmental Issues: A Narrative Historical Academic Debate, in Accounting, Accountability and Society. 2020: Springer. p. 3-18.

[26] Jones, M., J. Solomon, and T. Cuckston, Bringing Tropical Forest Biodiversity Conser- vation into Financial Accounting Calculation. Accounting, Auditing & Accountability Journal, 2013.

[27] Rubino, F.E. and S. Veltri, Accounting for Sustainability—Could Cost Accounting Be the Right Tool?, in Accounting, Accountability and Society. 2020: Springer. p. 81-91.

[28] Funtowicz, S.O. and J.R. Ravetz, The Worth of a Songbird: Ecological Economics as a Post-Normal Science. Ecological Economics, 1994. 10(3): p. 197-207.

[29] Frame, B. and J. Brown, Developing Post-Normal Technologies for Sustainability. Ecological Economics, 2008. 65(2): p. 225-241.

[30] Lohmann, L., Toward a Different Debate in Environmental Accounting: The Cases of Carbon and Cost-Benefit. Accounting, Organizations and Society, 2009. 34(3-4): p. 499-534.

[31] Samiolo, R., Commensuration and Styles of Reasoning: Venice, Cost-Benefit, and the Defence of Place. Accounting, Organizations and Society, 2012. 37(6): p. 382-402.

[32] Frame, B. and M. O'Connor, Integrating Valuation and Deliberation: The Purposes of Sustainability Assessment. Environmental Science & Policy, 2011. 14(1): p. 1-10.

[33] Niemeyer, S. and C.L. Spash, Environmental Valuation Analysis, Public Deliberation, and Their Pragmatic Syntheses: A Critical Appraisal. Environment and Planning C: Government and Policy, 2001. 19(4): p. 567-585.

[34] Spash, C.L., Deliberative Monetary Valuation (DMV): Issues in Combining Economic and Political Processes to Value Environmental Change. Ecological Economics, 2007. 63(4): p. 690-699.

[35] Jamaludin, N.F., Z. Ab Muis, and H. Hashim, An Integrated Carbon Footprint Accounting and Sustainability Index for Palm Oil Mills. Journal of Cleaner Production, 2019. 225: p. 496-509.

[36] Gao, T., Q. Liu, and J. Wang, A Comparative Study of Carbon Footprint and Assessment Standards. International Journal of Low-Carbon Technologies, 2014. 9(3): p. 237-243.

[37] Kolk, A., D. Levy, and J. Pinkse, Corporate Responses in an Emerging Climate Regime: The Institutionalization and Commensuration of Carbon Disclosure. European Accounting Review, 2008. 17(4): p. 719-745.

[38] Bebbington, J. and C. Larrinaga-Gonzalez, Carbon Trading: Accounting and Reporting Issues. European Accounting Review, 2008. 17(4): p. 697-717.

[39] Milne, M. J., et al., As Frames Collide: Making Sense of Carbon Accounting. Accounting, Auditing & Accountability Journal, 2011.

[40] Linnenluecke, M.K., J. Birt, and A. Griffiths, The Role of Accounting in Supporting Adaptation to Climate Change. Accounting & Finance, 2015. 55(3): p. 607-625.

[41] Bowen, F. and B. Wittneben, Carbon Accounting: Negotiating Accuracy, Consistency and Certainty Across Organisational Fields. Accounting, Auditing & Accountability Journal, 2011.

[42] Joshi, S. and R. Krishnan, Sustainability Accounting Systems With a Managerial Decision Focus. Cost Management, 2010. 24(6): p. 20.

[43] Gong, D.-C., C.-W. Kao, and B.A. Peters, Sustainability Investments and Production Planning Decisions Based on Environmental Management. Journal of Cleaner Production, 2019. 225: p. 196-208.

[44] Kudratova, S., X. Huang, and X. Zhou, Sustainable Project Selection: Optimal Project Selection Considering Sustainability Under Reinvestment Strategy. Journal of Cleaner Production, 2018. 203: p. 469-481.

[45] Reza Hoseini, A., S.F. Ghannadpour, and M. Hemmati, A Comprehensive Mathematical Model for Resource-Constrained Multi-Objective Project Portfolio Selection and Scheduling Considering Sustainability and Projects Splitting. Journal of Cleaner Production, 2020. 269: p. 122073.

[46] Smit, H.T. and L. Trigeorgis, Real Options and Games: Competition, Alliances and Other Applications of Valuation and Strategy. Review of Financial Economics, 2006. 15(2): p. 95-112.

[47] Klöpffer, W., Life cycle sustainability assessment of products. International Journal of Life Cycle Assessment, 2008. 13(2): p. 89-95.

[48] ISO, Environmental management—Life-cycle assessment: Life-cycle impact assessment, Geneva: International Organization for Standardization. 1997.

[49] ISO, Environmental Management—Life-Cycle Assessment: Principles and Framework, Geneva: International Organization for Standardization. 2006a.

[50] Finkbeiner, M., et al., The New International Standards for Life Cycle Assessment: ISO 14040 and ISO 14044. International Journal of Life Cycle Assessment, 2006. 11(2): p. 80-85.

[51] ISO, Environmental Management—Life-Cycle Assessment: Life-Cycle Impact Assessment, Geneva: International Organization for Standardization. 2000a.

[52] ISO, Environmental Management—Life-Cycle Assessment: Interpretation, Geneva: International Organization for Standardization. 2000b.

[53] White, A. L., D. Savage, and K. Shapiro, Life Cycle Costing: Concepts and Applications. Environmental Life Cycle Assessment. 1996(S7): New York, McGraw-Hill. p. 1-7, 19.

[54] Norris, G.A., Integrating Life Cycle Cost Analysis and LCA. International Journal of Life Cycle Assessment, 2001. 6(2): p. 118-120.

[55] Shapiro, K.G., Incorporating Costs in LCA. International Journal of Life Cycle Assessment, 2001. 6(2): p. 121-123.

[56] Klöpffer, W., Life-Cycle Based Methods for Sustainable Product Development. 2003: Springer.

[57] Rebitzer, G., Integrating Life Cycle Costing and Life Cycle Assessment for Managing Costs and Environmental Impacts in Supply Chains, in Cost Management in Supply Chains. 2002: Springer. p. 127-146.

[58] O'Brien, M., A. Doig, and R. Clift, Social and Environmental Life Cycle Assessment (SELCA). International Journal of Life Cycle Assessment, 1996. 1(4): p. 231-237.

[59] Weidema, B. P., The Integration of Economic and Social Aspects in Life Cycle Impact Assessment. International Journal of Life Cycle Assessment, 2006. 11(1): p. 89-96.

[60] Carter, C. R. and D.S. Rogers, A Framework of Sustainable Supply Chain Management: Moving Toward New Theory. International Journal of

Physical Distribution & Logistics Management, 2008.

[61] Said, R., et al., Development of Supply Chain Management Sustainability Index (SCMsi). International Journal of Supply Chain Management, 2020. 9(1): p. 902-907.

[62] Rebs, T., Quantitative Modeling of Sustainability in Interorganizational Supply Chains. Social and Environmental Dimensions of Organizations and Supply Chains, 2018: p. 119-134.

第七章
CHAPTER 7

工业 4.0 和数字供应链管理——企业资源规划和供应链管理的应用

伊曼·本·斯莱曼尼
上阿尔萨斯大学，法国
维塞姆·阿吉利－本·尤瑟夫
巴黎商学院，法国

第七章
工业 4.0 和数字供应链管理——企业资源规划和供应链管理的应用

7.1 简介

在过去十年中，供应链管理（SCM）和企业资源规划（ERP）、工业 4.0 和物联网方面的产业环境得到了显著增长和改善。

当前背景下的全球化进程对资本和消费品的需求日益增长，公众对社会、环境和经济等方面利益的诉求不断变化[1]。新冠疫情影响了设备精良、组织严密的国际货运物流服务。供应链的不稳定并不是唯一的问题，另一个影响到全球供应链的风险因素就是消费者的需求。因此，从供应链管理者的角度来看，风险管理就是重中之重。

工业领域和整个经济都已经进入了一个未知领域，极其容易遭遇全球化进程以及供应链中断的风险。因此，采用准确的数据组和预测工具对于任何活跃于当前市场环境并持续制定战略决策的企业来说都至关重要 [普莱德和西比拉（Pride and Sibylla），彭博社，2020 年]。

只有通过在正确的时间向正确的人提供实时数据才能减少供应链的不确定性。因此，连接和访问数据要比以往任何时候都重要，数据可以让我们了解整个生产过程。

为了解决这个问题，我们必须大力提升产业供应链，目前的工业 4.0 正在变革供应链的意义。

工业 4.0 主要指的是工业企业的数字化转型。所有行业的目的都大同小异：利用数据来改善采购、制造和销售流程。为了提高产业效益，企业资源规划非常关键。企业资源规划和供应链管理的一体化使得制造和销售企业能够更好地理解所有环节，同时提高速度、效率和总体的客户满意度[2]。选择合适的供应链管理产品非常重要。它可以成为提供企业竞争优势的杠杆，既能促进信息交流，又不会妨碍到合作伙伴信息系统的创新和互联。

本章旨在介绍供应链管理、企业资源规划和工业 4.0 的各方面情况，以及挖掘供应链中的潜在机会。

本章第一部分着重介绍行业的演变和供应链，以及如何通过将工业 4.0 引入供应链来创建供应链 4.0 并改变业务管理方式。

为了更好地了解企业资源规划和供应链管理在企业中的应用以及扮演的角色，在本章的第二部分，我们将介绍汉堡大学的 Mondula 项目对德国企业进行的企业资源规划应用评价，接着进行案例研究。我们主要来看三个企业资源规划和供应链管理一体化的案例：第一个是位于中国的企业纽威股份，该项目由波什和保罗（Bose, Pal）[3] 于企业资源规划和供应链管理一体化概念提出的早期发起。我们还采访了两家法国企业的管理者，了解这两家企业在 2020 年取得的经验。

7.2 供应链管理中的工业 4.0

本节主要讨论产业和供应链截止到目前的演变。其中主要介绍了如何将工业 4.0 整合入供应链，以便创建供应链 4.0 并且改变商业模式。

7.2.1 从工业 1.0 到工业 4.0

多年来，工业的发展得益于惊人的创新与发现，使得工业和人类都进入了一个新的时代。这一切都始于我们所谓的第一次工业革命，其特征是第一台蒸汽机的发明、生产机械化和 18 世纪铁路的发展。第二次工业革命得益于电力的应用和基于劳动分工的大规模流水线生产的发展，企业迎来了新的组织形式。第三次工业革命自第二次世界大战开始，计算机技术和电子科技的日益发展催生出了自动化生产。如今，我们正处于第四次工业革命当中。这个诞生于 2011 年的概念仍然活跃[4-6]。这一切都基于第三次工业革命的工具和创新，并且正在逐步进化。

第四次工业革命的大趋势无疑是全球化、数字化和信息收集。其中就涉及有关工业和生产线中的大数据分析和持续自动化。因此，我们所说的实际上也是第四次工业革命中的智能工厂或智能制造[7]。第四次工业革命的主要特征是万物互联，也叫做物联网。现在的计算机不仅可以互相通信，还能够与机器或者机器人通信[8-10]。其中一些计算机甚至可以根据现有信息做出决策。包括人类在内的所有物理对象之间的互联催生出了一些新的商业模式。大数据分析也是这场革命的一个重要趋势。然而，请记住，大数据也代表着挑战。人们需要协调从不同来源收集的数据，并使用智能软件对其进行过滤来提取符合需求的信息。

上述的一切都会通过机器人、无人机、自主设备、人工智能、机器学习、云平台（软件即服务）、区块链、RFID（射频识别技术）传感器以及用于数据处理的追踪算法来实现[11]。然而，每一次的革命都不会一蹴而就，这是一个线性的过程。

企业要为这场革命做好准备。具体可以通过图 7.1 中所示的工业 4.0 成熟度指数进行评估。该指数代表将工业 4.0 引入企业的过程，共分为六步，第一步是实现计算机化以及互联。该步骤为工业 4.0 的使用铺平了道路。第二步是将工业 4.0 引入企业的具体路线。第三步是可视化，实现了自动化数据收集以及不同时间和地点的价值链流程的数字表示。第四步是易懂性，基于这些数据，系统、算法和软件对数据进行过滤，仅保留相关数据来提高信息清晰度。第五步是可预测性，通过收集的数据和历史事件来预测未来。第六步是适应性，所有处于早期阶段的业务都非常灵活，在输入新的数据时能够不断地适应变化。在这一阶段中，对预测将发生或者已经出现的事件会产生积极回应。这种方法可以调整和优化工艺，缩短反应时间。

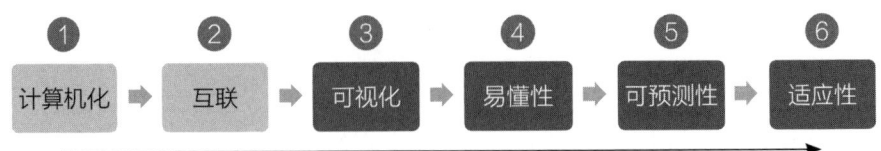

图 7.1　工业 4.0 成熟度指数（可视化）

这些全局性的变化催生出了供应链 4.0 的概念，这一概念极为重要，并且能够从这些变化中实现收益最大化[11-13]。

7.2.2　从工业 4.0 到供应链 4.0

前文中提到，工业 4.0 是由遍布在世界各地的数字化和网络化物理实体所驱动。因此，目前的供应链 4.0 也是由计算机和数字化供应链和相关项目组成[14]。收集来的信息是数字化的形式，被称为数据。所有的物理实体都由数字表示，人们利用数字来定位、说明，必要情况下还能够追溯它们自生产以来的所有轨迹。当这些信息可以在环境中共享且互相连接时，我们就可以称之为物联网。

另外，数据的核心地位越来越重要，对提高企业和供应链的重要性和价值也越来越大。收集源数据，将其输入系统进行处理，再分析所需的数据[15-19]，这一切都可以实现自动化。

在供应链 4.0 中，数据计算不再需要人工干预。所有工作都可以由机器或者机器人自主完成，再由设计好的软件进行存储和分析。例如，新鲜奶制品的温度监测完全可以实现自动化和数字化，所以人们只需要在必要时刻干预即可。这种人机协作的机制能够进一步为供应链 4.0 带来提升[11,12]。

供应链从一个纯粹的运转系统变成了一个跨职能的系统，它可以将成本、客户服务或库存等所有的供应流程整合为一体交付给消费者，而不是将每个流程单独分开。这种变化的动力来自企业灵活地适应所有的市场需求和变化以及客户的个性化诉求。全球化也是其中的一个动力。全球化增加了物流运输距离以及仓储和运输的需求。整条物流链中各环节的沟通对贸易也至关重要。因此，供应链的透明度会提高，流程会得到优化，成本会降低，生产效率以及周期服务水平（CSL）会提高。供应链各环节之间的联网能够使其快速适应任何情况，在收到新数据时实时进行调整，并通过高度自动化的智能系统、软件或设备来增加物流链的价值，将人力从困难、重复以及耗时的任务中解放出来。最终，人们只在需要更高级别决策等异常情况下进行干预即可。因此，供应链的透明度对人们在不同时间和地点收集信息做出决策以及管理供应链来说极为重要。它不再为我们的业务带来局限，对合作伙伴也是同样的道理。因此，各环节相互沟通、实时跟踪进度以及在出现问题之前主动做决策能够极大提升供应链的效率。例如，如果运输遇到延误，那么人们可以立即处理需要生产、优先处理以及缺货的商品。系统会自动更新并将消息发送给客户，然后制订解决方案以避免缺货[11,20-23]。

7.2.3 从供应链1.0到供应链4.0，供应链的现状

供应链管理的定义和范围一直在演变[19]。为了使这一概念更加清晰，我们需要将其赋予一个统一的标准[24]。任何生产和销售产品的企业都需要向业务场地或者消费者提供材料或者商品。如今，我们通过将各个企业的业务流程相互关联起来，将供应链管理视作为一种跨企业的行为，其范围涵盖了从原料供应商一直到终端消费者的所有增值环节。《剑桥商务英语词典》将供应链定义为"从产品产地一直到向客户提供产品所涉及的所有人员和组织机构"。因此，供应链是每个企业的基础，也是企业正常的经营活动。

美国运营管理协会（American Association of Operations Management）将

供应链管理定义为"通过设计、规划、执行、控制和监控供应链行为来创造净利润，构建有竞争力的基础设施，通过全球化物流使供需同步，并评估全球化业绩[23]"。因此，供应链管理属于企业的基本行为。企业通过不断评估业绩、适应客户和市场变化，以及为产品制定从生产到最终消费的不同生命阶段来了解业务运营方式和进展情况。

供应链管理的目的是缩减物流运营成本和相关信息流。为了实现这一目标，企业需要提高效率、控制原料成本等。[25]供应链管理包括以下几点：

- 要认识到信息传输速度更快、产品交付时间比以往任何时候都短。
- 要更好地规划流程以及实施预测，提高对需求和客户期待的响应灵活性，要使货物管理更加完善，允许企业快速应对可能出现的任何变化。
- 如今，个性化已经成为核心诉求，产品的个性化程度很高。要对每个国家、每个商店、每个客户的产品进行不同的细分。
- 要实时接收数据和信息，高度透明的一体化流程将使所有环节更加准确。
- 要认识到自动化和数字化将提高所有环节的效率，所以也会提高供应链的效率。

通过现有技术我们可以确定供应链向4.0版本发展的方向。合理的供应链4.0会为以下环节带来变化：规划、物流（仓库管理、物流运输）、订单管理、合作和绩效管理[26]。

得益于大数据分析，规划方面会产生主要变化。预测分析将提供更准确的预测信息以便调整库存管理、需求和供应计划。新技术能够比人类分析更多的数据，并且使用复杂算法进行更深入的分析；同时还能够分析更多变量，提高分析结果的准确性。任何变化都会在第一时间被纳入分析。例如，每一个新订单产生以后，系统都会自动重新调整和计算安全库存量，从而防止企业耗尽库存以及消减产品，同时降低因库存过多而产生的成本。对奶制品来说这一点非常重要，因为奶制品不能无限期保存，如果不能及时出售就会变质，企业就不得不将其销毁，从而造成损失。同时，如果商店不能及时补货，消费者会无从购买，企业的周期服务水平也会降低。

货物的运输永不会间断。运输工具、仓储和配送中心都是供应链中的关键环节以及重要节点。如果配置得当的话，它们可以为企业带来竞争优势，同时还能够通过自动化和数字化的优势从工业4.0中获益。机器人和机器能够更快地装卸货物。它们能够提高仓储速度，减少奶制品等商品暴露在非受控环境下的时间。同时，云服务系统（如仓库管理系统和运输管理系统）能够让企业更好地管理仓储货物和装卸时间。这些系统能够统一协调所有流程，缩短产品从生产到交付的时间。由于奶制品的保质期有限，所以要尽可能地压缩从生产到交付的时间。

另外，数据的收集、分析以及透明情况会帮助企业在整个流程中实时监测货物的温度。挂车和仓库中的温度能够随时监测，从而允许企业在货物温度超标时及时采取措施。这一切措施都能够使企业更快地适应客户需求、节约成本、提高产品质量和服务水平，并减少浪费。

工业4.0对订单管理也产生了显著影响。实际上，除了规划功能以外，得益于实时数据分析，企业能够准确了解何时需要重新订货，同时像常规操作一样将订单发送给第三方物流。当某个特定地点需要订货时，企业还需要预定货车或者其他运输工具，以便将货物运输到指定地点。

绩效管理对企业来说也非常重要。企业可以从中发现故障和障碍，并在内部进行纠正和优化。不过从外部来说，例如在使用第三方物流或第四方物流的情况下，业绩管理也可以帮助企业选择新的合作物流方或者更换现有的合作物流方。我们以运输管理系统为例，它可以记录货车的到达情况，以及哪些货车经常迟到或者不靠谱。通过对各种因素的分析，我们能够了解每家物流企业的准确交付情况，以及确定下一年是否应该淘汰其中的某一家。

随着数据源的日益增加和实时数据的产生，企业的关键绩效指标（KPI）会越来越准确。因此，绩效管理能够帮助企业确定产生障碍的根本原因，并加以消除和预防[12,20-22]。

企业通过物联网的软件、数据和设备信息共享以及将各环节互联，提高供应链的自动化程度、性能、透明度和效率，并通过提高奶制品的质量和保质期来增加其价值。供应链上的所有这些创新和变化都属于供应链4.0的范畴。所有环节的紧密配合使企业管理层和员工能够根据不同的软件和工具收集、分析和展示数据，为企业提供更好的决策，从而创建出一个生态系统[20,22]。因此，在工业4.0的范畴中，供应链4.0不仅是暂时的发展趋势，也是物流的未来。供应链4.0的基础是工业4.0、万物互联和数字化流程。它拓宽了业务范围以及数据收集、互联和分析的方法。运输和物流将由此发生巨大变化并影响到企业的经营方式[12]。

7.3 企业资源规划和供应链管理

7.3.1 企业资源规划

企业资源规划是一个软件包，其中的通用功能能够满足多种客户需求，而其他经过参数化定制的特殊功能则能够满足客户的一些特殊需求。

企业资源规划是一种能够覆盖企业所有流程的"待命—执行"项目。得益于模块化结构，它可以管理企业所有的环节。无论所处何种环境，企业资源规划都可以永久性适应。

2010年左右，企业资源规划的功能得到了增加。例如，客户关系管理和供应链管理的增加意味着企业资源规划不仅可以用于企业内部的流程，还能够用于物流等企业外部的流程。

由此一来，企业资源规划的通用性也随之提高，涵盖了企业的所有环节：营销、物流、运输和人力资源等。企业资源规划的适应性来自以下几方面：

- 企业和企业自身的专业领域。
- 专业领域的特殊性。
- 信息化（硬件、软件和网络）。
- 法律法规和企业惯例。
- 国际交流（语言、特点、地方法规）。
- 大型企业长期采用企业资源规划仅仅是因为其实施成本较高，而且需要时间才能产生效果。如今中小型企业也可以使用云企业资源规划来从中受益。它们可以通过互联网访问由专门的企业资源规划企业提供的网络服务。
- 企业资源规划已经不再是一个单纯的服务，而是一个需要尽快实施的项目，并且与用户的日常工作实现了一体化。企业资源规划已经成为一个务实性乃至激进性（从积极角度来说）的选择。

虽然企业资源规划的优先发展项目仍然是开发新功能、新模块以及兼容一些特定软件，但其总体仍朝着更灵活的应用方向发展。

灵活以及一体化功能的结构化参数设置能够用在企业的众多环节（不同国家、不同地点）：

- 通过预先设计的一体化定制解决方案满足中小型企业的供应链管理需求。中小型企业供应链管理市场的开放对大型企业资源规划服务提供商来说是一个挑战，它们必须在采购截止日前降低报价，采用不同的销售手段（通过经销商），修改定价策略并制订质保方案（中小型企业对供应链管理的关键诉求）。

- 适用领域活跃（纺织和服装、木材和家具、医院），标准、耐用、扩展性强。
- 可以整合更多服务。
- "工作流"和"电子商务"一体化的网页系统，通过标准化计算机交换协议使所有用户都能够访问不同企业的信息系统。

通过不断的扩展，尤其是所有后台功能——客户关系管理（CRM）、供应链管理（SCM）、应用程序服务提供商（ASP），使用户和供应商实现一体化。

7.3.2 企业资源规划的挑战

通常来说，企业资源规划属于企业计算机部门中的一个全球互联型项目。一方面，企业所处环境的竞争日益激烈，极大地削弱了反应能力和生产力。另一方面，市场的日趋复杂化使企业（越来越趋向于网络环境）与国际的交流不断扩大。企业的组织机构发展也越来越快。企业依据战略决策和短期结果来选择性投资[27]。

企业资源规划的主要目的通常是实现：

- 从组织机构（尤其是通过改善与供应商、合作伙伴和客户之间的关系）、功能（围绕横向的功能分解、交互和协作）以及技术（尤其是信息技术）的角度进行网络整合。
- 全球或局部一体化，即在标准化流程中考虑每个实体的地区或国家的具体情况（数据、软件、法规、程序、惯例甚至文化）。
- 通过减少无用数据的输入，控制数据以尽量减少库存、直接成本（原材料和服务的采购价格、运输、投资成本等）、间接成本（保险

第七章
工业4.0和数字供应链管理——企业资源规划和供应链管理的应用

成本等）以及优化资源利用（财务、人力资源、设备、现场工作分配、空间使用等）来降低成本。

- 得益于信息的流动性（通过优化用户之间的交易来提高信息流效率）和对关键信息的快速访问，货物的交付周期可以缩短。
- 各环节的高度透明性有助于企业进行风险管控。

各企业的问题各不相同，尽管如此，企业资源规划的主要目的是为管理层提供战略决策依据，也就是汇总指标，这样管理层就能够快速做出反应。

7.3.3 企业资源规划的风险与机遇

我们在项目执行期间可以利用传统方法来控制风险。首先，排除任何能够对项目产生影响的隐患。其次，对风险的概率、影响和范围进行量化和评估，通过不断修正流程以及规划方案来尽可能地降低或者排除已发现的风险及其影响。最后，对已发现的风险进行管理，以确保其没有发生变化以及产生新的风险。

我们建议在项目的每个阶段开始之前不断重复前两个步骤，对方案规划及结果实施定期监测来避免风险，尤其是在方案效果不佳或者风险本身成本过高的情况下。

企业资源规划的引入也带来了较高风险。该系统在应用过程中会出现众多的问题，主要分为财务、技术和组织机构三个方面的问题。

财务问题：从企业管理的角度来看，首先应该考虑系统引入的成本。这些成本涉及几个方面——许可证的获取、咨询公司的报酬、软件的编写、硬件的升级、运营成本以及本企业的人力成本。这些费用全都属于项目和培训范畴。中小型企业往往没有足够的财力引进新的企业资源规划系统。企业资源规划系统属于无形资产，所以要被列入管理成本（折旧）。

由于可用资金有限，所以中小型企业在实施企业资源规划过程中会面临一些风险。

技术问题：从技术上讲，部署企业资源规划系统的前提是企业需要准备好合适的IT基础设备、高性能网络和最新的网络架构。另外，企业还要提前部署好防火墙（网络安全系统）来保障安全。

组织机构问题：归根结底，技术和财务都不是企业资源规划系统部署失败的主要原因，主要原因来自组织机构的混乱性。例如缺乏规范、草率选择企业资源规划系统、流程混乱、项目管理落后、项目测试过于敷衍。另外，员工的变革意愿不强烈导致其参与度低下，也是一个原因。对员工的培训也流于形式。

可以肯定的是，企业资源规划系统也有许多优势。部署企业资源规划系统主要是为了在管理业务、整合方案和工作流程、保证运营效率上实现最佳。企业资源规划系统的效益可以分为货币性和非货币性两种。可量化的财务项目诸如：

- 直接增加营业额。
- 减少人工。
- 减少呆滞资产。
- 加速流程，提高生产力。
- 工作流程自动化，减少开销和运营成本。

其中的某些方面可以进行改进。最重要的是要提高企业内部业务流程的透明度，并打通各部门之间的信息流，以便更好地沟通。其他改进优势如下：

- 提高供应链中不同部门和组织机构的效率。
- 实现更好的客户服务，提高客户忠诚度以及销售业绩。
- 减少影响效率的计算机故障。

- 灵活的供应链解决方案可以轻松适应不断变化的环境或者未来业务增长及扩张的需求。

在相关文献方面，玛纳瓦兰（Manavalan）和贾克里希纳（Jayakrishna）[19]在文章中介绍了部署企业资源规划系统的各个行业（供应链、医疗保健、高科技、半导体、制药、建筑工程）。

企业资源规划系统可以提高供应链管理的成效[28]。成功的企业资源规划和供应链管理一体化需要建立在需求预测、生产规划和资源利用等方面之上[29,30]。

7.3.4 企业资源规划在供应链中的部署

企业成功的关键因素之一就是供应链管理。企业资源规划系统就可以解决这一问题。随着时间的推移，企业资源规划系统越来越专业化，可以很好地满足企业用户对定制化和专属化服务的需求。任何企业都面临着需求随时变化、供应商众多、全球化竞争以及客户的交货日期要求等问题。这也是为什么即时性概念成了物流系统在正确的时间点并使用低成本进行生产的动态解决方案之一[31]。

为了实现这一点，企业必须采取特定的生产方案和实施办法。如今的供应链系统日趋复杂化，其中包含了多个平行供应链和许多不同的合作伙伴，企业必须对它们有所了解，所以这也导致了工作量的增加。同样，对整条价值链的沟通度和透明度需求也在增加，不同的供应链合作伙伴的实力情况也要完全透明。

为了在竞争激烈的市场环境中生存，企业要对数据实现高效处理。企业的产品或服务的信息必须在整个价值链和供应链中发挥作用才能实现这一点。为了保证数据的流动性，企业可以利用企业资源规划系统来积极促进采购、生产和销售。

企业资源规划和供应链管理的一体化使生产和销售企业能够更好地熟悉所有环节，同时提高生产速度、生产效率以及总体客户满意度。

供应链管理系统的选择非常重要，合格的系统能够在推动信息交流的同时不妨碍到创新和合作伙伴信息互联系统。

7.3.5 企业资源规划在供应链管理的不同阶段的部署

7.3.5.1 需求和规划

适用于供应链管理的企业资源规划系统能够在客户询价时自动生成订单。企业资源规划系统可以通过保证有效订单来加强供应链管理。理想情况下，仓库会在原材料满仓时开始生产。企业资源规划系统负责保证生产与订单相匹配，及时补货，保障库存水平。合格的管理者会实时了解各项功能状况以及正在消耗的资源，这样他们就能够精准地规划产品交付的所有环节。

7.3.5.2 采购

面向供应链管理的企业资源规划系统能够有效管理整个供应链中货物、服务以及其他原材料的采购。从生产到运输再到库存管理，企业资源规划系统能够更有效地管理所有供应链环节。企业资源规划系统还可以简化或自动化多个人工环节，包括与供应商和生产商沟通并自动得出结论。

7.3.5.3 生产

企业资源规划系统还可以为每个环节创建物料清单（BOM）。一旦生产开启，所有机器和人力资源数据都会被实时记录和更新，所有运输手续也都会被记录。企业资源规划系统可以保证产品及时发出并按时送达。该系统可以理顺整条工作流程并及时进行修正。

7.3.5.4 后续

产品发出之后，企业资源规划系统开始自动出具发票并发送给客户。该系统可以管理存储成品的中央仓库，包括所有交货细节来保证按时交货,还可以为内部和外部的产品定义质量控制标准。

7.4 处于供应链管理核心的企业资源规划：案例研究

7.4.1 企业资源规划与企业规模

在 2010 年 4 月的汉诺威博览会上,汉堡大学 Mondula 项目对企业资源规划软件效能进行了实例研究。在为期四天的博览会期间,来自多家企业的 237 名员工和经理被问及他们对企业资源规划软件的满意度。本次调查采用标准化问卷,以个人访谈的形式进行。大约 35% 的受访者对企业使用的企业资源规划软件不满意。

7.4.1.1 中小型企业

很多员工数量从 10~249 人的中小型企业仍然在使用来自中小型开发公司的企业资源规划系统。

员工数量不到 50 人的小公司通常不会使用企业资源规划系统,而是采购高度集成的外包财务管理服务。其他的业务则使用独立的非联网型软件处理,通常是微软的 Excel。该方案会用到很多独立的软件,而且也没有共享数据库,所以其前后一致性无法保证。

尤其是对中型企业来说,目前所用的企业资源规划软件面临着需要更新或者现代化的问题。

专用系统如今已经逐渐被完全成熟的企业资源规划软件取代,其总售价大约在 10 万至 40 万欧元[1]。大中型企业正在开始寻求微软、甲骨文和思

---

[1] 1 欧元大约等于 7.8361 元人民币。——编者注

爱普等公司提供的标准化解决方案。

7.4.1.2 大型企业

大型企业和具有国际影响力的企业对计算机软件有着特殊要求。他们的首选是思爱普软件，接下来是企业资源规划产品，最后是微软和甲骨文等其他公司的产品。

如图7.2所示，超过40%的企业已使用企业资源规划系统超过10年。只有少数企业（不到8%）使用该系统不到一年。这表明，部署企业资源规划系统是一项长期投资。

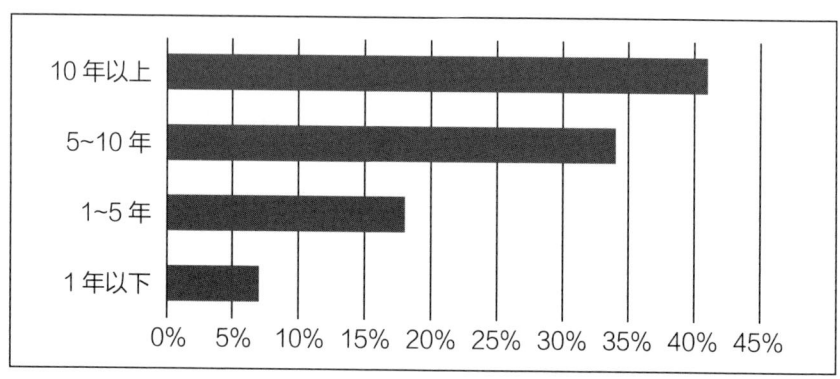

图7.2　企业资源规划系统的平均使用年限

资料来源：转载自Mondula项目。

7.4.2 企业对目前企业资源规划系统的满意度

超过三分之一的受访者对其企业目前使用的企业资源规划软件感到不满，如图7.3所示。

受访者对当前所用企业资源规划系统的满意度因企业规模而异。值得注意的是，近一半（约45%）的中小型企业对当前使用的企业资源规划软件感到不满。

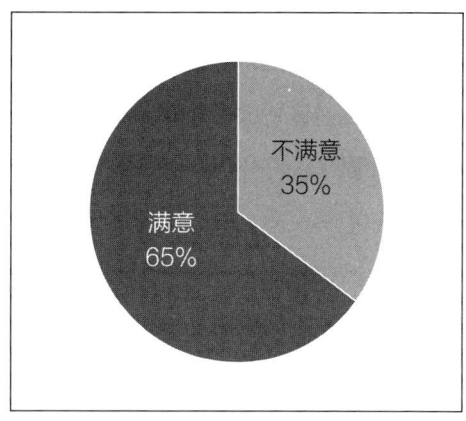

图7.3 企业对目前企业资源规划系统的满意度

资料来源：转载自Mondula项目。

在受访者中，大型企业的员工对所用企业资源规划系统的满意度（77%）明显高于一般企业。在Mondula项目的研究过程中，我们发现了企业资源规划软件的七个基本特征：

根据企业的不同，业务流程也不同；

从单个系统能够访问企业的所有数据；

协作优化业务流程；

快速部署／持有成本低廉（TCO）；

功能完整和易拓展；

许可模式简便；

具有面向客户的支持／辅助功能。

该项调查表明，为不同的企业设计不同的业务流程对所有企业来说都至关重要。特别是对中小型企业来说，快速部署、低成本以及面向客户等特点极具吸引力。对大型企业来说，从单个终端访问所有数据以及多部门协作优化业务流程也是重点加分项。大多数通用型企业资源规划系统目前仅仅实现了部分功能。因此，受访者对目前使用的企业资源规划系统的满意度相对较低。未来，企业资源规划软件的开发者必然会将这些用户友好型功能加入产品当中。

7.4.3 处于供应链管理核心的企业资源规划：以纽威股份为例

纽威股份是一家中美合资企业，是中国领先的工业阀门制造商。2004年，其收入额达到了5000万美元。纽威股份的产品线达到了3000种型号，可用于多种行业，并致力于产品零缺陷。该企业通过了ISO 9001:2000认证，这也意味着其产品严格遵循质量管理要求的标准。纽威股份有两个制造工厂，每个工厂都有两个仓库，一个用于半成品，另一个用于成品。此外，纽威股份还推出了定制服务，可以根据客户的订单要求进行生产。

7.4.3.1 企业资源规划系统及功能

纽威股份采用了Summiteam旗下的企业资源规划系统产品，该系统具有四个主要功能：销售和分销、生产、人力资源以及会计和财务分析。

销售和分销功能负责客户管理、订单管理、订单履行和分销管理。企业资源规划系统能够对所有来源的运营数据进行汇总和访问、在线跟踪和处理信息、客户信用控制分析和销售报告管理。

生产功能负责管理计划和调度、库存管理和生产控制。该功能覆盖产品的生命周期，并使产品信息的流动更快、更容易。

人力资源功能负责管理人事、薪酬、工作时间、组织机构、员工绩效评估和职业规划。另外，它还兼容国际工资条例标准和中国税收体系。

会计和财务分析功能负责管理会计业务、财务控制和财务分析。它可以统计企业所有业绩数据并出具财务报告。总的来说，企业资源规划系统能够避免生产计划中断，提高生产力，并使订单流程实现标准化和流水线化。

尽管企业资源规划系统功能强大，但仍存在一些缺点，例如无法实现对资源规划的监控和引导。这项任务需要大量的书面工作，并且需要人力来收集数据和录入。由于员工需要一到两天的时间来处理商品信息，所以就会导致运营时效性不高。

另外，如果仓库中的材料发生损坏或者丢失并且没有及时登记，就会导致生产材料不足，影响到生产和交付，客户满意度也会随之降低。每个仓库中大概有 20000 个存储单元。捡料完全凭借员工的经验（比如遵循先进先出原则），这就无法确保能够标准化。由于没有能够对供应商进行评估的标准化程序，所以也无法保证企业与供应商和客户实现公平协调。这些企业资源规划系统的缺失功能就要用其他系统来弥补。

7.4.3.2 供应链管理系统的实施方案

纽威股份采用了电子供应链管理系统（e-SCM）来解决这些问题。具体情况如下：

分析和规划基础硬件、业务流程、系统和软件环境，在此基础上设计一个新的业务流程和一个新系统界面；

购买、安装和调试必要的硬件和软件；

定制电子供应链管理系统、开发应用界面以及二次调试系统；

随着界面的开发和测试来调整企业资源规划系统；

进行现场调试，独立测试企业资源规划和电子供应链管理系统；

对员工进行新的电子供应链管理系统和调整后的企业资源规划系统使用培训以及操作流程过渡。

部署电子供应链管理系统需要企业调整现有的基础设施。该企业目前采用了来自 Summiteam 的企业资源规划系统、来自 WMvision 的电子供应链管理系统以及甲骨文的 Oracle 8i 数据库管理系统。企业需要在这三种系统之间搭建起一个综合性界面。为了配合这一方案，Summiteam 为企业资源规划系统创建了一个新的界面。

该方案的总成本为 92000 美元，其中包括电子供应链管理系统许可证 15000 美元、新硬件设备约 35500 美元、企业资源规划系统改造 6000 美元、Envision 项目部署 30000 美元，以及一名需要经常性加班的电子供应链管理系统操作员工，此项 1500 美元。另外，电子供应链管理系统维护费用约为每年 3000 美元，这也是唯一的常态化费用。

7.4.3.3 供应链管理系统的功能

电子供应链管理系统为纽威股份发挥了相当多的作用。以前，纽威股份的仓储管理都是依靠人工的书面工作来完成，现在则是完全电子化，节省了很多时间。

仓库员工使用手持设备为企业资源规划系统输入相关信息。他们通过该设备，可以实时检索到准确的库存信息。仓库收到材料后，员工会检查货物，电子供应链管理系统会打印一个检验标签附在材料上。下一步是系统确定材料的所在单元。员工不定期使用设备进行循环计数来检查材料。发现变化时，电子供应链管理系统向企业资源规划系统发送通知来调整库存。在准备货物装运期间，企业资源规划系统首先发出提货单。然后电子供应链管理系统调整库存数据，确保订单的生产材料充足。另外，它还能计算出装运所需的集装箱数量和尺寸。

电子供应链管理系统为纽威股份的大部分业务流程带来了变化，也带来了好处。例如，平均交货时间从 45 分钟缩短到了 30 分钟，订单的准点率从 80% 提高到了 90%。平均安全库存期从 40 天减少到 25 天，每年减少成本 100 万美元。

纽威股份在电子供应链管理系统方面的投资仅为 92000 万美元，充分体现出了极高的投资回报率。企业资源规划系统的优势则主要体现在办公室工作方面，在仓储、交付和客户服务方面则效果不佳。而电子供应链管理系统通过对企业外部包括仓储等方面的管理有效地弥补了企业资源规划系统的缺陷。

7.4.4 处于供应链管理核心的企业资源规划：以两家法国企业为例

本次研究采用定性访谈，提前准备调查问卷。访谈对象则是来自不同企业的经理们。访谈的内容主要是开放式问题，这样可以让受访者畅所欲言，涵盖多个领域。受访者都是企业资源规划系统和供应链管理系统方面的专家，能够提供专业层面的信息并反映出真实的行业现状。他们的专业知识可以帮助本次研究更好地了解企业资源规划系统和供应链管理系统。为了保护他们的隐私，本访谈采取匿名方式进行。

7.4.4.1 A企业经理F先生

F先生就职于一家营业额超过1.9亿欧元、员工超过1400人的企业的航空部门。据他介绍，企业资源规划在他所在的企业中发挥着根本性的作用。其中最基本的功能是规划。生产流程按计划进行，他们能够在预定日期向客户交付成品。企业资源规划可以优化原材料供应和库存管理。它还能够发出预警（例如供应商没有按时交货）并随着生产流程的变化而调整生产速度。

例如，客户订单中的特殊产品可能需要用到原材料、其他企业制造的零部件以及本企业制造的零部件。首先，仓库人员检查库存情况，然后通过供应商订购必要材料。将工资总额除以生产产品所需的小时数来设定排产计划，同时还要考虑到可能的缺勤情况。如果企业资源规划预估生产周期大约为两个月，那么可以在每周都用Excel进行一次阶段性汇总。

7.4.4.2 B企业经理J先生

B企业位于法国，隶属于交通运输行业，主要生产火车、电车和地铁。

J先生负责生产电动巴士。

他表示，企业资源规划系统的部署源自工业和商业规划（ICP）。工业和商业规划主要用于根据产品和服务预测中期销售趋势，以便按需调整生产能力。接下来，企业会确定当前订单（客户当前下的订单）和预计订单（预计客户未来要下的订单），然后激活主生产计划（MPP）并为每一名员工指派任务。

该环节中，企业资源规划系统的作用是收集所有企业及企业周边相关参与者的相关数据（客户、供应商、生产线），从中计算出产品的最晚生产日期以及交货日期。

为了制造这辆长达12米、续航里程达200千米、最多容纳95名乘客的电动巴士，他们需要调动零部件生产、组装以及行车系统和电力管理等多个环节。B企业通过这些环节制造出一辆出色的电动巴士。整个生产流程可以在计划表中分为多个步骤。得益于企业资源规划系统，原材料（工具）、人工以及必要的财务情况都可以得到清晰的分类。

7.5 总结

企业资源规划系统属于企业计算机化中的一部分，与全球化大环境相连。企业成功的关键就在于供应链的部署。

诸如企业资源规划系统等一体化综合管理软件的部署能够优化供应链。随着时间的推移，客户对于定制化和一对一服务的需求越来越强烈，而专业的企业资源规划系统能够更加符合客户的需求。信息的透明度是保证供应链有效性的重要因素。企业资源规划可以保证数据在企业所有部门之间畅通无阻。

从案例研究中可知，中小型企业和大型企业在采用企业资源规划系统方面有较大差异。尽管企业资源规划系统优势颇多，但也有许多缺陷。企业资源规划系统的部署需要耗费较高成本，中小型企业可能很难负担，而该系统通常的部署期限超过了 10 年，属于一种长期投资。我们从对两家法国企业的定性访谈中发现了两个要点：一方面是对原材料供应和库存的管理，另一方面是对生产过程和准时交货的管理。这两者密切相关，都需要高度的信息流通性和透明度。

另外还要注意的是，企业资源规划系统并非一个简单的信息技术项目，而是一个真正的企业级项目，其成功的关键取决于：企业的总体管理、简化业务流程的水平以及对信息系统中其他功能的界面管理。用户的参与度、部署该系统的意愿以及信息的可获取性和可靠性也是其中的关键因素。

参考文献

[1] Pisching, M. A., et al. Service Composition in the Cloud-Based Manufacturing Focused on the Industry 4.0, in Doctoral Conference on Computing, Electrical and Industrial Systems. 2015: Springer.

[2] Bose, I., R. Pal, and A. Ye, ERP and SCM Systems Integration: The Case of a Valve Manufacturer in China. Information & Management, 2008. 45(4): p. 233-241.

[3] Bauernhansl, T., M. Ten Hompel, and B. Vogel-Heuser, Industrie 4.0 in Produktion, Automatisierung und Logistik: Anwendung-Technologien-Migration. 2014: Springer.

[4] Drath, R. and A. Horch, Industrie 4.0: Hit or Hype? [Industry Forum]. IEEE Industrial Electronics Magazine, 2014. 8(2): p. 56-58.

[5] Kagermann, H., Change Through Digitization—Value Creation in the Age of Industry 4.0, in Management of Permanent Change. 2015: Springer. p. 23-45.

[6] Upasani, K., et al., Distributed Maintenance Planning in Manufacturing

Industries. Computers & Industrial Engineering, 2017. 108: p. 1-14.

[7] Vaidya, S., P. Ambad, and S. Bhosle, Industry 4.0—A Glimpse. Procedia Manufacturing, 2018. 20: p. 233-238.

[8] Hofmann, E. and M. Rüsch, Industry 4.0 and the Current Status as Well as Future Prospects on Logistics. Computers in Industry, 2017. 89: p. 23-34.

[9] Strandhagen, J.W., et al., The Fit of Industry 4.0 Applications in Manufacturing Logistics: A Multiple Case Study. Advances in Manufacturing, 2017. 5(4): p. 344-358.

[10] Voß, P.H., Logistik—die unterschätzte Zukunftsindustrie: Strategien und Lösungen entlang der Supply Chain 4.0. 2019: Springer.

[11] Bousonville, T., Logistik 4.0. 2017: Springer.

[12] Liao, Y., et al., Past, Present and Future of Industry 4.0—a Systematic Literature Review and Research Agenda Proposal. International Journal of Production Research, 2017. 55(12): p. 3609-3629.

[13] Brettel, M., et al., How Virtualization, Decentralization and Network Building Change the Manufacturing Landscape: An Industry 4.0 Perspective. FormaMente, 2017. 12.

[14] Chen, L., et al., Supply Chain Collaboration for Sustainability: A Literature Review and Future Research Agenda. International Journal of Production Economics, 2017. 194: p. 73-87.

[15] Chen, I.J. and A. Paulraj, Towards a Theory of Supply Chain Management: The Constructs and Measurements. Journal of Operations Management, 2004. 22(2): p. 119-150.

[16] Jayal, A., et al., Sustainable Manufacturing: Modeling and Optimization Challenges at the Product, Process and System Levels. CIRP Journal of Manufacturing Science and Technology, 2010. 2(3): p. 144-152.

[17] Bocken, N., et al., The Front-End of Eco-Innovation for Eco-Innovative Small and Medium Sized Companies. Journal of Engineering and Technology Management, 2014. 31: p. 43-57.

[18] Manavalan, E. and K. Jayakrishna, A Review of Internet of Things (IoT) Embedded Sustainable Supply Chain for Industry 4.0 Requirements. Computers & Industrial Engineering, 2019. 127: p. 925-953.

[19] Alicke, K., D. Rexhausen, and A. Seyfert, Supply Chain 4.0 in Consumer Goods. McKinsey & Company, 2017: p. 1-11.

[20] Rachinger, M., et al., Digitalization and Its Influence on Business Model Innovation. Journal of Manufacturing Technology Management, 2019.

[21] Barreto, L., A. Amaral, and T. Pereira, Industry 4.0 Implications in Logistics: An Overview. Procedia Manufacturing, 2017. 13: p. 1245-1252.

[22] Tripp, C., Distributions-und Handelslogistik. 2019: Springer.

[23] Bagchi, P.K., et al., Supply Chain Integration: A European Survey. International Journal of Logistics Management, 2005.

[24] Martin, H., Transport-und Lagerlogistik: Systematik, Planung, Einsatz und Wirtschaftlichkeit. 2016: Springer-Verlag.

[25] Dalenogare, L.S., et al., The Expected Contribution of Industry 4.0 Technologies for Industrial Performance. International Journal of Production Economics, 2018. 204: p. 383-394.

[26] Sedera, D. and G.G. Gable, Knowledge Management Competence for Enterprise System Success. Journal of Strategic Information Systems, 2010. 19(4): p. 296-306.

[27] Willcocks, L.P. and R. Sykes, Enterprise Resource Planning: The Role of the CIO and Its Function in ERP. Communications of the ACM, 2000. 43(4): p. 32-38.

[28] Li, Y., ERP Adoption in Chinese Small Enterprise: An Exploratory Case Study. Journal of Manufacturing Technology Management, 2011.

[29] Vandaie, R., The Role of Organizational Knowledge Management in Successful ERP Implementation Projects. Knowledge-Based Systems, 2008. 21(8): p. 920-926.

[30] Palanisamy, R., Organizational Culture and Knowledge Management in ERP Implementation: An Empirical Study. Journal of Computer Information Systems, 2008. 48(2): p. 100-120.

[31] Azan, W. and M. Bollecker, Management Control Competencies and ERP: An Empirical Analysis in France. Journal of Modelling in Management, 2011.

第八章
CHAPTER 8

有效合作的新形式——
如何在网络环境下强化
大数据以实现创新

奥尔加·A. 什维索娃
高丽大学技术与教育学院，韩国

8.1 简介

如今，世界金融体系正处于一个特殊的发展阶段——信息经济阶段。该阶段由后工业化社会的顶端发展而来。在信息经济中，生产的主要因素是人力资源。人力资源具有艺术创新潜力，并能够应用于以智慧要素为主的商品当中。

在20世纪最后十年，经合组织国家中的信息化技术的年投资增长率（3.4%）要高于固定资产投资（2.2%）。从实体单元中获取的数据总量当中，九成都是出自过去三十年，同样，人类文明史迄今以来产生的科学家和工程师中，九成都与我们处于同一时代。这些都是自然资源经济和传统技术经济向信息经济转型的典型特征[1]。

世界发展过程中产生和扩散的新信息的总投资额以及信息依赖型行业的总产值决定了信息经济的发展。其中，科学和艺术在其创造出的局部、地区和国际"智慧"环境中成了提升社会、集体和个人福祉以及发展人类技艺和能力的"直接生产力"和动力[2]。

在信息经济领域进行的测试者模拟模型实验表明，其有效性的前提就是有足够的信息参与者。由于信息的数量来源于信息源的数量，所以世界卫生组织已然获取大量信息，信息经济为科学家们提供了广泛而庞大的信息。另外，很多机构也获取了许多数据（原子和粒子分析，2020年）。这些优势成了实现各种替换性合作的必要条件，能够适用于各种阶层、行业、机构的信息经济合作。

合作的本质和内容可以理解为两个或多个商业实体（个人或团体）进行分工合作、生产或从事经济活动以实现共同目标的一种方法。在此过程中，各方根据达成的共识和信任来交换信息，帮助成员提升能力，生产出市场认可的智慧型创新产品，并产生明显的累计影响。

从发展阶段和发展类型方面来看，合作存在于信息经济背景之下。它也被世界经济体系（GES）具体化为主体和对象、层次和规模、领域和行业、范围和点面。这些分类和知识创造的具体情况通常取决于个体劳动力的数量、企业的数量、一体化联盟以及投资联盟的数量。

8.2 传统的国际合作

8.2.1 全球经济体系的宏观合作

知识经济是当前世界经济体系发展大趋势的基础[3]，而合作关系就是最合适的实施方式。在经济发展的进程中，由于国际化合作组织能够通过全球分工以及主体合作来实现信息经济中的共同合作意愿，所以其重要性不言而喻。很多国家的经济实体（或者一体化联盟）的合作行为保证了资源（知识、技术、材料、体制、结构和信息）的集中和利用，并且被所有成员认可，所以能够有效实现其在智慧型大型项目生产领域的共同目标。

合理配置以规模化生产为目的创建的大型联盟（以任何法律形式指代的合作对象）成员之间的协议出资（投资）以及共享资源，成为大规模生产最新信息和能力、科学和技术、材料和知识、标准和规则、关系和团队的重要因素[4,5]。

在国际合作运行中，成员的代表负责联合生产、交换、分配和消耗数据和能力。合作的关键特征是大型经济的主体、项目、实行对象和方法等特点实现同步，其合作心理以有效性为特征，并且了解志愿成员和信任关系。

信息经济中的企业合作的目的是在成员的兴趣范围内获得替代智力

第八章
有效合作的新形式——如何在网络环境下强化大数据以实现创新

产品。

合作可以存在于任何艺术领域。其中包括理性范畴（科学和技术）以及感性范畴（艺术和设计）。然而，其总体趋势是强化适用性和动态性之间的关联。这种关联可以在世界经济体系中的个体、局部到地区、国家或国际等任意层级进行定制和修改（见图 8.1）。

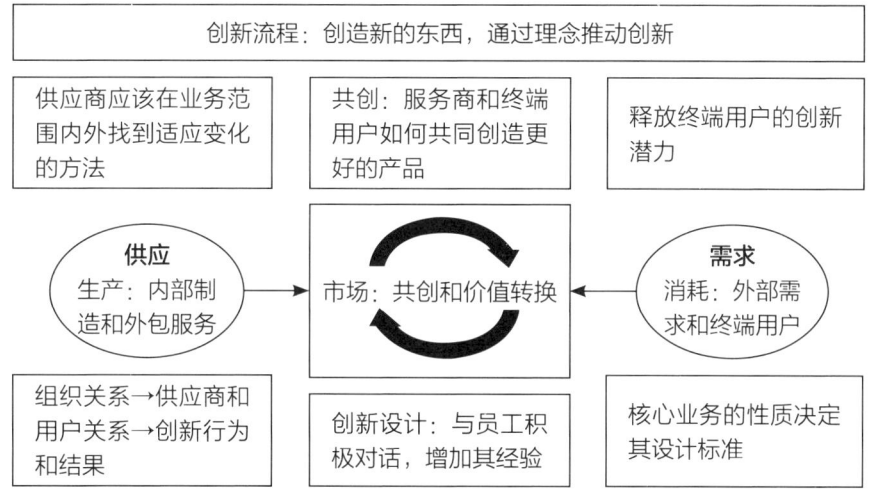

图 8.1　价值共创如何推动创新进程

图 8.1 涵盖了世界经济各个层面的基本结构和基础设施。从个体工作到本土企业，它可以转化为整个地区乃至全球的企业协议和国家协议，并吸引大量的个人投资者从贸易、运输、信息产业、大型货币网络以及大型中心获取高额利益。

如今的许多合作项目都促进共创模式实现密集且深入的发展，开发新产品或者通过修正局部来更新现有产品。将技术引入所有或任何新的经济和生活领域以缩短实现成果的时间并扩大其应用范围，最终加速共创模式的发展[6]。

8.2.2 全球环境中的科学合作与大科学中心

根据共创模式不断增长的发展势头，从以合作领域机构共同发展大科学中心为前提的国际经济关系来看大型项目的自愿性原则，我们可以将其理解为各机构在生产全球性知识产品方面进行大规模经济合作属于数据经济的范畴，并且得到了跨国资本或国际资本的赞助。

科学合作的主要手段和目的是通过减少成员的转型和执行成本来为全球提高先进科技的发展和实施潜力。这种创新合作的重要目的就是培养出基础知识能力扎实的新一代科学家，使其具备丰富的专业知识，能够利用新材料以及新的物质和领域转型方法来发现突破的方向。

大科学中心可以被看作一个大型的行星观测分析中心，其基础设计的目的是收集（国际）信息。这种基础设计通常被用于水平较高、价格昂贵、普通科研机构无法企及的大型科研设施（造价至少2亿美元起，诸如天文站、原子能设施、核物理设施、高能物理设施、高能激光设施、回旋加速器、自由电子激光器、超强磁场装置等）。

例如，多国合作的大型电子直线加速器测温装置（CALICE）吸引了来自17个国家57个研究所的300多名物理学家和工程师[7]。该项目的主要任务是创建、研究和优化国际直线对撞机（ILC）的长效探测系统。科学家需要研发出每种磁力和亚原子粒子的原型测温装置，并对测试光束进行观察。模拟亚原子粒子的测温装置会根据其质量来设置。2006年到2010年，测温装置在德国电子同步加速器研究所（DESY）、欧洲核子中心（CERN）和美国费米国家实验室（FNAL）中都扮演着实验辅助的角色参与工作，并在2GeV至130 GeV能量范围的正负电子束、π介子和μ介子中收集了大量实用信息[8]。

其他多国科学合作的例子还包括德国的欧洲X射线电子光学装置

XFEL（X射线电子激光器）、位于瑞士的欧洲原子能研究组织的巨型亚原子粒子加速器LHC（大型亚原子粒子对撞机）、位于法国的国际热核聚变实验反应堆、位于德国的亥姆霍兹重粒子研究中心等[博瓦德（Bovaird）等]。

很多国际合作组织都在发展物理分析方面相当活跃[9]。由完全不同国家的专家临时组成的科研团队能够在各领域以较高的水平、大范围的规模以及更短的时间内替代机构以及主体和对象权限来实现国际合作[10]。专家们通过合作分析能够发现数据结构。

8.2.3 合作以及全球知识经济

对于数据经济进行先期评估有利于对发展制造业和扩散新数据的全部投资进行评估，并通过优先消耗新数据的行业总附加值进行经济发展分析。在数据经济中，科学和艺术能够真正成为"直接生产力"以及社会、集体和个人福祉的"增长动力"，是在创造本地、地区以及全球化良好氛围的"人类能力和才华项目"。

合作从本质上来讲可以概括为由两个或两个以上经济主体（个人或者团体）联合工作、生产或者执行经济活动来实现共同目标的一种方法，其中需要遵循同意和信任原则、进行数据互惠交换、提高成员水平、生产符合市场需求的智慧型产品以及行为具备显著的累积效应。在发展方向和类型方面，合作存在于数据经济背景下。它被世界经济体系的主体和客体、层次和规模、领域和行业、部门和部门具体化。

这种特定的指导和知识生成的合作可以被理解为个体、企业乃至国家作为一体化联盟或者投资联盟的水平得到提升[11,12]。从一定的角度来说，合作应该涉及个体的行为、动作、技术甚至其成员的行为（见图8.2）。这种伙伴关系直接存在于各成员的工作场地、企业部门（中间部门）和产品最终生产的各环节，同时也在企业互动中扮演着一种管理方案的角色，以确保其所在市场的互助性和共通性。

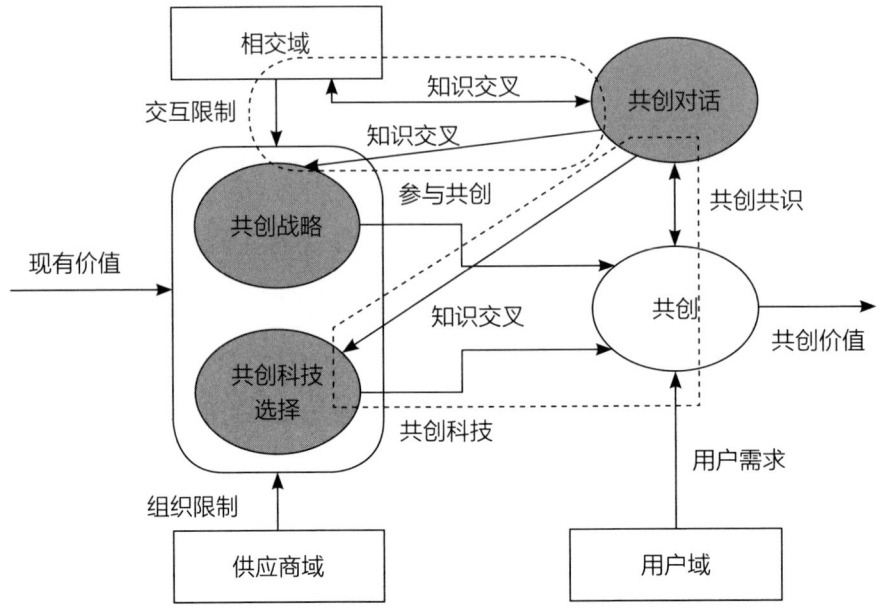

图 8.2　共创流程的完整模型 [13]

尽管合作有可能存在，并且与其研究目标截然相反，但是人们仍然可以通过互惠互利以及善良原则等实现中间目标的共同需要并将其合为一体。这方面的研究较少，并且概念本身的应用也较少。

这是由于合作的形成阶段已经先于这些问题迅速发展，而且内部矛盾还未曾充分表现出来。

在微观层面上，这种合作体现了全球经济体系中最先进主体的利益趋同，这些主体寻求创新解决方案，通过创造下一世代（不同层次和规模的更先进制程）的产品来实现产品成分和结构的现代化或升级。同时，新一代（巨型、大型、中型、微型）的产品和结构明显在必要程度上吸收了世界经济体系在整个进化过程中积累的成果[13]。现在和过去的结构差异或者不同世代的差异决定了数据经济产品的主要优势——功能和成本——会不可避免地在产品价值和竞争力方面体现出来。

根据法律协议，正式合作和事实合作必须被区分清楚，单纯的合同并不能代表开展合作及实现预期效果[14]。

只有通过自然、积极的合作才能使所有必要的劳动要素和生产流程起到作用。其结果由各成员和其标准化产品的相互影响产生。一般认为，这些产品都是员工及团队、企业和国家、一体化联盟、多边联盟的独特合作中的生产主体和生产对象的防御反应产生的普遍结果。

国际合作的功能是联合生产、交换、分配和代理等。其主要特征是大型经济体系的主体、项目、对象和手段等的同步结合。其中，各成员相互交流的意愿和信心是合作的基础。在宏观经济体系下的合作需要形成一个集体性经济实体，各国和各企业都需要加入互惠互利的三方合作，同时还要保持各国的习惯基础[15]。

新组合的主体为了明确开展主要和次要工作制定了一系列协议。即来即合作的优势成为全体成员的统一宗旨，一旦在大型市场中投入使用，就会对生产和运输产生影响。虽然所有的运行方法都可以向所有国际成员平等地公开，但新的主体依然需要一个有效的领导机构。毋庸置疑的是，各成员都有机会在世界范围内进行经济竞争并取得成功。在这一方法中，国际合作正转型为科技领域内的大型国际经济合作，以便确定先进科技国家或企业在其经济方面和世界市场中的创新和推广。作为一种企业在信息经济中获取替代知识产品的合作方法，合作涉及了所有成员感兴趣的艺术领域。它来自理性世界（科学与技术）和感性世界（艺术和设计）[16,17]。

然而，现在的普遍性趋势是加强理性世界和感性世界之间的关系，然后从个体和本地再到地区、国家或者国际层面进行修改。

这种合作涵盖了世界经济层面的各个基本单位和基础设施。从个人工作到本土企业开始，它覆盖了整个地区乃至全世界，并且出现在企业和国家的协议当中，吸引了大量贸易、运输、信息、大型货币网络和大型项目中心的投资主体。

许多活跃的合作项目都带来了许多深度科技型的共创订单，并且制造出修改完毕的升级产品或者新一代产品。合作项目通过将新科技代入新领域的经济和生活中来削减存在感以及扩大行为范围，加速其发展。

8.3 有效合作的新形式——网络转型

合作的开展覆盖了生活范畴内的重要部分。经济活动的发展速度越来越快，与康德拉季耶夫周期（2000—2018年）的主要部分相呼应。在过去20年中，经济活动在特定领域和行业的发展水平难以置信地翻了一番，揭示了其在短期和半永久性、本土和国际范围内的艺术和心理特征潜力[18]。

在过去的十年中，合作通过工业标准和目标、大众化特征以及扩散规模牢牢占据了大众消费领域。附加的合伙关系渗透入了当代人的日常，这一点很容易理解。数据经济将生产活动的艺术性和实用性结合起来。这种合作也就成了在日常生活压力和问题中打破常规、实现创新的方法。

合作的含义比较广泛，可以被用在各种情况下。在如今科技发达的网络时代，伙伴关系意味着人们虽然处于不同的地方，但是依然可以利用网络通信来实现合作。

在线协作要求人们使用的工具和平台符合数字化环境的要求，通常指的是人们在网络上工作的方式。

网络工作者利用文档、PPT、视频会议或小组活动来开展工作。这就允许用户不必在同一时间出现在同一位置。

现有数种在线协作工具可供使用。人们可以通过互联网/在线会议来实现可视化协同工作。在线协作（见表8.1）主要面向团队，团队成员在相同的时间在线编辑同一个文件[19]。

表 8.1 在线协作的类型

在线协作的类型	详情
同步在线协作	用户在相同的时间或者时间段内工作或执行任务时，无论地理位置是否相同，都被称为同步在线协作。在线协作有专用的计算机软件。这种协作允许两个或两个以上用户在同一段时间内查看和编辑数据或文档，尽管他们不在同一地点。例如，用户使用网络平台中的共享白板来协作完成任务（例如 Skype 或者 ezTalks 云会议）。共享白板还可以提供通信功能，例如业务程序或者共享协作图形等。如果两个及以上参与者安装了摄像头，那么他们就可以在网络会议中实时共享视频。聊天系统支持用户编写并向多个用户发送信息，还能够分配讨论组。同样，可靠呼叫支持系统通过分析概念和寻找替代理念等手段来共同提高团队决策水平
非同步在线协作	当用户在不同的时间处理同一个项目时，无论他们的位置是否相同，都被称为非同步在线协作。电子邮件是非同步在线协作的最常用工具。如今人们在电子邮件中加入了很多新功能，以便分类邮件、转发消息、添加附件以及生成邮件组。现在电子邮件可以实现自动撰写、行文以及发送。由于无法面对面交流，所以人们以邮件组的在线协作来完成任务。同样，进度系统是非同步协作的理想功能，该系统能够实现快速、准确地在组织或团队中传递文档和文件。团队日程表被集成进这种协作中，用户可以通过日程表来管理和规划文档、截止日期、交付日期以及协调每位成员

在线协作通常可以被理解为通过一个合作程序包（例如 ezTalks 云会议）来实现多人同时在线编辑。团队成员使用合作程序包来协调、沟通、合作、共享、谈话甚至互相竞争来解决问题。

共有三种类型的计算机技术可以用于该目的：计算机通信、计算机会议以及计算机协同。

计算机通信用于在项目组成员之间建立通信。这一类型程序主要是即时聊天或者消息平台。计算机会议用于划定成员范围，允许不同地理位置的成员通过共享屏幕进行实时协作。主持人具有较高权限，负责控制主显示区域，而其他成员通过聊天工具或消息平台互动[20]。用于交流和会议的在线协作工具请见表 8.2。

表 8.2　具有讨论和会议功能的在线协作工具示例

工具名称	详情
Sutori	该服务允许用户以图解故事的形式布置材料，图解中还可以加入内置的问题和测试。另外还能使用嵌入代码将完成的时间线嵌入网页
Apear In	这是一种 Skype 和 Hangouts 的替代方案，允许用户创建聊天室并通过发送链接来邀请视频会议参会者。无须注册
Concept Board	无限在线协作白板。用户可以在其中实时添加注释、图片以及评论，进行各种讨论并开展头脑风暴
Coggle	非常便于编写思维卡片，可以让多名用户同时使用思维卡片，维护更新日志
Real-Time Board	用于跨职能团队交流的简易在线白板。这是一个由俄罗斯团队编写的在线虚拟协作工具。提供无线白板的功能，注释功能附带有大量模板，还提供创建思维导图服务

计算机协同帮助各种最前沿的在线协作正在以极快的速度提升质量。它可以帮助用户处理大量复杂任务，并与其他用户协作来实现相同目标。

完善的在线协作工具必须具备易用性和高效性[21]。该工具要具备安全性，并且允许用户在当前任务中通过任意可视化方法和物理方法共享信息。例如，如果用户打算召开小组网络会议，那么该工具就可以提供思维导图和流程图工具以及各种白板。如果小组成员需要实时共享笔记或文件、调整日程安排，或者发送项目变化的通知[22]，它也可以帮助大家实现。

大多数在线协作工具都有保障管理权限和外部访问的安全措施。其中的大多数都会提供验证码，这是一个更深一步的安全机制，能够保护文件不被破译。某些工具还能够允许用户调整成员的授权级别[23]。这就可以赋予一些成员阅读和浏览文档的权限，同时赋予其他成员创建、修改或删除文档的权限。

虚拟协作为所有渴求远程工作的机构带来了希望。购物者和专业人士都会从在线协作工具中实现自己的诉求[24]。

越来越多的聘用者正在向数字化转型，并允许员工部分远程或者全部远程办公。在线协作能够有效地拉近员工之间的距离。员工可以像在办公室办公一样在同一段时间处理同一件工作。由于在线协作不需要像在办公室里一样发送文件，所以这会大大提高办公效率[25]。

在线协作的优势如下。

（1）在线协作能够促进交流

- 诸如Tameday等在线协作工具允许成员分享想法、讨论问题并提出解决方案。
- 加快了沟通效率。成员使用聊天功能向单个同事或很多同事实时发送消息，极大地减少了电子邮件的数量。
- 所有人都会看到任务、分配情况以及任务的完成时间。
- 可以提高决策速度，减少无用的会议。

（2）在线协作不限制空间和位置

- 在线协作的神奇之处在于所有成员都能够在任意位置开展工作。
- 对于小型团队来说，在线协作允许成员自选时间和地点开展工作。
- 团队成员可以使用私人设备，而且能够在全球任何地方进行更新。

（3）在线协作可以催生出更多想法

- 虽然成员个性不同，但这与在办公室会议发声（提出想法）一样。
- 在线协作鼓励成员开放交流。每个人都有机会提出自己的想法。
- 可以使用Tameday将其他部门的工作人员拉入当前项目中来贡献想法。

（4）在线协作使得项目管理更加容易

- 在线协作允许团队领导更加紧密地安排计划，并为成员分配任务。
- 如果某个成员工作量较大或者意外离岗，就可以将其任务分配给其他成员。
- 团队领导能够很轻松地检查进度，并分析出阻碍项目进展的潜在问题。
- 由于在线协作工具的高度集成性，所以协调多个环节将变得很容易。

（5）在线协作可改善供应商与客户的关系

- 在线协作能够拉近买家和卖家的关系，使沟通变得更加容易。
- 买家能够看到项目进展程度、本周完成的项目以及尚未完成的项目。
- 卖家能够实时更新产品并且回答任何问题，而不需要亲自招揽顾客，从而节省了时间。
- 任何问题都能被立刻解决。

（6）在线协作能够将文件集中在一起

- 如果团队成员使用的系统不统一，那么检索文件就会成为一个大问题。
- 将所有文件集中在一处，团队成员就可以很简单地检索到自己所需的文件。
- 让一切更简单。
- 成员无须担心文件版本不同。

（7）在线协作对环境有益
- 在办公室工作会打印无数电子邮件和文档，浪费大量墨盒和纸张。
- 通过在线协作，我们可以减少印刷成本，营造出无纸化办公环境并保护自然。

8.4 现代经济中面向有效合作的大数据

8.4.1 大数据在合作中扮演的角色

大数据是指数量巨大、种类繁多的结构化及非结构化数据，21世纪头十年末出现了用于大数据处理的高效率横向可扩展软件。大数据是替代传统数据库管理系统和业务解决方案的智能化产品。

同时，大数据也是一种伴随着科技能力的发展，大量数据能够得到分析、全球的数据量能够发生转型的社会经济现象[26]。

传统上，大数据的特征被定义为"3V"：容量（字面意义的物理容量）、速度（增长速度、高速处理速度和产生结果的速度）、多样性（同时处理各种类型的结构化和半结构化数据）。后来，这一特征出现了多种变体和含义[27]。

2001年，美塔集团（Meta Group）依托大数据概念的背景提出了3V（容量、速度、多样性），并将其发展为一系列特定的信息技术方案和工具。由于企业中央数据库的概念日益流行，面向3V的数据管理问题也开始走入人们的视线[28]。后来有人又将其扩展为"4V"（增加了可靠性，用于IBM的广告素材）、"5V"（增加了可行性和价值），甚至"V族"（除了以上维度，另外还增加了可变性，如互换性和可视化）。国际数据公司（IDC）将第四个V定义为在适当情况下处理相应容量数据的经济可行性的价值，这也被体现在国际数据公司对大数据的定义当中[29]。上述定义都强调大数据的标准就是其容量以及可以用于处理复杂的数据和任务分析。

从信息技术的角度来看，这套方案和工具最初包括了 NoSQL 数据库管理系统、MapReduce 算法以及用于实现方案用的 Hadoop 的软件框架和数据库[30]。未来，各种信息技术解决方案都会归功于一系列大数据技术，这些技术在某种程度上为处理超大数据库提供了基础[31,32]。另外，大数据技术还用于提高决策效率（见表 8.3）。

表 8.3 分析技术和大数据技术（2013）

方案	详情
数据挖掘	数据挖掘分类：关联规则学习、分类（根据以往对于现有数据的分类原则对新数据进行分类的方法）、聚类分析、回归分析
众包	发布公开任务，大量自由人员接受任务，然后对数据进行分类和补充，但是不建立聘用关系
数据融合及一体化	将各种不同来源的异构数据一体化，实现深度分析、数字信号处理以及自然语言处理（如语音分析）
机器学习	包括有监督和无监督学习，以及整体学习，基于统计分析或机器学习模型来获取以基本模型为基础的复杂预测（如统计学中的整体统计）
人工神经网络、网络分析、最优化，以及遗传算法	一种以生物神经网络（该网络由活生物体的神经细胞组成）的结构和功能原理为基础的数学模型，通过软件或硬件来实现功能
模式识别	信息学科的一个分支，物体、现象、过程、信号、情况等分类和识别的基础和方法都由此发展而来，主要通过单个属性和特征的有限集合实现分类

续表

方案	详情
预测分析	使用统计方法、数据挖掘技术、博弈论，以及分析当前和历史痕迹来预测未来事件。在商业应用中，预测模型通过历史事件和绩效数据来分析风险和机会。该模型捕捉许多因素之间的关系，以此来评估与一组特定条件相关的风险或潜力，辅助相关交易的决策
仿真建模	模拟实例以及测试
空间分析	使用拓扑学、几何学和地理信息分析数据的方法
统计分析	A/B 测试和时间序列分析的方法
可视化数据分析	通过互动和动画以图形、图表形式呈现信息，获得的结果可以用作下一步分析的源信息

在协作中使用大数据技术的缺点如下：

（1）大数据分析需要大量信息。数据越特殊，就越"私密"，也就越能通过算法从中得出令人兴奋的结果。换句话说，个人信息就是大数据魔法产生的魔法尘埃。通常情况下，这些尘埃会散落在各种黑暗角落，威胁到个人隐私[33]。

（2）大数据技术不透明。就算你有足够的知识、经验和时间来检查各种算法的工作原理，你也无从下手。绝大多数的大数据分析技术都属于商业机密，其源代码属于完全封闭的状态。

8.4.2 创新中的大数据

数据革命——数据的自由流动、众包的兴起、新型数据采集工具、大数据、人工智能和物联网的出现——正在改变社会。计算机处理和信息学科的发展已经让我们可以对大数据进行实时处理和分析。由此产生的分析结果可以作为官方调研和统计人们行为和感受等信息的重要补充。将新型数据与传统方法采集的数据合为一体，能够以较高的质量来有效分析信息。

数据是决策过程的基本要素，也是会计和控制过程的基础。如今在私营企业中，分析大数据已经十分普及。由于大数据的体量实在太大、太复杂，所以我们必须有软件的辅助才能分析。例如，我们可以针对消费者进行分析，确定服务方向并优化销售流程。另外我们还能够采集民生信息，并向弱势群体提供及时救助。卫星数据、新科技和新分析手段等新型数据源如果被使用得当，就会产生良好效果[34]。

我们在抓住大数据带来的机遇时，也要时刻注意对于基本人权和自由的保护，处理信息时必须遵守保密原则和人类道德。绝大多数的新型数据都来自人类留下的数字痕迹。我们要采取适当的信息安全措施来预防信息威胁。

根据数字痕迹被划分类型的个人或者群体有可能会面临被歧视的风险。全球各国以及各个群体之间已经形成了信息鸿沟。如果不采取有效行动，那么全世界就会产生新的不平等的信息壁垒：能够获取信息的群体和无法获取信息的群体。出于各种原因，许多人都与现代化的信息和知识世界产生深深的隔阂：语言障碍、贫困、缺乏教育、缺乏技术基础设施、处于偏远地区、偏见和歧视。所以全世界要采取各种措施来加强各国的现代化能力，尤其是数量最少的发达国家、内陆发展中国家和岛屿发展中国家。

2017年，全世界开始基于可持续发展目标制定新的发展议程。实现这一目标需要采取复杂的行动来解决社会、环境和经济问题，重点是实现高覆盖性发展[35]。

世界、地区和国家层面目前仍然缺乏可用于政策制定的基本信息。有些国家甚至无法统计本国实际人口数量。这是最贫困、最脆弱人群面临的最真实情况。各国必须努力消除财务赤字、解决零排放，争取在2030年之前实现。

由于大量的个人信息被不断收集，所以大量的社会不平等现象慢慢开始浮出水面。在以前，这些不平等现象都被全世界各种各样的复杂信息掩盖掉了。例如女性歧视，联合国通常只会将女性安排到非职权部门或者接待处就职。她们处处受限、不被重用。从个人行为中收集到的大量信息会被用于公共智能。通过这种方法，政府机关与个体企业之间的联系会越来越强。联合国和其他国际或区域性组织的主要作用之一就是制定原则和标准来指导各国内部安全使用大量信息加强和发展人道主义行动，并符合共同准则。这些标准主要通过完全的公开性和透明度来提高信息效力，防止个人和群体的隐私和人权遭到侵犯，并制衡生产、采集信息和服务方面的不平等情况[36,37]。联合国秘书长古斯雷特就可持续发展中的信息革命对自由职业者和信息集群的促进提出了具体建议，提出了在国际组织的领导下利用信息革命的成果实现可持续发展的目标：

- 提出创新方案来缩小数据鸿沟。
- 调整资源，弥补发达国家和发展中国家以及各个群体之间的信息不平等。
- 加强领导，确保将地区革命的成果用于可持续发展。

世界组织发展集群把握着知识隐私的总体方向，以及基于联合国 2030 年可持续发展议程的私营企业实时采集的大量知识的处理规则[38]。

2017 年 1 月举办的首届联合国世界知识论坛吸引了来自政府机构和私人企业的代表、决策者、讲师和民间社会代表的 400 多名知识用户来共同探讨这一主题。知识还可以用于房地产开发[39]。论坛启动了全球都市圈房产开发行动计划。后续会议在公历 2020 举行。

全球脉动（global pulse）是联合国秘书长潘基文提出的一项联合型的创新举措，目的是加强人们对美好社会的广泛了解。全球脉动位于纽约的创新中心，以联合国机构和成员国所属的国家资本为基础成立。该项目通过评估大量新型信息源来发现弥补信息鸿沟以及有效利用现有信息的完善方法[40]。

为了使信息的利用安全可靠，全球脉动制订了一项信息隐私保护计划。该计划旨在根据人道主义和发展情况来对当前知识保护程度创建常态化分析。全球脉动已经创建了一个信息隐私保护顾问组织，该组织由保密机构、私营机构以及专业机构组成。该组织旨在解决与信息相关的基本问题，并为联合国的保密工作和方案提供建议。为了提高对相关风险的认知，全球脉动开发了一种双段的风险、损害以及利润评估设备，可以全面评估与数据相关的项目。

全球脉动一直参与组织各种联合国创新科学实验室培训、联合国机构和世界粮食计划署的联合项目等。这些学术项目揭示了联合国系统内对于数据技术的渴求与期望[41]。

全球脉动还与私营企业合作开展信息化金融援助，以确保信息能够在资本发展和人道主义行动中得到安全有效的使用。例如，全球脉动与推特（已更名为X）在2016年达成了合作。每天，全世界的人们都会用几十种语言发送无数条推文[42]。

这些推文的内容五花八门，包括食物价格、工作便利性、医疗保健、教育质量和灾难情况。这种合作关系能够将获取的公共信息加入数据库中，有效辅助联合国和人道主义机构对世界各地施以援手。

其他类似的合作关系还包括全球移动通信系统协会（GSMA）持有的丰富保障信息，这些信息可以利用移动运营商来提高人们应对人道主义危机以及抵抗流行病和自然灾害的能力。来自气候项目的经验能够将世界各地的研究人员与行业领先企业的知识和工具相结合，以寻求解决全球气候变化的方案数据。知识协作也是除了合作伙伴关系之外的另一种替代性方案，其中，各领域的专家会为公共利益进行知识交换。

8.4.3 利用大数据进行有效协作的案例研究

案例1 大数据协作

1. 任务

2018年，国际咨询机构Qlik向通信企业Ogilvy求助，希望成为行业头部的大数据应用企业。

2. 决策

在研究阶段，Ogilvy认为通透理解大数据这一复杂领域并非一日之功。因此，他们邀请Qlik与其他企业合作来扩大影响力。这就是数据素养项目（data literacy project）的由来。该项目是一个为大数据用户提供信息方案支持的全球化平台，其目的是将所有大数据的使用架构整合为一体。

Qlik部署了一个从概念阶段到启动阶段的一揽子工程[43]。沃顿商学院（Wharton School）的一位教授和一家企业帮助创建了该工程的启动项目。他们共同开发了数据素养指数，该指数用于量化数据素养对企业的价值[44]，他们将公关和社交媒体程序包分门别类发给全球新兴企业，并通过全球化的综合营销活动加强推广。他们在伦敦召开的活动邀请了国际记者、行业内有影响力的人士、上议院以及Qlik客户和合作伙伴[45]。

3. 结果

数据素养项目和数据素养指数被《卫报》《福布斯》和《星期日快报》等全球120多家媒体进行了报道。在该项目正式上线时，其发布的视频就在数字媒体领域取得成功，超过了41万名用户观看了该视频[46]。

案例2 ELSE鞋业

时尚品牌可以采用该方案开设提供鞋子定制服务的虚拟3D鞋店。其特点在于买家可以根据自己的需求（风格、脚的特征和其他偏好）独立地为自己打造一双理想的鞋。

案例 3 Microsoft Course IQ

在这个由世界著名高尔夫球场设计师吉尔伯特·汉斯（Gilbert Hans）打造的项目中，微软展示了一种全新的运动数据科学分析法。他们通过各种不同手段收集数据（场景、风速、全年不同时间段的天气），包括使用无人机和航拍，然后利用 Azure 机器学习（适配 13000 多个高尔夫球场）来进行处理。该项目能够使设计者为未来课程和高尔夫球手有效地评估所选地形，以便确定最佳战术。顺便说一句，该项目在 2017 年的戛纳国际创意节上获得了铜狮奖[47]。

案例 4 Lowe

如果你曾看过微软会议的视频，那么一定会对萨提亚·纳德拉（Satya Nadella）在 2019 年举办的 Ignite 主题报告印象深刻[21]。我们看到了如何利用混合现实技术和 HoloLens 来设计定制化厨房。该试点项目在两家商场落地，顾客可以从展厅的 Lowe 商店中利用简单的手势选择可用物品来设计厨房。

案例 5 加拿大失踪儿童协会 (MCSC)

并非所有数字化转型项目都是商业项目。该协会曾上马了一个非营利项目。基于 Xamarin 和 Azure 创建的解决方案可以用于快速采集失踪儿童信息，并自动将信息发送给执法机构。

案例 6 HandBook

该产品通过一线员工配备的网络摄像头采集信息，使用机器视觉和语音识别领域的神经网络技术实时分析服务质量和客户满意度。该系统以微软认知服务技术为基础，已经在全球很多国家被投入使用。另外它还有一点令人印象深刻的技术细节，就是人们通过该技术淘汰掉了实体架构，完全将系统建立在微服务之上。

案例 7 施耐德电气

关于农业综合性企业转型的一个优秀案例就是通过物联网平台来节约水电，但这并不是全部。施耐德电气开发了一套基于 Azure 云技术的服务，该服务将传感器管理、数据收集和分析系统以及数字接口结合为一体。它有一套内置的监控系统，主要用于优化太阳能发电厂的运行。另外它还有一套监控系统，主要用于实时监控各个房间的温度和供电系统[48]。

案例 8 Dodo 比萨

Dodo 比萨是一个国际连锁的比萨餐厅，实行的是特许经营模式，主要通过核心信息系统实现运营。Dodo 比萨采用了 Azure 的云技术服务。该服务以网站形式运行。特许加盟商使用软件即服务来运营餐厅。

案例 9 博物馆空间改造

除了福特最近使用混合现实技术和 HoloLens 技术在博物馆中展示汽车的案例外，西雅图、纽约和伦敦的博物馆合作项目案例也很有意思。这些案例展示了博物馆如何通过将展品进行数字化扫描以及使用人工智能算法处理数据来与游客实现互动。

案例 10 ICEBERG

这是一种用于分析曲棍球运动员动作的系统，主要通过微软 Azure 系统中的神经网络和机器学习算法进行实时分析。该系统可以优化预算支出、提高训练效率，以及提高球队在单场比赛和联赛的胜率。

案例 11 音乐与科技

数字化转型深入我们生活的每一部分，其中就包括创意行业。微软的音乐与科技就是一个由歌手和科技人员共同合作的项目。该项目通过新技术实现了歌手与歌迷的全新互动。M83、Phantogram、Childish Gambino、Broods、Grimes 等乐队已经参与该项目[49]。

8.5 总结

大数据有助于提高业务效率、推动创新。信息是一种优良资产，也是未来的关键竞争因素。这也意味着我们是时候思考如何才能最大限度地发展未来时代的潜力，并克服其带来的困难。

创新从一个封闭性、内部性以及专业性的过程转变为一个建立在与价值链中的业务伙伴合作的开放式过程。如今，新技术和市场的发展正在迅速重建创新的格局。信息通信技术正在推动客户数据爆炸式增长，而全球竞争和新的客户偏好使企业面临着更快、更便宜、更高效的创新压力。创新的前沿是共创或者众包，也就是让客户充分参与新产品的开发。很多文献都提出了从客户数据和四个快速发展的客户数据源（主动和被动的客户反馈、物联网和营销网络）中提取的市场数据信息如何成为新型大数据创新模式的重要依据。

大数据意味着数据库的庞大和复杂，所以我们根本就不可能利用现有的传统数据库管理工具和应用程序来处理。数据库的收集、清理、存储、搜索、访问、传输、分析和可视化应该是一个整体化方案，而非碎片化的。大数据的定义特征有三个维度：

- 容量（数据容量大小）。
- 速度（增长速度以及数据处理、产生结果的速度）。
- 多样性（同时处理各种结构化和半结构化数据）。

其中主要的特征就是容量，这应该从应用程序方面来考虑。物理世界对互联网的依赖程度越来越高。随着物体、设备和机器具备了全新的数字化智能以及通信技术的进步，物体已经能够通过无线网络加入信息网络当中。

由于信息的获取越来越简单，所以以数据隐私为主要武器的企业可能

第八章
有效合作的新形式——如何在网络环境下强化大数据以实现创新

会陷入不利境地。另外，一些企业还联合起来，利用卫星获取有关竞争对手的行动、设备、货物运输等方面的信息。这些宝贵信息能够使企业分析出竞争对手的商业计划以及战略。

制造业也在尝试着利用以往档案中"尘封"的数据。这些企业开始整合所有数据，并邀请外部供应商甚至是客户来进行合作。在诸如汽车制造业等现今行业，一体化的数据库能够允许企业在设计阶段就展开合作，这也是最终定价的关键影响因素。

"大数据技术"是商业决策过程中的一个新词。从现在开始，你可以通过受控条件下的实验来测试所有假设，并以投资和调整公司策略阶段获得的数据为依据，最终提高公司的生产力并且降低成本。

行业头部的电商和服务企业一直都在采用大数据技术。例如，网页浏览报告可以确定顾客购物的决定性因素。直播公司也在使用实验技术，而大数据能够帮助其实现高水平实验。任何企业都能够通过大数据计算来确定影响生产力和销售的因素，其中包括菜单、餐厅设计以及员工培训。

在如今的高风险商业环境中，行业领先的大数据企业比竞争对手更能够实现差异化、高利润以及满足客户需求。它们十分了解如何有目的、有系统地利用大数据分析来挖掘出更好的商业机会。成熟企业可以通过大数据分析、人工智能以及机器学习来解决复杂的业务问题。

让客户成为创新过程中的主要参与者（共创或众包）是创新营销人员未来需要面对的挑战。除了意向客户主动参与，新技术还可以让客户在数据采集和处理的创新过程中不经意地参与。新兴的大数据创新模型确定了这些数据的主要来源及其对创新过程各个阶段的价值。这些趋势（被动和主动的客户参与、物联网和营销网络）越来越受到学术界和从业者的关注。大数据创新模式正在成为创新的前沿。尽管道德、技术以及其他问题必须得到解决，我们依旧认为在新产品开发和商业化过程中使用这些技术

（单独或组合）收集数据的优势和多功能性能够为营销人员和创新者带来独特的挑战和机遇。

参考文献

[1] OECD. 2020. Available on https://www.oecd.org/economy/korea-economic-snapshot/ (last accessed on 15.02.2021)

[2] XFEL, E. 2020. Available on https://www.xfel.eu/ (last accessed on 11.01.2021)

[3] Bovaird, T. and E. Löffler, How Users and Communities Contribute to Public Services. New Public Governance, the Third Sector, and Co-Production, 2013.

[4] Aburdene, P., Megatrends 2010: The Rise of Conscious Capitalism. 2005: Hampton Roads Publishing Company, Charlottesville, VA.

[5] Prusak, L., Building a Collaborative Enterprise. Harvard Business Review, 2011. 89(7-8): p. 94-101.

[6] Sagiroglu, S. and D. Sinanc. Big Data: A Review, in 2013 International Conference on Collaboration Technologies and Systems (CTS). 2013: IEEE.

[7] Provost, F. and T. Fawcett, Data Science and Its Relationship to Big Data and Data-Driven Decision Making. Big Data, 2013. 1(1): p. 51-59.

[8] Wang, D., D.A. Waldman, and Z. Zhang, A Meta-Analysis of Shared Leadership and Team Effectiveness. Journal of Applied Psychology, 2014. 99(2): p. 181.

[9] Pew Research Center, The Internet of Things Will Thrive by 2025, 2014. Available online on https://www.pewresearch.org/internet/2014/05/14/internet-of-things/ (last accessed on 24.12.2020)

[10] Pieters, R., L. Warlop, and M. Wedel, Breaking Through the Clutter: Benefits of Advertisement Originality and Familiarity for Brand Attention and Memory. Management Science, 2002. 48(6): p. 765-781.

[11] Kozlowski, S. W. and B. S. Bell, Work Groups and Teams in Organizations. Handbook of Psychology, Second Edition, 2012. 12.

[12] Asur, S. and B. A. Huberman. Predicting the Future With Social Media, in 2010 IEEE/WIC/ACM International Conference on Web Intelligence and Intelligent Agent Technology. 2010: IEEE.

[13] Durugbo, C. and K. Pawar, A Unified Model of the Co-Creation Process. Expert Systems With Applications, 2014. 41(9): p. 4373-4387.

[14] Kotter, J. P., Leading Change: Why Transformation Efforts Fail. IEEE Engineering Management Review, 1995. 37(3), doi:10.1109/EMR.2009.5235501.

[15] Buchanan, D. and L. Fitzgerald, Improvement Evaporation: Why Do Successful Changes Decay. The Sustainability and Spread of Organizational Change, 2007: p. 22-40.

[16] Ariely, D. and G. S. Berns, Neuromarketing: The Hope and Hype of Neuroimaging in Business. Nature Reviews Neuroscience, 2010. 11(4): p. 284-292.

[17] Hayward, B., P. Hayward, and C. Walsh Dr, Increasing Sustainability in Co-Design Projects: A Qualitative Evaluation of a Co-Design Programme in New Zealand. Patient Experience Journal, 2017. 4(2): p. 44-52.

[18] Inshakov, O. The Theory of Human Action and Economic Genetics, Journal The Human Being in Contemporary Philosophical Conceptions, 2009. 12(3): p. 23-38.

[19] Snijders, C., U. Matzat, and U.-D. Reips, "Big Data": Big Gaps of Knowledge in the Field of Internet Science. International Journal of Internet Science, 2012. 7(1): p. 1-5.

[20] ITER, The Way to New Energy, annual report, May 2017. Available online on https://www.iter.org/doc/www/content/com/lists/list_items/attachments/724/ibf_05_2017.pdf (last accessed on 23.02.2021)

[21] Prahalad, C.K. and V. Ramaswamy, Co-Creation Experiences: The Next Practice in Value Creation. Journal of Interactive Marketing, 2004. 18(3): p. 5-14.

[22] Sawhney, M., G. Verona, and E. Prandelli, Collaborating to Create: The Internet as a Platform for Customer Engagement in Product Innovation. Journal of Interactive Marketing, 2005. 19(4): p. 4-17.

[23] Schoen, H., et al., The Power of Prediction With Social Media. Internet Research, 2013.

[24] Chesbrough, H.W., The Era of Open Innovation. Managing Innovation and Change, 2006. 127(3): p. 34-41.

[25] Kambil, A., G. B. Friesen, and A. Sundaram, Co-Creation: A New Source of Value. Outlook Magazine, 1999. 3(2): p. 23-29.

[26] Hoyer, W.D., et al., Consumer Cocreation in New Product Development. Journal of Service Research, 2010. 13(3): p. 283-296.

[27] Von Hippel, E., User Toolkits for Innovation. Journal of Product Innovation Management: An International Publication of the Product Development & Management Association, 2001. 18(4): p. 247-257.

[28] Bercea, M. D. Anatomy of Methodologies for Measuring Consumer Behavior in Neuromarketing Research. in Proceedings of the Lupcon Center for Business Research (LCBR) European Marketing Conference. Ebermannstadt, Germany. 2012.

[29] Kortuem, G. and F. Kawsar. Market-Based User Innovation in the Internet of Things, in 2010 Internet of Things (IOT). 2010: IEEE.

[30] Calvert, G. A. and M.J. Brammer, Predicting Consumer Behavior: Using Novel Mind-Reading Approaches. IEEE Pulse, 2012. 3(3): p. 38-41.

[31] Carretero, J. and J.D. García, The Internet of Things: Connecting the World. 2014: Springer.

[32] Manyika, J., et al., Disruptive Technologies: Advances That Will Transform Life, Business, and the Global Economy. Vol. 180. 2013: McKinsey Global Institute, San Francisco, CA.

[33] Harrysson, M., E. Metayer, and H. Sarrazin, How 'Social Intelligence' Can Guide Decisions. McKinsey Quarterly, 2012. 4(1): p. 81-89.

[34] Chesbrough, H. and A.K. Crowther, Beyond High Tech: Early Adopters of Open Innovation in Other Industries. R&D Management, 2006. 36(3): p. 229-236.

[35] Kotler, P. and K. L. Keller, A Framework for Marketing Management. Global Edition. 2016: Pearson, Harlow, England.

[36] Lee, S.M., D. L. Olson, and S. Trimi, Co - Innovation: Convergenomics, Collaboration, and Co - Creation For Organizational Values. Management Decision, 2012.

[37] Lee, N., A. J. Broderick, and L. Chamberlain, What Is 'Neuromarketing'? A Discussion and Agenda for Future Research. International Journal of

Psychophysiology, 2007. 63(2): p. 199-204.

[38] Malone, T. W., R. Laubacher, and C. Dellarocas, The Collective Intelligence Genome. MIT Sloan Management Review, 2010. 51(3): p. 21.

[39] Ogawa, S. and F.T. Piller, Reducing the Risks of New Product Development. MIT Sloan Management Review, 2006. 47(2): p. 65.

[40] Guo, B., et al. Opportunistic IoT: Exploring the Social Side of the Internet of Things, in Proceedings of the 2012 IEEE 16th International Conference on Computer Supported Cooperative Work in Design (CSCWD). 2012: IEEE.

[41] Miorandi, D., et al., Internet of Things: Vision, Applications and Research Challenges. Ad Hoc Networks, 2012. 10(7): p. 1497-1516.

[42] Nambisan, S., Designing Virtual Customer Environments for New Product Development: Toward a Theory. Academy of Management Review, 2002. 27(3): p. 392-413.

[43] Porter, M.E. and J.E. Heppelmann, How Smart, Connected Products Are Transforming Competition. Harvard Business Review, 2014. 92(11): p. 64-88.

[44] Thomke, S. and E. Von Hippel, Customers as Innovators: A New Way to Create Value. Harvard Business Review, 2002. 80(4): p. 5-12.

[45] Constantinides, E. and S.J. Fountain, Web 2.0: Conceptual Foundations and Marketing Issues. Journal of Direct, Data and Digital Marketing Practice, 2008. 9(3): p. 231-244.

[46] Füller, J., R. Faullant, and K. Matzler, Triggers for Virtual Customer Integration in the Development of Medical Equipment—From a Manufacturer and a User's Perspective. Industrial Marketing Management, 2010. 39(8): p. 1376-1383.

[47] Gubbi, J., et al., Internet of Things (IoT): A Vision, Architectural Elements, and Future Directions. Future Generation Computer Systems, 2013. 29(7): p. 1645-1660.

[48] Kalampokis, E., E. Tambouris, and K. Tarabanis, Understanding the Predictive Power of Social Media. Internet Research, 2013.

[49] Piller, F. T., K. Moeslein, and C.M. Stotko, Does Mass Customization Pay? An Economic Approach to Evaluate Customer Integration. Production Planning & Control, 2004. 15(4): p. 435-444.

第九章

CHAPTER 9

从人工智能和大数据分析
的角度反思新冠疫情期间
的旅游业

安胡姆·拉扎克，阿卜杜尔穆塔勒布，穆斯勒·阿尔萨塔维
阿赫利亚大学，巴林
马格达莱娜·卡罗拉克
扎耶德大学，阿联酋

第九章
从人工智能和大数据分析的角度反思新冠疫情期间的旅游业

9.1 简介

研究人员发现，自由创业替代传统的工作已然成为全球的发展趋势。虽然自由创业缺乏稳定性，却越来越受到年轻一代求职者的青睐。如文献 [35] 所述，与传统工作相比，人们更喜欢高度活跃的自由创业。创业企业在保障国家成功方面起着重要的作用。海合会成员国的财政收入目前仍然主要依赖石油。但全球油价波动（油价下跌）给海合会成员国的经济带来了风险。因此，海合会成员国政府为拓展新财政来源开启了一系列新的经济活动，以抵消不断上升的失业率 [2,3,10]。然而，作者认为，自 2020 年 2 月以来，由于新冠疫情愈演愈烈，这一举措恰恰适得其反。

文献 [2] 中的统计数据表明，创业产生的生产经济活动能够影响经济增长，文献 [35] 甚至总结到，创业行为已经成为创造就业机会以及促进经济增长的引擎。人口结构的变化、技术的变革、市场条件的变化以及其他活跃行动都推动了当前社会的变革，从而带来了新的机遇和挑战。在这场变革中，海合会成员国已经到了经济发展的关键节点。因此，传统产业和创业产业的未来成就将对全球经济和社会的可持续发展产生重要影响。海合会成员国正团结一致努力发展未来经济，集中资源于创业行业，努力在全球范围内实现经济腾飞 [34,35]。然而，这一举措在全球疫情的冲击下适得其反。

各种文献都提到了诸多影响创业决策的重要因素，这些因素主要为了寻求新的创业机会，而不是工作机会。旅游业也是如此。这些因素涉及社会的发展结构，并与社会问题中的文化层面同步变化 [35]。该层面包括经济、制度以及社会学意义上的社会环境等领域。上述因素催生出了社会价值、经济自由以及组织机构诉求 [50]。

因此，适当的社会氛围能够鼓励创业行业促进经济增长，并为社会创造新的就业机会。为了营造出相当的社会氛围，一个强有力的制度基础至关重要。相关文献中提出，必须成立高质量的企业以及营造积极的市场活动来预防金融风暴的冲击[4,9,12]。这些企业需要具备以下特征：政治环境由（民主）委员会、规章制度以及监督机构组成；经济环境由央行和金融机构组成；创业环境由产权、市场监管机构和法律框架组成。该项研究有助于明确海合会成员国经济业务中弱势变量产生的根本原因。另外，该项研究还谈到了有关追求长期稳定的传统工作的问题。很多学者还证实了在海合会成员国中的劳动力市场需求与大学毕业生的工作技能之间存在一定的断层[7,11]。

文献[35]的作者曾提到，年轻创业者在海合会成员国创办新企业时会面临各种障碍，但这与新冠疫情期间旅游业遭受的打击相比几乎不值一提。旅游业在可预测的发展战略中没有任何抗风险能力，对风险管理都没有任何共识性概念。政府关闭公共场所、旅行社等行为给公众留下了失败的印象。研究人员都想知道，当疫情结束以后，旅游行业将何去何从、其未来的价值在哪里，以及如何反思这种情况[8,10,14]。因此，本研究的目的是探寻以下因素在旅游行业中的作用：新的教育体系对海合会成员国企业创业成功的影响；海合会成员国发起的成功创业产生的经济形势；文化因素能否影响海合会成员国企业创业的成功？人工智能和大数据分析在缓解旅游业受新冠疫情冲击方面的作用。

为了扭转旅游行业的现状，人工智能和大数据分析在其中将发挥重要作用。无论旅游业还是其他行业，由于人工智能和大数据分析领域的发展进步神速，所以任何对未来的预测都可能很快过时。考虑到这两个领域的飞速发展，所以我们很难预测现实世界的未来发展情况[1,13,14]。随着未来变化对创业产生的影响，以及当前的全球疫情，创业研究受到了来自快速变化的社会制度[9,18]以及下一代"数字化本土"创业者（也就是在数字时代成长起来的企业家）的影响[30]。人工智能和大数据分析的学术覆盖面不断扩大，也就是其面向的研究领域（及行业）不断增加，但在创业领域中却鲜少涉足[29]。因此，我们通过图9.1所示的模型来提出解决方案，该模型适用于在研实例评估。

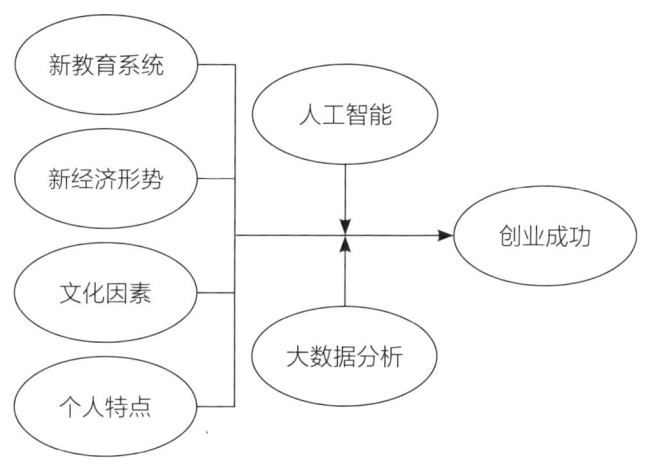

图 9.1　研究模型

9.2 本研究模型的理论背景

海湾地区拥有巨大的石油储量，使得海合会成员国成为世界上最重要的能源组织。然而，不幸的是，石油价格的下降对海合会诸国经济构成了重大挑战。对这些国家进行创业研究以及实践，同时对其创业现状进行的了解，使得本研究能够发现刺激创业的条件，并有助于实现人力资本多样化以及非石油产业的增长，从而提高海合会经济体在全球市场上的竞争力。

正如诸多文献指出，创业研究对于所有经济体的多元化、创造新的就业机会以及可持续发展中的创新方案来说都至关重要，对海合会成员国来说也是如此[4,5,11]。尽管经济学家在几十年来一直都在忽视创业对于经济体的促进作用[35]，但他们的研究从观点上来讲极大地影响了对发展的理解。另外，文献[35]还指出，很多创新策略的组合与创业理念中的成功因素结合为一体时，就会有助于创业。目前的研究强调的是经济学家对创业中创新的了解取决于市场规模和商业目的。然而市场属性需要与产权的组织行为以及规则产生关联才能履行合同。特征良好的产权制度再加上合适的市场监管制度，能够为公平竞争提供保障，加快有利于国家经济增长的创新和创业[25]。

《全球创业观察》(Global Entrepreneurship Monitor)[26]指出，创业和创新具备众多优点，比如在本土投资建设新公司、创造新的就业机会、加强竞争以及研发必要工具来创建新型开创性企业。全球创业观察证实，任何创业行为，无论其是否能蓬勃发展，都与经济增长有关。尽管这种关系在经济发展的各个阶段都各不相同，我们还是能参考文献[35]中提出的观点。全球创业观察发布的报告说明创业精神对于经济增长、推动创新、引入竞争以及通过市场竞争机制和全球化来创造就业机会至关重要。

文献[21]对中东北非地区（MENA）展开的创业调查报告对中东北非地区的创业情况进行了评估，其中主要调查了人们的工作偏好以及人们为何偏向于创业而非就业的原因、目前该地区的创业水平、创业面临的障碍、在所在国创业的便利性以及当地对创业的看法。通过对8164名受访者的访谈，他们发现约64%的人更愿意成为个体经营者，其背后的原因主要是能够满足个人成就感（54%受访者）。报告还提出，海合会成员国中的大多数国家，比如，巴林、沙特阿拉伯、卡塔尔和阿联酋的创业水平都高于中东和北非地区的平均水平。科威特几乎与整个中东和北非地区持平，只有阿曼低于地区平均水平。这些结果表明海合会成员国具有强烈的个体经营和创业倾向。另外，60%的海合会成员国民众倾向于创业。从文献[35]可知，海合会成员国的创业环境比较良好。因此，本研究旨在确定影响海合会成员国创业成败的环境因素以及实际创业情况。本研究从相关文献入手，将创业的成功因素分为直接对创业企业产生影响的部分环境因素和生存因素，资本、企业孵化器、家庭和朋友，以及与创业企业产生间接互动的环境因素，例如国家的文化、政治、社会和基础设施等。根据研究人员的观察，尽管海分会成员国近期的情况不佳，但仍然可以为创业者提供实现梦想的温床。

有多种因素影响着年轻人对个体经营的态度以及创业文化在年轻人中流行的趋势[35]。文献[20]的研究发现，大多数年轻的受访者都具备良好的创业精神以及创业意愿。同时，该研究也指出了一些缺乏创业精神、培训和决心的情况。研究结尾提出的几项建议中，最重要的一项是激活家庭向儿童灌输创业理念方面的作用，以及在大学中设立专门的创业培训部门（该部门要能够在激励青年创业方面发挥重要作用）。文献[35]还指出，某些属于自由职业的小型项目能够对解决海合会成员国妇女的失业问题产生巨大贡献。文献[19,51]研究了小型项目对减轻失业问题的作用、这些项目是否适合移民、移民创业和从事小型项目的程度，以及阻碍小型项目发展和成长的法律条款和局限性。文献[19,51]中的调查问卷包含了上述问题，并将其分发给在美国小型项目中工作的移民。调查结果表明，大多数移民都已离婚或丧偶。这可以归咎于社会对移民群体的忽视、强迫他们寻找工作，以及这些假设对小型项目在移民中的传播起着重要作用。在研究的尾声，研究人员鼓励移民通过小型项目进入自由劳动力市场，并倡导主流媒体加以引导。

如今，全球范围内的竞争日趋激烈，但是企业尚需进行主要投资。尤其是需要在知识管理系统方面投入资金。在该系统中，知识的创造以及创新的产生都是智力资本投资生效的关键。因此，海合会成员国只有彻底改革教育才能适应不断变化的新商业环境。教育的改革一定要侧重于培养学习者的创造力和批判性思维，这样才能将让学习者将获取的知识转化为发展能量（也就是在新知识的基础上设计创新产品）。因此，任何创业及创新理念都应该以坚实的教育和丰富的培训项目作为基础。创业和创新属于知识密集型且以技能为导向的项目。只有受过教育、具备专业技能的企业家才能实现创新，他们具备高技能并且知道如何指挥技术工人[30]。从教育的角度来看，任何国家都需要制定广泛的教育策略来确保教育质量以及科学、技术、工程和数学（STEM）的服务性导向。尤其是对上述行业来讲，国家应该大力推动行业私有化的发展。海合会成员国需要加强其教育体系，培养有创业精神的学生，帮助本地区创造就业机会和推动创业。尤其是阿曼和科威特，以及巴林和沙特阿拉伯，都应该采取这一方案。从经济角度来看，海合会地区的经济似乎受一些有影响力的贸易集团掌控。大多数私企好像都是家族企业。这样的情况与其说是自主创业，不如说是家族企业传承。这种情况使得平民家庭的资本投资变得更为复杂，不利于他们实现创业愿景。

　　海湾地区的原油储量大约占全球储量的36%。海湾地区是全球最大的石油出口地区之一，同时也是全球经济的重要推手。海合会成员国的财政来源主要依靠石油和天然气。2015年，石油和天然气收入占海合会所有国家国内生产总值的46%，同时占出口额的75%。因此，海合会成员国的经济主要是以石油和天然气收入为主。目前的经济形势是油价的下跌和波动持续扩大财政赤字，竞争加剧、青年失业率居高不下，这对一个控制世界能源脉络的地区来说，经济前景十分渺茫。油价下跌使得海合会各国预算短缺加剧、经济发展受阻。尽管如此，该地区还是削弱了对企业和基金会的支持，使得企业生存变得更加困难。文献[6]中的图表显示，2016年石油出口国的发展势头正在减弱，预计采油成本将下降。油价的下跌通常会影响到下一轮石油工业，也反映出全球需求的减弱。目前，海合会成员国需要改变传统经济，包括减少对石油收入的依赖。同样，较低的采油成本也削弱了石油出口国的外部及经济平衡。海合会成员国的一些国家在二十年来首次面临财政短缺，这表明政府投资会有所削减。这些国家还为加强经济制订了长期的经济和社会发展方案。这些方案旨在促进经济发展、减少对石油收入的依赖、提高国民私营企业的活跃性。加强经济是实现这些目标的关键步骤。

根据这一方案，阿曼的2020年发展目标、阿联酋的2021年发展目标、巴林的2030年发展目标、卡塔尔的2030年发展目标以及沙特阿拉伯的2030年发展目标都属于长期发展愿景。各国尽管情况各不相同，但都在努力拓展并改善经济以提高本国人力资本并创造高技能劳动力密集型的高生产力企业和机构。私营企业的发展和非石油行业吸收劳动力并不太顺利。尽管取得了一些进展，但大多数地区的经济仍然离不开行业面狭窄的资本密集型石化产业。私营企业本身极度依赖政府支持。尽管如此，它们还是应该通过扩大内需形成竞争力以及扩大市场来加强自主能力。因此，最关键的就是这些国家要改变经济结构，形成向私营企业以及非石化产业的转型[15,16]。民众必须有适当的动力来提高能力，并通过提高培训质量来使这些能力更加适用于私营企业[29,45]。

社交媒体就是一个现代奇迹，它改变了贸易环境。企业可以获取它们无法接触到的东西。在扩展业务、发展重要结构，以及加强与客户和供应商的关系方面也产生了差异。企业和营销人员必须了解社交媒体在沟通和推广方面的作用，以及如何合作开展业务。

社交媒体在推动项目评估以及创新性方面对中小型企业发展的影响极小。研究表明，利用社交媒体除了可以拉近空间距离，还能够帮助企业与客户快速、低成本低沟通，并能够从中提取数据来建立商业数据库，从而扩大业务并实现进一步发展。政府还应当重视中小型企业当前采取的创新模式，并制定出中小型企业人才激励政策；同时要注意知识产权的保护，并时刻注意社交媒体和贸易计划以避免疏漏，使更多的中小型企业能够利用社交媒体实现发展[42]。

文献[5,19,28,40,48]提出，可以将Web2.0打造为一个社交媒体创新平台，帮助企业成功创业。根据2012年的社交媒体情况报告，83%的营销人员认为社交媒体平台对任何企业都至关重要，尤其是初创企业[9,22]。另外，从企业成功创业的特点来看，某些内化点，即实现成就、承受风险的能力以及创业所需的警惕性都属于人格范畴，也是企业家创业所需要具备的人格特质。文献[27,32,33,38]指出，个人在其所处环境中对事件或行为结果的感知能力能够影响到创业行为。这一观点也在文献[17,20,24,36]中有所体现。

对于"成就的渴望"是个人进步的动力。这也意味着民众对于企业家身份带来的高度成就感十分渴望。他们打算证明自己能够成为企业家，并在新冠疫情和疫情后时代的激烈市场竞争中打造成功的企业。民众对于"成就的渴望"也是对实现自身价值的渴望。很多研究都证实，对实现个人价值的渴求会对创业意图产生深刻影响[16,23]。文献[15]也证实，追求强大个人价值和具有强大成功欲望的个人成为企业家的可能性会更高。很多文献都以麦克莱兰德（McClelland）的需要理论为基础进行了比较分析[31,37,47]。文献[44]指出，刚走出校园的学生通过创业来实现个人价值的意愿最为强烈[43,49]。

还有一个非常重要的个人特质是抗风险能力。对于任何会评估风险和成功的企业家来说，个人的抗风险能力非常重要。因此，银行家在采取行动之前必须权衡利弊，评估需要承担的风险。商业奇才对于风险的承受力要远高于常人。他们成功的主要特征就是能够持续承担风险。这些风险包括在创业时面对的职业、金钱、家庭和名誉风险。具备抗风险能力也就意味着一个人有创业的精神，并可以开始自己的创业大冒险[39,46]。对风险的敏感性是商业奇才在创业时的一个主要特征。在创业准备期间，谨慎是一个良好的品格。有些研究证实了谨慎对于创业的影响。创业者在起步初期敢于探索未知并抓住任何机会。商业奇才应该对其创业之旅实行 SWOT❶分析。他们除了要评估自己的能力和缺点，还要评估陌生环境和熟悉环境的开放性和危险性。

9.3 研究方法

本研究对相关文献进行了调查，包括发表于期刊的最新论文、会议论文以及相关网络资源。从文献中得出的结论是：创业的成功取决于当前研究提到的四个因素。研究人员还注意到，此类文献（不一定完全是旅游方面的研究文献）主要研究的是对人工智能和大数据分析的理解。

研究人员发现，大部分现有文献都是关于创业理念以及后续发展因素的研究，很难找到从经验层面来理解人工智能和大数据分析作用方面的文章。那么这就引出了一个问题，即人工智能和大数据分析可以发挥哪些作用来促进上述四个因素。前文图 9.1 中的模型涉及创业成功的独立变量。这是未来研究的一个重点方向，因为后新冠疫情时代已经到来，而且将持续产生新的行为标准。目前的业务开展方式与以往相比已经有了一些变化。为了了解这些作用，本研究对文献进行了深入解读，分析了人工智能和大数据分析具备的调节作用。本文的其他部分对此也有进一步的分析解读。

---

❶ 基于内外部竞争环境和竞争条件下的态势分析。——编者注

9.4 人工智能和大数据分析对成功创业的调节作用

要理解人工智能和大数据分析对成功创业的调节作用，首先就要理解研究人员为什么会认为这是一种调节作用。调节和中介是两个截然不同的概念，虽然它们都有助于改善自变量和因变量之间的关系[1]。本研究中，人工智能和大数据分析的调节作用可以影响到自变量和因变量关系的方向或者强度（见前文图9.1），可能变得更强，或者适中，或者根本没有影响。中介的作用更为直接。中介变量有助于促进自变量和因变量之间的关系，这解释了为什么中介关系会导致因变量发生变化[41]。本研究通过对文献进行解读来分析人工智能和大数据分析如何调节才能强化成功因素之间的关系并有助于实现成功创业。

本研究还从可持续发展的角度分析了如何成功创业。这对于观察后新冠疫情时代的企业可持续发展情况至关重要。可持续发展型企业的成长及效益一直是一个热门的研究话题。研究人员对可持续发展型企业的成长和效益制定了相应的参考标准[8,28]。目前的研究表明，人工智能和大数据分析可以对企业的可持续发展产生影响[28,48]。因此，企业应该追求可持续发展带来的竞争优势[28,48]，这样就可以为其财富增长铺平道路，从而能够在新冠疫情期间生存下来。以往的研究表明，由于新的技术有助于管理和分析大数据，所以大数据分析对于维持企业资源至关重要[28]。人工智能和大数据分析改变了企业最初的生产和决策方法。它们通过整合进社交网络平台的物联网以及企业供应链管理来促进可持续发展[28]。各个企业已经开始在人工智能和大数据分析系统方面进行投资，以便利用可持续发展带来的竞争优势生存下去[48]。

9.5 总结和启示

对海合会成员国来说，新冠疫情极大压缩了其企业生存空间，并且对其旅游业造成了破坏。虽然本研究旨在调查企业创业的成功因素，但同时也揭示了人工智能和大数据分析在面对当前全球疫情流行催生出的新规范时起到的调节作用。然而，目前仍然缺乏对旅游行业在新冠疫情期间以及后新冠疫情时代的生存策略的研究。为了解决这个问题，本研究提出了前文图 9.1 中的模型。

以往研究中的大量证据表明，人工智能和大数据分析有助于企业的可持续发展。这一理念需要通过未来研究来论证：了解其在旅游业中的作用；了解其如何帮助企业在未来实现可持续发展。前文图 9.1 中的模型可以用于未来研究的实例论证，新创业者们可以简单地借由该模型投资人工智能和大数据分析，以便跳出传统思维局限来研究新方案。新冠疫情给世界带来了意外冲击，所以也带来了新的发展方向。新冠疫情的出现完全出乎人们的意料，所以目前的研究尚无法得到证实。以往的任何研究都未曾考虑到当全球疫情蔓延时，企业能否做出合格的反应。

本研究还提到了人工智能和大数据分析的理论意义，尤其是其局限性导致员工无法充分理解大数据。员工很少接触到大数据，所以也就不会对大数据产生信任[28,48]。随着人工智能和大数据分析越来越专业化，企业应该保证先于竞争对手来使用大数据推出服务[8,28,48]。旅游行业也应如此。未来，可持续发展型企业应该通过现金、可持续性的工具，利用创新手段来改变产品和服务[30]。所以，在大数据分析时代，如果企业并不完全理解大数据和人工智能的本质，那么就要面对重新设计服务的挑战[28]。由于大数据分析是一个新兴的研究领域，所以创业者应该确保通过大数据分析来设计方案，以便在面对客户时获取竞争优势。本研究做出了较为有趣的理论贡献。从前文图 9.1 的模型可知，本研究提出的四个自变量极为重要，有助于提高企业可持续发展效益，从而促进海合会成员国和旅游行业的成功。人工智能和大数据分析调节了自变量和因变量之间的关系，所以该模型可行性较高，可以先在旅游行业中进行测试，再投入创业者希望实现可持续发展优势的行业进行测试。

参考文献

[1] Akter, S., Wamba, F. S., Gunasekaran, A., Dubey, R., & Childe, J. S. (2016), How to Improve Firm Performance Using Big Data Analytics Capability and Business Strategy Alignment? International Journal of Production Economics, Vol. 182, 13-131.

[2] Al-Sartawi, A. (2018), Ownership Structure and Intellectual Capital: Evidence From the GCC Countries International Journal of Learning and Intellectual Capital, Vol. 15, No. 3, 277-291.

[3] Al-Sartawi, A. (2020), Does It Pay to Be Socially Responsible? Empirical Evidence From the GCC Countries. International Journal of Law and Management, Vol. 62, No. 5, 381-394.

[4] Al-Sartawi, A. (2020), Shariah Disclosure and Performing Islamic Financial Institutions. Asian Journal of Business and Accounting, Vol. 13, No. 1, 133-160.

[5] Al-Sartawi, A. (2020), Social Media Disclosure of Intellectual Capital and Firm Value. International Journal of Learning and Intellectual Capital, Vol. 17 No. 3, Accepted article.

[6] Al-Sartawi, A., (2019), Assessing the Relationship Between Information Transparency Through Social Media Disclosure and Firm Value. Management & Accounting Review, Vol. 18, No. 2, 1-20.

[7] Al-Sartawi, A., (2019), Performance of Islamic Banks: Do the Frequency of Shari'ah Supervisory Board Meetings and Independence Matter? ISRA International Journal of Islamic Finance, Vol. 11, No.2, 303-321.

[8] Al-Sartawi, A., (2020), Information Technology Governance and Cybersecurity at the Board Level. International Journal of Critical

Infrastructures, Vol. 16, No. 2, 150-161.

[9] Al-Sartawi, A., and Reyad, S., (2019), The Relationship Between the Extent of Online Financial Disclosure and Profitability of Islamic Banks. Journal of Financial Reporting and Accounting, Vol. 17, No. 2, 127-136.

[10] Al-Sartawi, A., and Sanad, Z. (2019), Institutional Ownership and Corporate Governance: Evidence from Bahrain. Afro-Asian Journal of Finance and Accounting, Vol. 9, No. 1, 101-115.

[11] Al-Sartawi, A. (2015), The Effect of Corporate Governance on the Performance of the Listed Companies in the Gulf Cooperation Council Countries. Jordan Journal of Business Administration, Vol. 11, No. 3, 705-725.

[12] Bak-Grabowska, D. (2014), Self-Employment in Poland: The Perspective of Human Resources Management. Economics & Sociology, Vol. 7, No. 1, 106.

[13] Baron, R. M. and Kenny, D. A. (1986), The Moderator-Mediator Variable Distinction in Social Psychological Research: Conceptual, Strategic, and Statistical Considerations. Journal of Personality and Social Psychology, Vol. 51, No. 6, 1173.

[14] Berland, E. (2014), Freelancing in America: A National Survey of the New Workforce. Freelancers Union and Elance-oDesk.

[15] Burke, A., and Cowling, M. (2015), The Use and Value of Freelancers: The Perspective of Managers. International Review of Entrepreneurship, 13(1).

[16] Business, Innovation and Skills (BIS) (2016), Understanding Self-Employment: BIS Enterprise Analysis Research Report. Great Britain.

[17] Caliendo, M., Fossen, F., and Kritikos, A. S. (2014), Personality Characteristics and the Decisions to Become and Stay Self-Employed. Small Business Economics, Vol. 42, No. 4, 787-814.

[18] Congregado, E., Millán, J. M., and Román, C. (2010), From Own-Account Worker to Job Creator. International Review of Entrepreneurship, Forthcoming.

[19] Davidsson, P., Recker, J., and von Briel, F. (2020), External Enablement of New Venture Creation: A Framework. Academy of Management Perspectives, Vol. 34, No. 3. Retrieved from https://doi.org/10.5465/amp.2017.0163

[20] Davila, A., and Mora, M. T. (2004), English - Language Skills and the Earnings of Self - Employed Immigrants in the United States: A Note. Industrial Relations: A Journal of Economy and Society, Vol. 43, No. 2, 386–391.

[21] Dunn, T., and Holtz-Eakin, D. (2016), Financial Capital, Human Capital, and the Transition to Self-Employment: Evidence From Intergenerational Links (No. w5622). National Bureau of Economic Research.

[22] Faggio, G., and Silva, O. (2014), Self-Employment and Entrepreneurship in Urban and Rural Labour Markets. Journal of Urban Economics, Vol. 84, 67–85.

[23] Ferraris, A., Mazzoleni, A., Devalle, A., and Couturier, J. (2019), Big Data Analytics Capabilities and Knowledge Management: Impact on Firm Performance. Management Decision, Vol. 57, 923–1936.

[24] Gardini, M. (2020, June 19), COVID-19: Is the Tourism Industry at a Crossroads? Retrieved July 1, 2020, from hospitalitynet: https://www.hospitalitynet.org/opinion/ 4099269.html

[25] Grace, K., Salvatier, J., Dafoe, A., Zhang, B., and Evans, O. (2018), When Will AI Exceed Human Performance? Evidence from AI Experts. Journal of Artificial Intelligence Research, Vol. 62, 729–754.

[26] Hao, S., Zhang, H., and Song, M. (2019), Big Data, Big Data Analytics Capability, and Sustainable Innovation Performance. Sustainability, Vol. 11, 7145.

[27] Hitt, M. A., Ireland, R. D., Sirmon, D.G. and Trahms, C.A., (2011), Strategic Entrepreneurship: Creating Value for Individuals, Organizations, and Society. Academy of Management Perspectives, Vol. 25, No. 2, 57–75.

[28] Lytras, D. M., and Visvizi, A. (2019), Big Data and Their Social Impact: Preliminary Study. Sustainability, Vol. 11, 5067.

[29] Mikalef, P., Pappas, O. I., Krogstie, J., and Giannakos, M. (2017), Big Data Analytics Capabilities: A Systematic Literature Review and Research Agenda. Information Systems and e-Business Management, Vol. 16, 547–578.

[30] Obschonka, M., Stuetzer, M., Rentfrow, J. P., Shaw-Taylor, L., Satchell, M., Silbereisen, K. R., … Gosling, D. S. (2018), In the Shadow of Coal: How Large-Scale Industries Contributed to Present-Day Regional Differences in Personality and Well-Being. Journal of Personality and Social Psychology, Vol. 115, 903. doi: https://doi.org/10. 1037/pspp0000175

[31] OECD Library. (2017), OECD Science, Technology and Industry Scoreboard 2017. doi: https://doi.org/10.1787/9789264268821-en

[32] Pym, A., Grin, F., Sfreddo, C., and Chan, A. L. (2013), The Status of the Translation Profession in the European Union. Anthem Press.

[33] Pyoria, P. (2011), Managing Telework: Risks, Fears and Rules. Management Research Review, Vol. 34, No. 4, 386-399.

[34] Rabayah, K. (2015), A Practical ICT for Development Framework: The ICT Center of Excellence. International Journal of Education and Development Using ICT, Vol. 4, No. 4.

[35] Rahman, M. M., and Rahman, M. A. (2017), Factors, Impacts, Problems and Solutions of Freelance Earning in the Context of Bangladesh. Business & Entrepreneurship Journal, Vol. 6, No. 1, 1-13.

[36] Reyad, S., Al-Sartawi, A., Badawi, S., and Hamdan, A. (2019), Do Entrepreneurial Skills Affect Entrepreneurship Attitudes in Accounting Education? Higher Education, Skills and Work-Based Learning, Vol. 9, No. 4, 739-757.

[37] Robinson, P. B., and Sexton, E. A. (2014), The Effect of Education and Experience on Self-Employment Success. Journal of Business Venturing, Vol. 9, No. 2, 141-156.

[38] Song, X. M., and Parry, E. M. (1997), A Cross-National Comparative Study of New Product Development Processes: Japan and the United States. Journal of Marketing, Vol. 61, No. 2, 1-18.

[39] Song, Z. L., Song, M., and Di Benedetto, C. A. (2009), A Staged Service Innovation Model. Decision Sciences, 571-599.

[40] Sousa, L. D. (2013), Community Determinants of Immigrant Self-Employment: Human Capital Spillovers and Ethnic Enclaves. US Census Bureau Center for Economic Studies Paper No. CES-WP-13-21.

[41] Stewart, D. (2013), Freelance Interpreters—You Are a Business Owner, Canada: Manitoba Association of Visual Language Interpreters (M.A.V.L.I.).

[42] SuB, S., and Becker, J. (2013), Competences as the Foundation of Employability: A Qualitative Study of German Freelancers. Personnel Review, Vol. 42, No. 2, 223-240.

[43] Tarantolo, D. (2006), From Employment to Contract: Section 1981 and

Anti- discrimination Law for the Independent Contractor Workforce. Yale Law Journal, 116(1), 170-215.

[44] Van den Born, J. A. (2009), The Drivers of Career Success of the Job-Hopping Professional in the New Networked Economy: The challenges of Being an Entrepreneur and an Employee. PhD thesis, University of Utrecht.

[45] Van der Zwan, P., Zuurhout, P., and Hessels, J. (2013), Entrepreneurship Education and Self-Employment: The Role of Perceived Barriers. Panteia/EIM Business and Policy Research, Zoetermeer, the Netherlands.

[46] Verheul, I., Thurik, R., Hessels, J., and van der Zwan, P. (2014), Factors Influencing the Entrepreneurial Engagement of Opportunity and Necessity Entrepreneurs. EIM Research Reports h, 201011, 1-24.

[47] Viinikainen, J., Heineck, G., Bockerman, P., Hintsanen, M., and Raitakari, O. (2016), Born Entrepreneur? Adolescents' Personality Characteristics and Self-Employment in Adulthood. 9805, Institute of Labor Economics, IZA: IZA Discussion Papers.

[48] Walter, A. (2013), Success Factors in Leveraging Freelance Marketplaces in Software Development Projects (Doctoral dissertation, University of Ottawa).

[49] Wamba, F. S., Gunasekaran, A., and Akter, S. (2016), Big Data Analytics and Firm Performance: Effect of Dynamic Capabilities. Journal of Business Research, Vol. 70, 356-365.

[50] Wang, L., Prieto, L., Hinrichs, K. T., and Aguirre Milling, H. (2012), A Cross-Cultural Study of Motivation for Self-Employment: Comparing China, Mexico, and the USA. International Journal of Entrepreneurial Behavior & Research, Vol. 18, No. 6,649-672.

[51] Zhao, Y. L., Libaers, D., and Song, M. (2015), First Product Success: A Mediated Moderating Model of Resources, Development Team Startup Experience, and Product- Positioning Strategy. Journal of Product Innovation, Vol. 32, 441-458.

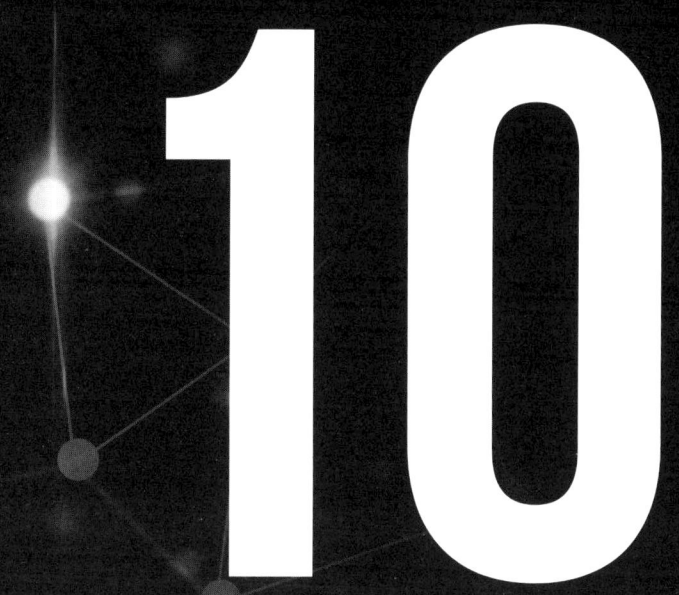

第十章
CHAPTER 10

孵化器创业的新技术趋势——
以西迪·阿卜杜拉创业园为例

齐娜·阿拉贝切
艾哈迈德·扎巴纳大学,埃利赞,阿尔及利亚
穆罕默德·艾尔·阿明·阿卜杜利
西布列塔尼大学(UBO),法国

//第十章
//孵化器创业的新技术趋势——以西迪·阿卜杜拉创业园为例

10.1 简介

如今，创业精神已经明显成为所有国家的重要发展动力之一，因为它在创造就业、创新、资源开发和经济多元化方面为经济和社会带来了诸多好处。创业是一个复杂多变的现象，近些年代表着截然不同的事情。作为一种经济和社会现象，人们认为创业精神可以激发企业活力，有助于创造就业机会。很多作者将创业行为定义为经济的创新以及个性化发展。因此，各国都在致力于制订相应方案来刺激、帮助以及扶持项目创业者和企业家。这些方案制造通过提出指标（例如财政援助和税收优惠等）或者建立新的帮扶机构（例如企业孵化器和卓越中心）来营造出有利于成立公司和促进创业的环境。多项研究结果表明，创业效率与扶持政策密切相关，这些政策主要侧重于提升融资便利度、减少行政约束以及帮助中小型企业获得创新和信息通信技术。

孵化器的概念是"为初创企业提供共享办公空间以及用于协助企业管理的战略增值系统的组织[1]"。

在阿尔及利亚，负责扶持中小型企业的机构被称为企业孵化器。这些孵化器由 ANPT（一个专门负责开发科技园区的国家机构）负责管理。阿尔及利亚境内已经成立了数个孵化器。奥兰（Oran）、安纳巴（Annaba）、塞提夫（Sétif）、康斯坦丁（Constantine）、布格祖勒（Boughzoul）和盖尔达耶（Ghardaia）等地均设有创业孵化器。

本研究的目的是展示孵化器在帮助阿尔及利亚的年轻毕业生在创业方面起到的作用。我们也提出了下面的问题：孵化器在年轻毕业生研究项目并实施创业的过程中起到了哪些核心作用？

为了更好地回答这一问题，我们首先提出以下假设：

假设 1. 毕业生过于年轻会为创业带来障碍。

假设 2. 缺乏项目领域的实践会为创业带来障碍。

假设 3. 孵化器在企业创建和项目开发的不同阶段进行干预。

本研究从两方面入手：第一个方面，通过文献研究来阐明孵化器和创业的概念。第二个方面，依托阿尔及尔的西迪·阿卜杜拉创业园，对园区中的年轻毕业生创业案例进行研究。

10.2 创业以及孵化器的文献研究

10.2.1 创业的概念

最近，创业在管理学界的热度较高。经济学家、心理学家、社会学家、历史学家和管理学家都在从不同的角度研究这一课题[2]。尽管大家公认"创业"一词比较难以被标准化定义，但我们经常会将其与法约勒（Fayolle）和韦斯特拉特（Verstraete）（2005）以及帕蒂雷尔（Paturel，2007）提出的范例或趋势联系起来以进行理解[3,4]。在文献 [5] 提出："我们聊到创业时，聊的到底是什么？"这一问题十多年后，创业研究的发展带来了很多关于创业概念的思考和讨论。事实上，创业是近年来的一种复杂多变的现象，能够说明很多不同的情况。创业行为属于个体问题。我们的研究重点是创业者的特征（特质），而创业过程中的重点项目（事实方案）则对其进行了补充。为了说明这一现象的复杂性，我们建议采用上述文献作者提出的四个模型或者实例：机会[6,7]、新价值的创造[8,9]、创新和组织。文献 [5,10] 提出了四条创业的定义[3]：创业是发现和利用机会；创业是成立组织机构；创业是个人与实现价值之间的对话；创业就是创新。

这两位作者总结了创业的定义：由一个人（或多人）发起的一项倡议

来抓住或创造一个商业机会（至少可行性较高，或受欢迎），通过一个能够创造一个或多个实体的念头，为相关的利益方创造新的价值，并且价值不一定是经济方面的。

但是，文献[3,5,11,12]则表示，创业属于个人行为，"创业的本质是创业者"。所以，我们在讨论创业时不可避免地要谈到创业者。文献[13]表示"创业者是一家新企业的发起人，在初创企业中发挥着主导作用"。文献[5,14,15]则将创业者放在了最基础的位置，将其作为一个在开放、稳定以及规范的环境中发展的认知型和社会型个体。创业者的定义方法有很多种。因此，我们也可以认为创业主要是个人、代理人以及创业者的主要行为。我们在谈到创新、创建企业、发现和利用机会以及创造价值时，必然也会谈到这些实例的发展过程。

10.2.2 孵化器：历史沿革以及定义

硬科学领域的研究人员在美国提出了"孵化器"的概念。拉鲁斯百科全书（Encyclopedia Larousse，2005）对于孵化器的解释是"用于人工孵化鸡蛋和鹅蛋等蛋类的设备"。

因此，孵化的最基础解释是"亲代或其中一方采取的保护行为，它们用身体覆盖住蛋（育雏）或者将蛋藏在体腔中"。这一行为已经从养育生物成长变为了扶持年轻创业者，以陪伴其创业过程以及初创阶段。

伴随着美国的高校开始支持创业，孵化器一词也进入了经济领域。20世纪70年代初，美国国家科学基金会通过一项研究和开发计划，与创新中心合作开展了几项实验。1981年，该计划扩大到了11个创新中心，并成为高校重点研究创新活动的基础。另外，个人和团体还推出了辅助开办微型企业的租赁项目。该租赁项目以低廉的价格提供旧房子、电脑、复印机、文秘服务以及商业信息等保障。正是这些房产和设备租赁的行为催生出了"孵化器"一词。文献 [16] 提到，美国地方政府希望将"孵化器"作为落后地区的经济发展工具。当时，企业孵化器的发展相对较弱。1984年，美国只有 26 家孵化器。但随后，孵化器数量便飞速增长[17]。文献 [16] 将企业孵化器定义为"通过向创业者提供服务和扶持来激活他们的天赋、扩大潜力，从而能够最大限度发挥出创业园区内各路人才的发展潜力"的机构。全美企业孵化协会（NBFA）对孵化器的定义是：

通过提供各种支持服务来帮助初创企业的机构，协助初创企业制订商业和营销计划、组建管理团队、获取资本以及获得其他更专业的专业服务。另外，机构还提供工作空间、共享设施和公共管理服务。初创企业通常会在孵化器中发展两年半左右，然后会取得独立运营的认证。

拉鲁斯百科全书（2005）对经济孵化器的定义是"由大型集团创建的机构，将旗下投资或参股的初创企业聚集在一起，促进其成长"。

盎格鲁–撒克逊人对孵化器的定义大多数都是向客户提供服务或者方案。事实上，很少有定义会提到孵化器与个人（企业家或创业团队）层面和组织机构（客户公司）之间的关系。然而，"孵化器实际上是一个机构或者环境，在企业创建的初期对创业者的技能和意愿施加影响"。孵化器是一个"助理"[18]，通过在管理、财务以及会计方面提供文秘服务、行政服务、设施服务和业务扶持等"可控条件"来帮扶创业者[16]。

10.2.3 孵化器的类型

目前，孵化器可以很容易地通过一些基本条件被分类，例如：根据地点（城市、农村）、目标（利润）、设施（住宅、虚拟）、商业模式（合作）、主要活动、消费群体以及类型（公共、私人、高校）。

10.2.3.1 地方经济发展孵化器

文献 [19] 指出，此类孵化器时间最久，数量最多。与其他类型的孵化器相比，地方经济发展孵化器通常具有更广泛的发展趋势。它们更倾向于社会经济发展，而非特定行业的快速、高额利润增长。作为公益性的孵化器，它们主要以本地人为主，通常共享公共资金。地方经济发展孵化器的目标是培养中小型企业，创造就业机会并促进经济活动。最初，它们主要通过提供创业空间以及行政服务来获取利润，随后又加入了客户的个性化服务。这类孵化器根据服务和运营环境以及目标客户进行划分。

10.2.3.2 高校孵化器和科技孵化器

高校孵化器或科技孵化器主要面向的是高科技企业。其主要目标是研究如何将科研成果转化为价值，并且青睐于那些不具备企业家特征的科研人员。这种类型的孵化器主要面向创业项目的负责人，因为他们掌握着技术。事实上，这种孵化器往往都是在预孵化企业，因为它们在创立企业之前就已经形成了一个学术机构。高校孵化器模式可以显著用于生物技术，尤其是健康生物技术领域。

高校的教室和实验室都有高科技设备以及专业材料。初创企业几乎不可能负担得起这些设备，所以这也是整合高校和初创企业的重要诱因。

10.2.3.3 企业孵化器

大型企业旗下的孵化器可以用于多种用途。通常来说，可以用于培养员工的创业能力，大型企业通过孵化器留住那些希望在其庇护下创造盈利业务的高技能人才。因此，该类型的孵化器能够留住人才，并为他们提供理想的发展空间。

这一概念被称为"派生"，文献[2]对此进行了介绍，并指出，当企业无法再雇佣生力军并降低成本时，就可以采用这种方案。菲利翁等人（Filion et al., 2003）指出，以这种方案创立的企业中，70%~90%的存活期超过了五年，这一比例超过了平均水平。

10.2.3.4 个人风投孵化器

孵化器企业出于各种不同的理由采用这种孵化器类型。无论是商务服务还是房地产开发，经济规模才是第一位的。企业之间的协作也为其服务带来了附加值。企业之间的贸易，尤其是特定的几个领域，甚至从孵化器时期开始就已经创造出了经济活动。该类型的孵化器主要是通过加速科技企业的孵化来获取利润。因此，他们一定会创建企业，但这并不是主要目的。该类型的孵化器特别适用于信息技术企业，而信息技术企业的价值转化速度非常快，并且只需要占据很少的工作空间。

10.2.3.5 虚拟孵化器

还有一种虚拟的企业孵化器类型，这种孵化器不提供场地，但能够为初创企业提供全方位服务。例如融资、营销、日常管理和技术支持，以及访问商业网络。这种孵化器有时也被称为纯净孵化器。它可以将虚拟孵化器的功能与创业者通过商业孵化器加强创业特点的意愿整合为一体。这种整合能够加强地方企业之间对于"通用型"信息的交换水平。

孵化器主要扶持有创业意愿的创业者。它们可以提供工作场地以及文秘服务，最重要的是可以提供一个创业环境。该环境能够鼓励创业者在创业的关键阶段学习、搭建关系网以及获得扶持[19]。孵化器的目标是为初创企业创造机会、缩短问世时间、减少成本。

10.3 阿尔及利亚案例研究——以阿尔及尔的西迪·阿卜杜拉创业园为例

10.3.1 阿尔及利亚的孵化器以及创业研究

阿尔及利亚政府已经启动了一项促进和发展技术园区的国家战略。

根据该战略，该国各地都成立了不同的孵化器来发展和扶持中小型企业。现在投入使用的有西迪·阿卜杜拉创业园（2010）、瓦尔格拉孵化器（2012）、奥兰 INTTIC 的孵化器"科技桥"以及巴特纳大学孵化器。

阿尔及利亚国家科技园区发展研究院（ANPT）与这些孵化器签署了合作协议。ANPT 首先在信息通信技术领域展开创业试点。孵化器从项目第一期（预孵化）到启动阶段（项目上线）的三个阶段发展中获得了大力扶持和指导，并为未来的创业者提供了机会。

创业扶持计划：为了促进投资，阿尔及利亚政府为项目持有人设立了援助和扶持机构（见表 10.1）。

表 10.1　阿尔及利亚的创业扶持机构

机构	目标	任务或提供的服务
ANGEM	国家小额信贷管理局。主要面向 18 岁以上没有收入或者收入不稳定的年轻人以及家庭主妇	使创业者具备一定的创业资本。为他们提供用于启动项目、采购设备和原材料的贷款
ANSEJ	国家青年就业管理局。主要面向 19 岁至 35 岁，持有可行项目的无业年轻人。其援助项目最高投资不得超过 1000 万第纳尔[1]	为中小型企业提供保险、扶持和创意等服务，并覆盖了业务的创建、启动以及扩展等阶段。主要目标是协助青年企业家开发项目和编制商业计划、协助其获得银行投资（最高不得超过项目总成本的 70%）、为其提供工商管理领域的培训和指导
ANDI	国家投资发展局	通过税务减免等激励手段来促进、鼓励以及扶持对初创企业的投资

---

[1] 这里指的是阿尔及利亚的货币。1 阿尔及利亚第纳尔约等于 0.0530 元人民币。——编者注

续表

机构	目标	任务或提供的服务
NICC	国家失业保险基金。主要面向因经济问题导致失业，且年龄在30岁到50岁的失业者。其援助项目最高投资不得超过1000万第纳尔	资助项目的全环节，包括商业计划等须具有可行性和担保；协助获得银行投资（最高不得超过项目总成本的70%）
ANPT	国家科技园区发展管理局	鼓励普及新型信息通信技术；提高初创企业和中小型企业的扶持和发展水平；策划活动（研讨会、大会、论坛等），提升ANPT孵化器中的创业者和初创企业的认识；鼓励研发、创新；加强创业与教育和科研之间的联系；通过将科研成果和孵化过程转化为价值来鼓励创业
FAUDTIC	信息通信技术应用和发展基金。提供用于信息通信技术研发管理的专项资金。该项目由两个机构负责：一是委员会，主要任务是制定资金使用方案并监管执行情况；二是办公室，主要任务是监管使用资金的项目	为数字阿尔及利亚计划中的企业和项目提供资金，另外还有：扶持初创企业和大型企业投资信息通信技术项目；普及互联网；促进研发和创新；扩建中小型信息通信技术企业

资料来源：文献[20]。

孵化器为未来的年轻创业者以及ANSEJ、ANDI等官方机构提供了大量机会，它们从项目的第一阶段（预孵化）到项目上线（启动）的所有阶段都受到了充分的培训和支持。

10.3.2 研究方法

为了了解孵化器运行经验，以及阿尔及利亚的项目持有人创业的必备条件，我们以首都阿尔及尔的西迪·阿卜杜拉创业园为例进行研究。我们采取的是收集数据与实地调查相结合的方法。

10.3.3 方法讨论

我们围绕着创业开展了几次讨论。在《创业评论》(*Entrepreneurship Review*)中，萨博塔（Saporta，2003）提出，"要更多地采取传统定量法，具体来说，是根据经验来推理"。同时，文献 [9] 主张采用定性方法和类似于建构主义的案例复盘来分析创业现象。

我们的案例中采用的是定性研究。我们首先制订一份半引导性的访谈问卷。我们对西迪·阿卜杜拉创业园中持有项目的毕业生进行了调查。我们对项目负责人（孵化者）进行了访谈，因为他是唯一一个为了实现创业目的而详细了解项目各阶段以及各步骤的人，同时创业也是他的亲身经历以及生活的一部分。访谈分为两部分，共有 10 个问题。第一部分为"持有项目的年轻毕业生的概况"，其中包括关于个人、年龄、性别、教育水平、家庭状况和企业类型的五个问题。第二部分为"孵化器在商业扶持中的作用"，也由五个问题组成——创业想法的起源、激励因素、遇到的问题以及孵化器在创业过程中的作用。

10.3.4 阿尔及利亚孵化器园区介绍

孵化器在扶持创业者方面发挥着重要作用。值得注意的是，孵化器在阿尔及利亚还比较稀少。阿尔及利亚政府还需要给予各类企业更多的支持。我们对该国的西迪·阿卜杜拉创业园区进行了研究。该园区也是阿尔及利亚于 2010 年开展的第一个创业园区试点项目。同时也反映出了阿尔及利亚在加快向创新和科技经济核心转型的强烈政治和经济意愿。

我们选择了 13 个领域的项目负责人，这些领域包括电信、信息通信技术和应用、信息通信技术与设计、广告和通信、电子商务。这些项目立项于孵化器中，并在孵化器的帮助下落地成型。

10.4 研究成果及讨论

（1）持有项目的毕业生性别

从图 10.1 可知，男性毕业生持有的项目比例为 61%，女性毕业生持有的项目比例为 39%。因此，女性创建的企业数量仍然相对较低。我们可以这么理解，从阿尔及利亚全国来看，大学毕业的女性参与创业的比例很低。

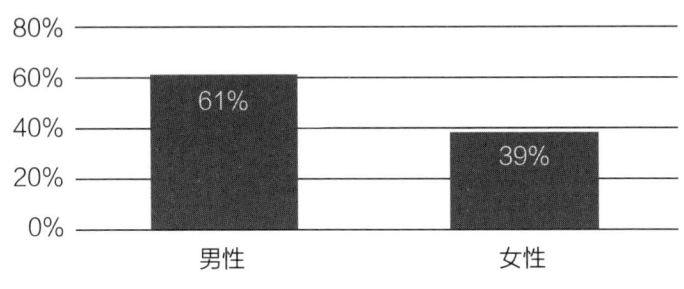

图 10.1　样本的性别比例

（2）项目持有人的年龄

图 10.2 显示了受访者的年龄范围。46% 的项目持有人（毕业生）的年龄范围位于 26 岁到 35 岁。另外，年龄最低的人缺乏经验（15%）。

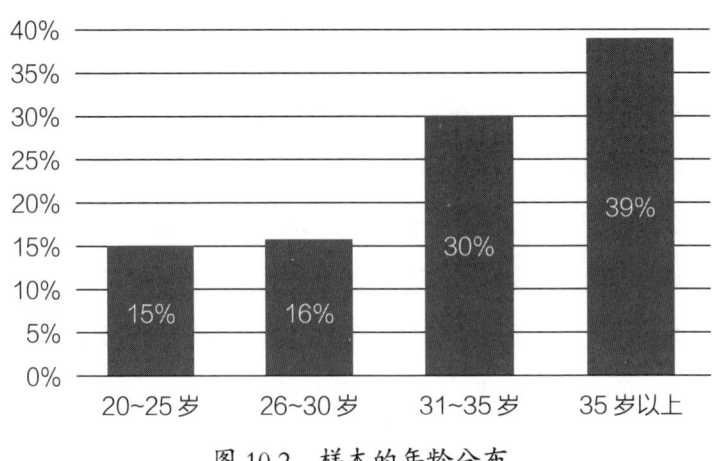

图 10.2　样本的年龄分布

(3)毕业生的家庭情况

如图 10.3 所示，大部分接受访谈的毕业生都属于未婚（77%）和已婚（23%）的状态。其中不涉及离婚和丧偶的情况。

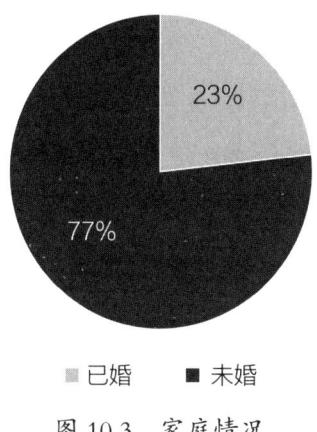

图 10.3　家庭情况

(4)项目申报情况

如图 10.4 所示，从 2010 年到 2013 年，项目的申报数量逐年增加。申报项目在 2016 年到 2019 年持续增长。需要注意的是，与申报的项目相比，实际创立的公司数量依然很低。孵化器缺乏专业性、资金、合格的人才来帮助初创企业取得成功。

本访谈中，我们要求项目负责人回答下列问题：

- 样本中年轻毕业生的灵感来源是什么？
- 本访谈中的阿尔及利亚样本孵化器的发展动机是什么？
- 项目初期的最主要障碍是什么？
- 您是否发现创业园区的扶持会覆盖到从提出创业到项目落地的所有阶段？

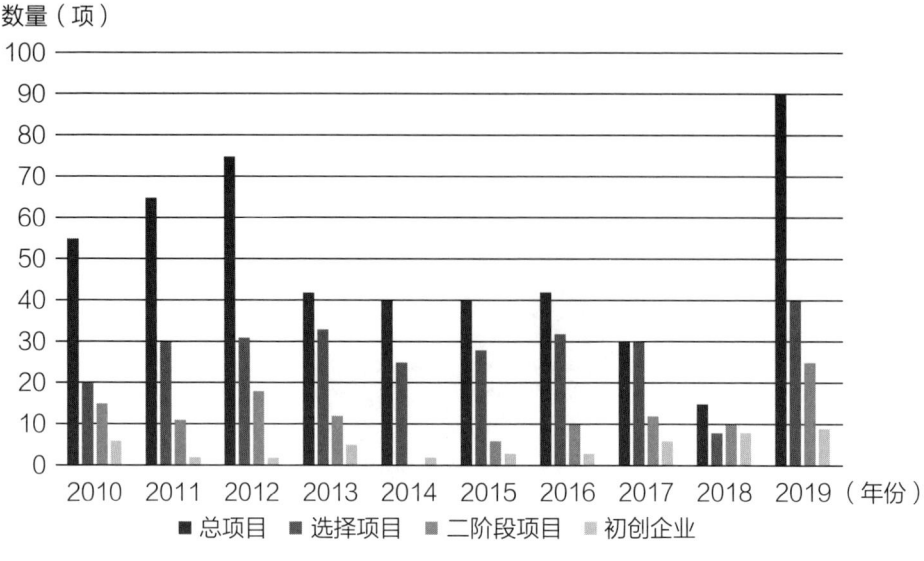

图 10.4　孵化器园区中项目申报数量

10.4.1 创业教育是初创企业的理念源泉

通过对孵化器中的年轻毕业生进行的访谈，我们发现，他们中的大多数人都认为创业教育提供了推动创业精神的源头和道路。因此，高校创业培训能使各种初创企业大胆创建项目。有毕业生回忆道："我在阿尔及尔大学攻读市场营销硕士学位时，萌生了创建企业的想法。这一想法主要是在我修完新型营销技术课程后产生出来的。当时，我觉得我应该在这一领域开创一家公司。"还有毕业生说："我本来没想过要成立公司，但是当我从生物学专业毕业后，由于我的父亲从事生物领域研究，所以他就建议我试一试成立一个'实验室'项目。最终，我在历经诸多困难后成功落地了这个小项目。"

事实上，家人、朋友和亲人可以在帮助年轻人创业方面发挥关键作用。

10.4.2 受访年轻毕业生的创业动机：推拉理论

在有关创业方面的著作中，夏皮尔（Shaper, 1975）和维斯帕（Vesper,

1980）提出了"推拉理论"（push and pull）。"推"的动机比较消极（缺乏工作机会、不活跃、就业不理想）；"拉"的动机比较积极（商业机会和对独立自主的渴望）。

10.4.2.1 年轻人对独立和自主的渴望是创业的主要动机（拉）

在我们的样本中，大多数项目持有者的主要动机是独立自主和领导欲。近80%的受访者强调了这一动机。据一位年轻的项目持有者表示："对我来说，最重要的就是独立自主，这激起了我创办企业的热情。我的愿望和想法就是成为我的项目的唯一老板。"另外一位年轻人则表示："有一个自己的项目就是我的动力来源，我想独立自主，不想被人家指挥。"总而言之，这说明孵化器中企业的主要创业动机就是自主和独立。这一动机也是由年轻毕业生性格中的特有内在因素产生的。

外来的激励因素产生了一种强烈的创业愿望，这种愿望则由坚信项目会成功的绝对信念所引导。"上大学的时候，我是一名优秀的会计专业学生。我的成绩在班级中总是最好的。我坚信能够创建一家咨询公司，提供几项会计服务，特别是在我所在的地区，这种服务非常少。"因此，一个年轻的毕业生坚信自己能够在特定的环境下抓住商业机会，那么这就必然会促使他去创业。

10.4.2.2 失业以及财务吃紧是创业的主要动机（推）

在我们的样本中，有一些孵化器企业认为，阿尔及利亚的失业情况和以经济缩紧和预算限制为特征的经济现状使创业比较受欢迎。在这种情况下，孵化器初创企业受到了负面"推"的因素的刺激，受访者表示国家的失业情况和严峻的经济形势促使他们创业。

10.4.3 孵化器产业园对企业初创的作用

我们从理论部分已经看出，孵化是一个过程，包括了从扶持创业者打造项目（设计原型、测试、商业运营）一直到企业真正落地。

三名年轻毕业生在孵化器中成立了自己的企业，并在我们采样后离开了一段时间。

通过与他们的直接接触我们发现，孵化器能够使年轻毕业生为其他学生确定新的需求。他们表示，孵化器能够满足主要需求，例如项目的财务服务、物流、管理技巧方面的专业知识和获取资源、技术。然而，对于大多数孵化器中的学生来说，孵化器还不能有效满足资金需求。对于大多数孵化器企业来说，同样也无法有效提供资金服务。对于创业者来说，"从孵化器中获取资金援助的手续十分烦琐"。再强调一遍，所有的孵化器企业都表示，他们旨在提供商业计划和商业管理方面的服务。60%的年轻受访者依然在孵化器中奋斗，因为他们认为自己仍然需要必要的专业知识和管理知识。

10.4.4 西迪·阿卜杜拉创业园面临的困难

年轻毕业生在创业中容易遇到的几个障碍按重要程度排序如下：

- 毕业生没有专业经验，无法与供应商或客户谈判，没有营销网络，没有全新的营销和管理方案……这意味着很难进入到市场。
- 缺乏基础设施，尤其是高性能计算机设备（网速差、计算机老旧、软件落后）。
- 没有时间与毕业生和孵化器工作人员交流，所以也无法获得更多管理、商务以及市场营销方面的辅导。

表 10.2 中列举了我们从阿尔及利亚的企业孵化器中收集到的不同信息：如果没有孵化器的支持，那么项目持有人就无法实现想法；借助于孵化器的力量，他们就能够绕过障碍。孵化器为他们打开了创业的大门。

表 10.2 主要数据汇总

序号	商业理念来源	激励因素	遇到的问题
1	培训	"拉"+	缺乏专业经验
2	培训	"拉"+	缺乏专业经验
3	培训	"拉"+	缺乏专业经验
4	培训	"推"-	缺乏专业经验
5	培训	"拉"+	缺乏专业经验，缺乏ICT
6	培训	"推"-	缺乏ICT
7	培训	"推"-	缺乏ICT
8	父母	"拉"+	缺乏专业经验，缺乏ICT
9	父母	"拉"+	缺乏专业经验，缺乏ICT
10	父母	"推"-	缺乏ICT
11	父母	"推"-	缺乏ICT
12	专业经验	"拉"+	会面时间不足
13	专业经验	"推"-	会面时间不足

我们的调查结果显示，孵化器能够帮助持有项目的毕业生创建企业、实现想法、评估和调整项目、激活资源。创业园是一个项目托管和扶持机构，创业者可以通过创业园可以接触到任何创新想法。它可以帮助毕业生开展项目并验证可行性，同时还能够为毕业生提供培训、指导、融资和托管方面的服务，直到企业成型落地。

我们的目的是说明孵化器在年轻毕业生创业中的作用和重要性。可以这么说，孵化器和项目持有人之间相辅相成，不能分离。创业者在创建企业时离不开孵化器的帮助，这样才能通过创造就业机会来实现经济和社会的发展。

我们对实例部分进行的研究表明，前文提出的第一个假设得到了证实：

毕业生的年龄偏小以及缺乏实践为创业带来了困难。但是，第二个假设被推翻：西迪·阿卜杜拉创业园只是在创业培训和建议方面提供了更多帮助，并没有在孵化器硬件和金融方面提供明显支持。由于阿尔及利亚的银行机构存在一定的官僚作风，影响到了沟通和信贷服务，所以孵化器的资金来源不太可靠，很难提供融资服务。另外，虽然孵化器能够提供人力资源方面的培训项目，但缺乏专门的专业技术人员。因此，虽然孵化器企业能够提供各种咨询服务，但创业者表示，这些服务并不符合他们的要求，尤其是在营销管理和策划方面。

我们注意到，西迪·阿卜杜拉创业园拥有充足且吸引力较强的基础设施。包括行政办公室、培训室和辅导室，以及足以容纳众多项目的场地。尽管如此，与创业园的承载量相比，实际接受的项目数量并不多。

几年来，阿尔及利亚政府一直致力于鼓励年轻人携带项目创业，但目前来看，成效有限。尽管政府提供了大量设施，但创业者依然面临着众多障碍。虽然这些年轻创业者遇到了各种困难，但依旧充满激情、活力四射。我们从每一次科学活动、每一次科学大会中都能看到新的想法被提出来，甚至能够转化为可操作的项目，并借助孵化器的力量成为初创项目。

10.5 总结

随着培养期的结束，年轻的创业者将带着认证书踏入社会，并创建出自己的企业。至于如何获得融资，我们估计年轻的创业者和孵化器企业负责人将会与大型企业的管理层接触，说服他们提供资金援助。我们认为最重要的是要彻底改变阿尔及利亚人的思想，尤其是向政府的经济和政治机构阐述创业的必要性。在第二课堂开展创业培训是一种勇敢且有意义的行为。

参考文献

[1] Allen, D. N. and M. L. Weinberg, State investment in business incubators. Public Administration Quarterly, 1988: p. 196-215.

[2] Allen, D.N. and S. Rahman, Small business incubators: a positive environment for entrepreneurship. Journal of Small Business Management (pre-1986), 1985. 23(000003): p. 12.

[3] ARABECHE, Z., Profil du dirigeant, Entrepreneuriat et Performance: Cas de l'Algérie. Al-Riyada for Business Economics Journal, 2020. 6(1): p. 139-156.

[4] Belley, A., Les milieux incubateurs de l'entrepreneurship. 1990: Fondation de l'entrepreneurship.

[5] Bruyat, C., Création d'entreprise: contributions épistémologiques et modélisation. 1993, Université Pierre Mendès-France-Grenoble II.

[6] Bygrave, W.D. and C.W. Hofer, Theorizing about entrepreneurship. Entrepreneurship theory and Practice, 1992. 16(2): p. 13-22.

[7] Cooper, A.C., Contrasts in the role of incubator organizations in the founding of growth-oriented companies. Frontiers of entrepreneurship research, 1984: p. 159-174.

[8] Cunningham, J.B. and J. Lischeron, Defining entrepreneurship. Journal of small business management, 1991. 29(1): p. 45-61.

[9] Cuzin, R. and A. Fayolle, Quel appuiàla création d'entreprise? L'Expansion Management Review, 2006(1): p. 92-97.

[10] DJELTI, M. and B. CHOUAM, Etat des lieux des incubateurs en Algérie Cas de l'incubateur de l'INTTIC d'Oran'. Revue stratégie et développement, 2017. 9(1): p. 102-27.

[11] Fayolle, A., Entrepreneurship and new value creation: the dynamic of the entrepre neurial process. 2007: Cambridge university press.

[12] Fayolle, A., Quelques idées et suggestions pour étudier le processus entrepreneurial. La Revue des Sciences de Gestion: Direction et Gestion, 2003(200): p. 15

[13] Cherchem, N. and A. Fayolle, Culture d'entreprise, profil du dirigeant et orientation entrepreneuriale des PME: un modèle théorique. Culture

d'entreprise, profil du dirigeant et orientation entrepreneuriale des PME: un modèle théorique, 2010.

[14] Verstraete, T. and A. Fayolle, Paradigmes et entrepreneuriat. Revue de lEntrepreneuriat, 2005. 4(1): p. 33-52.

[15] Hackett, S.M. and D.M. Dilts, A systematic review of business incubation research. The Journal of Technology Transfer, 2004. 29(1): p. 55-82.

[16] Meyer, S., Business incubators: hatching new companies. American Way, 1987: p. 52-57.

[17] Paturel, R., Démarche stratégique et performance des PME. chapitre, 2007. 30: p. 429-443.

[18] Shane, S. and S. Venkataraman, The promise of entrepreneurship as a field of research. Academy of management review, 2000. 25(1): p. 217-226.

[19] Smilor, R.W. and M.D. Gill, The new business incubator: Linking talent. Technology, Capital, and Know-How, Massachusetts: Lexington Books, 1986.

[20] Verstraete, T., Entrepreneuriat: connaître l'entrepreneur, comprendre ses actes. 1999: Éditions L' Harmattan.